23rd

2000년 10월 출범 후
2022년 제 23회까지

5,518

누적 글로벌 연사 수

59,218

누적 청중 수

세 계 지 식 포 럼
WORLD KNOWLEDGE FORUM

세계 최대

글로벌 지식의 장으로

자리매김하다

세계 지식 트렌드
2023

초과회복을 위한 글로벌 리더들의 인사이트

세계 지식 트렌드 2023

World
Knowledge
Forum
Report

매일경제 세계지식포럼 사무국 지음

매일경제신문사

초과회복:
글로벌 번영과 자유의 재건

세계는 지금 전염병과 전쟁, 공급망 붕괴, 인플레이션, 기후변화라는 복합적 도전을 맞았습니다. 아놀드 토인비는 인류의 역사를 두고 '도전과 응전의 반복'이라고 했습니다. 인류가 도전을 이겨내고 역사를 만들어온 것은 인간의 응전 의지가 더 강했기 때문입니다. 도전을 넘는 응전, 위기를 넘는 번영, 이것이 제23회 세계지식포럼의 논의 주제인 '초과회복Supercompensation'입니다.

두 권의 백과사전은 글로벌 복합 위기 속에서 인류가 나아가야 할 방향을 잘 보여줍니다. 한 권은 1751년 프랑스 파리에서, 다른 한 권은 같은 시기 중국 베이징에서 만들어졌습니다. 파리에서 출간된《백과전서》는 볼테르, 루소 등 유럽 최고의 지식인 140여 명이 펴냈습니다. 전제적 정치권력으로부터 시민의 자유, 학문과 사상의 자유를 옹

호하는 주장이 담겼습니다.

이 책은 인류 역사의 새로운 이정표가 됐습니다. 프랑스 혁명이 일어났고, 자유 민주주의가 세상에 퍼져나가는 계기가 됐기 때문입니다. 이와 함께 과학 기술도 빠르게 발전해 '창조적 파괴'의 시작점이 됐습니다.

중국 베이징에서 출간된 《사고전서》는 청나라 황제였던 건륭제의 지시로 만들어졌습니다. 유교문화권의 지식을 집대성한 사전입니다만, 황제의 절대적인 권력을 유지하기 위한 사상이 이 책의 내용을 지배하고 있습니다. 이 시기는 자유주의와 시장경제를 기반으로 하는 서양의 근대가 동양을 앞지르는 기점이기도 했습니다.

인류는 여러 차례 위기를 맞았습니다. 하지만 자유는 위기를 극복하는 원동력이 되곤 했습니다. 대공황 이후 '듀폰'이 이룩한 성취가 대표적입니다. 대공황으로 과학자들, 기술자들이 일자리를 찾지 못할 때 듀폰은 이들을 대거 연구 인력으로 채용했습니다. 하버드대에서 듀폰의 연구소로 자리를 옮긴 화학자 윌리스 캐리디스는 이들 연구자들과 함께 최초의 합성섬유인 나일론을 개발합니다. 화약기업이었던 듀폰은 이를 계기로 세계 최고의 화학기업으로 성장했습니다. 듀폰의 힘은 대공황 시기에 축적이 됐고, 대공황 이후 눈부시게 도약했습니다. 초과회복을 이뤄낸 것입니다.

'마셜플랜' 역시 인류가 직면한 위기에서 자유가 가진 힘을 보여준 대표적인 사례입니다. 1947년 6월 5일 당시 미국 마셜 국무장관은

하버드대 졸업식 연설에서 "절망과 혼란에 맞서겠다"며 유럽의 전후 복구 계획을 밝힙니다. 마셜 장관의 말처럼 마셜플랜은 전쟁 후의 절망을 희망으로 바꾸었고 혼란에 질서를 부여했습니다. 1948년 시작된 마셜플랜으로 세계대전 때 폐허가 된 서유럽의 경제는 3년 만에 40% 이상 성장하는 초과회복을 이루었습니다. 공산주의 위협 속에서 자유민주주의를 지켜낼 수 있었고 유럽연합의 씨앗이 되기도 했습니다. 마셜플랜의 철학은 일본과 한국, 대만의 경제 부흥에도 그대로 적용돼 아시아의 경제 기적을 이끌었습니다.

프랑스 파리에서 출간된 《백과전서》, 위기를 넘어 더 높은 곳으로 도약한 듀폰, 위기와 혼란 속에서 자유와 번영을 지켜낸 마셜플랜 사례는 인류가 반복되는 위기 속에서도 어떻게 자유를 지켜냈고, 자유가 어떻게 번영의 약속이 되었는지를 보여주는 역사의 기록입니다.

세계는 지금 복합 위기의 소용돌이 속으로 빨려 들어가고 있습니다. 우크라이나 전쟁은 세계를 갈라놓았습니다. 팬데믹은 글로벌 공동체의 취약점을 드러냈습니다. 인플레이션은 세계 경제를 혼란으로 몰아넣었고 에너지와 식량 위기는 그 혼란을 가중시키고 있습니다. 뿐만 아닙니다. 불평등의 확대와 포퓰리즘의 확산, 그리고 세계 곳곳에서 등장하는 정치적 양극화는 민주주의의 위기를 불러오고 있습니다.

역사적으로 세계가 위기를 극복할 수 있었던 원동력은 '자유'였습니다. 그래서 지금 우리가 자유의 가치를 다시 한번 살펴보는 것은 시의적절합니다. 서로가 다르다는 것을 인정하고 받아들이고, 모두가 인간으로서 살 권리를 보장받으며, 자신이 가진 것을 자유롭게 거래하는 것이 자유주의의 기본적인 요소입니다.

자유로운 사고를 바탕으로 한 기업가 정신도 재건의 필수 요소입니다. 이란 혁명으로 인해 세계가 제2차 오일쇼크로 휘청이던 1979년 9월, 〈매일경제신문〉에 이 기사가 실렸습니다. "삼성전자는 이사회 결의에 따라 삼성반도체를 흡수합병하기로 했다." 모든 사람의 반대 속에서 고 이건희 전 삼성 회장은 한국 경제에 큰 영향을 미친 중요한 결정을 했습니다. 이 결정이 없었다면, 삼성전자도, 반도체 강국 대한민국도 없었을 것입니다.

지금 우리 앞에 펼쳐진 전염병과 전쟁, 인플레이션, 기후변화 등의 복합 위기를 극복하기 위해서는 마셜플랜과 같은 담대한 도전과 위대한 기업가 정신이 있어야 합니다. 그리고 자유는 이 같은 도전의 에너지와 같은 역할을 합니다.

이번 세계지식포럼에서는 330여 명의 연사와 수십만 명의 청중이 온라인과 오프라인에 함께 모여 '초과회복: 글로벌 번영과 자유의 재건'을 주제로 다양한 논의를 진행했습니다. 데이비드 캐머런 제75대 영국 총리, 프랑수와 올랑드 제24대 프랑스 대통령 등 국가 정상은 물론 레이 달리오 브리지워터어소시에이츠 설립자, 밥 스턴펠스 맥킨지 글로벌 회장, 프랜시스 후쿠야마 스탠퍼드대 교수, 필립 코틀러 켈로그경영대 교수 등 각 분야 최고의 전문가들이 참석했습니다.

복합 위기를 넘어서 '초과회복'으로 가는 새로운 지도가 필요합니다. 낡은 지도로는 새로운 세상을 탐험할 수 없습니다. 정치, 경제, 과학, 기술, 환경 등 모든 분야에서 변곡점을 맞은 이 때, 제23회 세계지식포럼이 제시한 집단지성의 혜안이 인류가 위기를 돌파해 나가는 데 필요한 이정표가 되기를 기대합니다.

세계지식포럼 집행위원장 겸 매일경제신문 회장

장 대 환

서문

세계는 그 어느 때보다 중대한 전환점을 맞았습니다. 과거 수십 년 간 국제질서는 경제적 협력을 바탕으로 하나의 가치 사슬로 연결돼왔 지만, 이제 분열의 시대로 접어들면서 신新 냉전이 시작되고 있습니다.

세계 경제 상황도 녹록치 않습니다. 코로나 극복을 위해 각국 정 부가 쏟아냈던 막대한 유동성과 그로 인한 초인플레이션, 이를 해결 하기 위한 글로벌 중앙은행들의 긴축정책과 그에 따른 실물 경제 위 기는 현재 우리 앞에 놓인 과제입니다.

팬데믹 이후 상품 공급망 재편에 나선 세계 각국은 경제성을 최우 선에 두지 않고, 지정학과 안보적 측면을 우선적으로 고려하고 있 는 상황이기도 합니다. 세계 각국이 정치뿐만 아니라 경제적으로도 블록화 되는 움직임에 가속도가 붙고 있습니다. 하지만 역사를 살펴보면 세계를 바꿀 거대한 기회는 항상 위기 속에 나타났습니다. 올해 세계지식포럼의 주제를 '초과회복: 글로벌 번영과 자유의 재건 Supercompensation: Restoring Global Prosperity & Freedom'으로 정한 이유이기도 합니다.

초과회복은 스포츠 과학 이론의 용어로 훈련 또는 강도 높은 운동 후의 회복 과정에서 기존의 신체 수준보다 더 나은 상태가 되는 단계를 뜻합니다. 지금 전 세계가 겪고 있는 위기를 향후 더 나은 세계로 나아가는 '성장통'으로 탈바꿈 시키려면 그에 맞는 준비가 필요합니다.

제23회 세계지식포럼은 단순히 과거 상태로의 복원이 아닌, 그 이상의 도약을 위한 방안을 모색하기 위해 신냉전시대Cold War Redux, 새로운 부富의 균형New Wealth Equation, 산업 전환의 역학Dynamics of Transformation, 미래행行 런치패드Future Launchpad, 녹색 전환 & C-테크 레이스Green Shift & C-Tech Race, 자유의 함수Algebra of Freedom, 신뢰의 구축과 가치 있는 삶Rebuilding Trust & Living Inspired 총 7가지 트랙을 진행했습니다.

우크라이나 전쟁을 계기로 이제 세계는 민주주의 국가와 권위주의 국가 간의 대립이라는 '신냉전'의 소용돌이 속으로 휩쓸려 가고 있습니다. 세계 경제의 기본 축인 국제무역 또한 안보를 중심으로 재편될 것으로 전망됩니다. 국제질서의 재편은 빠른 속도로, 전방위적으로 진행될 것입니다. 신냉전시대 트랙에서는 이 같은 흐름 속에서 미래 번영을 위한 최적의 선택지를 모색합니다.

새로운 부富의 균형 트랙에서는 인플레이션과 금리인상, 공급망 재편 등의 요인으로 예측 불허의 상황을 맞이한 세계 경제를 진단합니다. 글로벌 경제가 새로운 균형점을 향해 이동하는 지금, 이 트랙에서는 미래의 부가 이동하는 종착점은 어디인지 찾아 나섭니다. 세계 주요 국가의 경제 정책과 금융시장의 방향을 따라 가다보면 향후 경제 위기의 가능성에 대한 글로벌 석학들의 진단도 만나볼 수 있습니다.

팬데믹 이후 디지털화가 급속도로 진행되면서 비즈니스와 산업도 전면적인 전환기를 맞게 됐습니다. 기술의 발전은 산업 간의 융합을 이끌고 있으며 팬데믹은 이 같은 전환에 가속도를 붙이는 계기가 됐습니다. 기업 경영 전반에서도 변화가 이뤄지고 있습니다. 급격한 디지털화는 소비자들의 소비 방식을 바꿨으며, 상품 판매 채널과 마케팅에 있어 새로운 변화를 만들어내고 있습니다. 산업 전환의 역학 트랙에서는 새로운 전기를 맞은 비즈니스와 산업을 조망하며 앞으로의 미래를 살펴볼 예정입니다.

글로벌 복합 위기 속에서도 팬데믹 이후 눈부신 기술의 발전은 인류에게 희망입니다. 눈부신 기술의 진보 속에서 새로운 혁신 기업들의 등장이 줄을 잇고 있고, 디지털 경제의 파급은 국가와 사회에 광범위하게 영향을 미치고 있습니다. 인공지능AI과 로봇, 5G 같은 첨단 기술은 이미 산업 전반에 반향을 불러일으켰고, 바이오, 가상화폐, 6G(6세대 이동통신) 같은 새로운 기술도 미래를 바꿀 잠재력을 지니고 있습니다. 아울러 공기 중의 탄소를 포집해 처리하는 기술, 수소에너지로 화석연료를 대체하는 기술, 플라스틱 등의 물질을 재활용하는 기술 등은 인류가 맞닥뜨린 기후변화 위기를 극복할 수 있는 열쇠입니다. 이 같은 기후기술c-tech에는 앞으로 막대한 규모의 자금이 유입될 것으로 관측됩니다. 미래행슈 런치패드 트랙에서는 새로운 미래 기업들의 움직임과 그들의 가능성을 예측하고, 녹색 전환 & C-테크 레이스 트랙에서는 넷제로를 향한 지속가능한 정책과 탄소시장의 미래, 재생에너지 기술에 대해 논의합니다.

지난 100여 년간 지속된 인류의 번영에는 '자유'라는 원동력이 자리하고 있었습니다. 자유는 민주주의의 기본적인 가치로서 인류의 지향점으로 여겨져 왔습니다. 그러나 최근 정치적 자유를 제한하는 권위주의 국가들이 군사적·경제적 힘을 바탕으로 부상했으며 자유의 가치가 훼손되는 결과로 이어졌습니다. 특히 경제적인 측면에서도 자유는 위협받고 있습니다. 특히 팬데믹 이후 세계 각국 정부가 경제에 깊이 개입하며 경제를 주도해왔고 그 결과 경제의 자유, 기업의 자유가 저해되고 있다는 지적이 제기되고 있습니다. 자유라는 원리를 바탕으로 작동해온 경제체제가 왜곡되고 있다는 우려도 나옵니다. 자유의 함수 트랙에서는 자유의 가치를 조명하고 정치적·경제적 자유의 발전적 미래에 대해 탐색합니다.

신뢰의 구축과 가치 있는 삶 트랙에서는 팬데믹 이후 완전히 달라진 사회와 문화, 인간의 삶을 조망합니다. 팬데믹을 향한 과학과 기술, 정부, 민간의 공동 대응은 인류의 새로운 가능성을 보여줬습니다.

하지만 팬데믹이 불평등과 사회 갈등을 키운 것은 부정할 수 없는 사실이기도 합니다. 새로운 변이 바이러스나 새로운 전염병이 등장할 수 있다는 위협은 상존하고 있으며 이에 대한 사회적 대비 또한 필요한 시점입니다. 이 트랙에서는 팬데믹 이후 사회와 문화, 개인의 삶은 어떻게 달라질 것인지에 대한 혜안이 제시될 예정입니다.

제23회 세계지식포럼은 그 어느 때보다 세상의 변화가 극심하게 이어지고, 경제를 중심으로 미증유의 위기가 불어 닥친 시기에 개최됐습니다. 각고의 노력으로 인류는 코로나19 팬데믹을 이겨내고 있지만, 팬데믹 이후 이어진 잇따른 악재 탓에 미래에 대한 전망은 더욱 어두워졌습니다.

이번 세계지식포럼은 세계 최고의 석학들과 글로벌 전문가들이 내놓은 지혜로 더욱 빛이 났습니다. 이 책에는 제23회 세계지식포럼의 개막에서 폐막에 이르기까지 글로벌 리더들의 통찰력을 고스란히 담았습니다. 이번 세계지식포럼에 참석한 글로벌 리더들은 글로벌 팬데믹, 그리고 우크라이나 전쟁에 이르기까지 인류에게 닥친 복합위기에 대한 해법이 '자유와 연대'에 있다고 입을 모았습니다.

이 책이 많은 분들에게 글로벌 지식 연대에 동참하는 계기가 되기를 희망합니다.

CONTENTS

PART 1 신新냉전시대
Cold War Redux

PART 2 새로운 부富의 균형
New Wealth Equation

PART 3 산업전환의 역학
Dynamics of Transformation

PART 4 미래행行 런치패드

Future Launchpad

PART 5 녹색 전환 & C-테크 레이스
Green Shift & C-Tech Race

PART 6 자유의 함수
Algebra of Freedom

PART 7 신뢰의 구축과 가치 있는 삶
Rebuilding Trust & Living Inspired

PART 1

신新냉전시대

Cold War Redux

전환점에 선 유럽: 난제를 넘어 번영으로

데이비드 캐머런 제75대 영국 총리

최근 2세기 동안 영국에서 가장 젊은 총리였으며, 리더십을 발휘해 영국을 경제 위기에서 구해냈다. 그의 재임 시절 무역 적자는 3분의 2 이상 감소했고 100만 개 이상의 기업이 새롭게 설립됐다. 그는 감세를 단행하고 교육을 변화시켰다. 대국민 보건 서비스와 연금 등 복지 제도를 개혁하기도 했다. 국제적으로 그는 아랍의 봄과 대(對)러시아 외교정책을 고안했으며 영국이 '이슬람국가(ISIS)'와의 싸움에서 역할을 수행할 수 있도록 했다.

프랑수아 올랑드 제24대 프랑스 대통령

2012년 5월부터 2017년 5월까지 프랑스 공화국의 대통령이었다. 임기 동안 그는 프랑스 경제의 경쟁력과 성장 동력을 회복시키는 중요한 개혁 조치들을 단행했다. 2015년과 2016년에 프랑스를 괴롭혔던 테러 공격에 당당하게 맞섰다. 그의 재임기간인 2015년 12월 파리에서 세계 기후 협정인 파리협정이 채택됐다.

강경화 이화여대 명예석좌교수

2017년부터 2021년까지 대한민국 제38대 외교부 장관을 지냈다. 그는 대한민국 최초의 여성 외교부 수장으로서 한반도의 항구적 평화 정착을 위해 노력했다. 북한의 완전한 비핵화를 향한 한국 정부의 노력에 대해 국제사회의 지지를 이끌어 내기도 했다. 특히 신남방·신북방을 비롯한 외교 다변화를 통해 한국 외교의 지평을 확대하는 한편 외교부 조직문화를 혁신하는 데 기여했다. 또한 유엔(UN)에서의 전문성과 경험을 바탕으로 다양한 다자 무대를 활용해 인권, 평화 유지, 개발 협력, 코로나 팬데믹 대응 등에 있어 국제 협력을 적극적으로 이끌어냈다.

강경화 올해 내내 우크라이나가 우리 모두의 관심사에 있었습니다. 동북아시아도 예외는 아니죠. 앞으로 몇 개월 동안 우크라이나 전쟁이 어떻게 진행될 것이라고 생각하시는지요? 또한, 우크라이나와 러시아가 종전을 하거나 혹은 휴전을 할 수 있는 명분이 있을 것이라고 생각하십니까?

프랑수아 올랑드 유럽 땅에서 이 정도의 규모로 전쟁이 일어날 줄 아무도 예상하지 못했습니다. 러시아는 항상 강력한 힘을 보여주기를 원하는 경향이 있었습니다. 2022년 2월에 침공의 모든 조건들이 만족되었다고 판단을 했었다고 보입니다. 푸틴은 모든 여건들이 자국에게 유리하다고 생각했었고, 유럽 국가들이 여기에 대해 크게 반응하

제23회 세계지식포럼 개막식에서 진행된 데이비드 캐머런 제75대 영국 총리(가운데)와 프랑수아 올랑드 제24대 대통령(화면 좌우측)의 온·오프라인 하이브리드 대담현장.

지 않을 것이라고 판단했던 것 같습니다.

그런데 결과는 정반대였죠. 질문에 답변을 드리자면 전쟁은 지속될 것입니다. 앞으로 몇 개월 동안 더 지속될 것이라고 생각합니다. 푸틴은 현재 자신이 점령하고 있는 그 선에서 이 전쟁을 유지하고 싶어 할 거라고 생각합니다. 그래서 더 진전이 없다면 겨울까지도 지속될 수 있을 것입니다.

다른 한편으로 러시아는 중재국을 찾는 시도를 계속하고 있습니다. 전쟁을 끝내기 위한 협상을 준비하는 조짐이라고 이해할 수도 있죠. 이를 통해서 자신의 영향력과 우크라이나의 러시아 점령지를 더욱 더 확대시키고자 노력을 할 것이라고 생각합니다. 이런 그의 전략은 최대한 그런 공세들을 확장해서 잃어버렸던 영토들을 찾기를 원하는 것이죠.

반면 우크라이나인들은 미국과 유럽, 영국으로부터 대규모의 군사 지원을 필요로 하고 있습니다. 무기 지원과 같은 것들이 좀 더 대규모로 지원이 된다면 우크라이나가 좀 더 유리한 지위를 점할 수 있고, 그러면서 동시에 전쟁이 계속 지속될 수 있겠죠. 이 무기들이 계속 우크라이나에 지원이 되고, 우크라이나인들이 계속해서 맞서 싸우는 상황에서 여러 국가들이 연대하며 전쟁이 지속될 것으로 보입니다.

강경화 러시아에 대한 제재는 에너지 위기와 인플레이션을 발생시키게 됐습니다. 제재 그 자체로도 러시아 경제와 군사력에 영향을 미치려는 의도를 가지고 있었지만 단기적으로 그러한 영향을 미치지는 못하고 있는 것 같습니다. 특히 겨울은 에너지 수요가 늘어나기 때문에 에너지 안보가 더욱더 악화될 것이라고 생각을 합니다. 에너지 위기가 점점 더 악화되더라도 유럽이 계속해서 지금과 같은 입지를 유지할 수 있는지 궁금합니다.

프랑수아 올랑드 제재를 내리는 것은 이러한 제재를 가하는 국가들에게도 많은 영향을 미치기도 합니다. 앞서 에너지 위기, 가스 위기, 전력 위기에 대해서 말씀해주셨는데요. 이러한 문제로 인해서 인플레이션이 악화되고 있습니다.

하지만 무엇보다 러시아에게 더 큰 타격을 입힙니다. 러시아에 대한 제재가 효과가 있을 수 있다는 것입니다. 왜냐하면 러시아에서 경제 침체가 심화되고 있고, 특히 전자 부품과 관련한 금수 제재는 군사력에 영향을 크게 미칩니다. 군사 물품에 전자제품이 많이 들어가고 있는데 그런 것들을 생산할 수 없기 때문입니다. 자유민주주의 국가에서도 에너지 위기와 인플레이션이 가중되고 있는데 이로 인해 선진국들뿐만 아니라 러시아에 있는 국민들도 많은 타격을 받게 됩니다. 푸틴의 야심은 제재의 부작용을 강조하면서 유럽을 분열시키고, 결국은 제재 해제를 이뤄내려는 것입니다. 최근에 스웨덴에서 선거가 있었습니다. 이탈리아에서도 선거가 예정돼 있습니다. 이번 선거에서 극우주의자들이 어떻게 부상을 할지를 저희가 주목해야 되겠습니다.

데이비드 캐머런 조금 전에 말씀해주셨던 내용에 대해 세 가지를 정리해볼 수 있습니다. 첫 번째로 러시아의 우크라이나 침공은 절대 용납할 수 없는 불법 침공이라는 점입니다. 우크라이나는 자주권을 가지고 있는 독립국입니다. 이런 독립 국가를 침공했다는 것 자체가 이미 용납할 수 없는 불법 행위입니다. 두 번째로는 유럽은 여전히 단합돼 있다는 것입니다. 또한 나토NATO도 단합과 결성을 유지하고 있습니다. 스웨덴과 핀란드가 최근 나토에 가입하기로 결정하면서 나토는 더욱 강력해졌습니다. 그리고 단기적으로는 제재 효과가 없다고 말씀하실 수 있겠지만 분명히 장기적인 타격이 있을 거라 생각합니다. 러시아의 석유와 가스 수출에 영향을 받게 될 것이고 또 올랑드 대통령님께서 말씀하신 대로 하이테크 산업에 대한 영향도 클 것입니다. 러시아는 면적이 넓지만 경제 규모는 프랑스나 영국보다 작습니다. 따라서 경제적인 강국이라고 생각하지는 않습니다. 분명히 장기적인 타격이 있을 것입니다. 세 번째로 많은 사람들이 놀라기도 하는 점인데 바로 러시아가 우크라이나 전쟁에서 열세라는 점입니다. 지난 몇 달 동안 러시아는 많은 지역을 잃었습니다. 영국과 미국, 프랑스 등 많은 국가에서 우크라이나를 지원했기에 전세가 바뀌고 있는 상황입니다. 이런 상황에서 유럽은 더욱더 강한 단합을 유지해야 한다고 생각합니다.

올랑드 대통령님께서 말씀하신 대로 현재 어느 정도의 협상에 대한 징조가 보이는 것은 긍정적이라고 생각을 합니다만 우크라이나의 입장을 지지해야 한다고 생각하고, 또한 푸틴의 말도 안 되는 침공에 우리가 긍정적으로 반응해 주어서는 안 된다고 생각합니다.

반기문 전 사무총장님께서 이러한 문제와 관련해서는 중립을 유지할 수 없다고 말씀하셨는데 이는 중요한 지적이라고 생각합니다. 한 국가가 다른 독립 국가를 침공한다는 것은 민주주의와 국제법과 질서를 어기는 것이라는 점을 말씀을 드리고 싶습니다. 이에 대해서 러시아는 대가를 치르고 있습니다. 가스 수출을 제대로 하지 못하는 상황에서 국민들은 경제적인 어려움을 겪고 있습니다. 물론 이 대가는 우리 또한 치러야 하는 것이라고 생각합니다. 유럽은 이에 대한 대가를 치를 각오가 돼 있습니다.

강경화 그러면 이제 중국에 대해 이야기를 해 보도록 하겠습니다. 중국은 러시아를 지지해 주고 있고 지난 전쟁이 진행되면서 이런 입장이 더 강화되고 있는 것 같습니다. 우크라이나 전쟁이 중국의 입장에 어떤 영향을 미쳤는지 궁금합니다. 중국의 지정학적인 입장이 과연 더 강화되었는지 혹은 약화되었는지 궁금합니다. 또한 중국의 입장에 따라 전쟁이 어떻게 될지도 말씀 부탁드립니다.

데이비드 캐머런 중국은 지난 수십 년에 걸쳐서 군사적으로, 경제적으로 영향력이 강화되고 있습니다. 그래서 분명히 주요한 강대국임은 틀림이 없습니다. 하지만 우크라이나 전쟁과 관련해서 말씀드리자면 결국 중국은 계산 착오를 하고 있다고 말씀을 드리고 싶습니다. 왜냐하면 영토의 주권을 보존하고 그리고 국가의 자주권을 보존하는 것은 정말 중요한 일입니다. 중국도 그렇게 이야기를 해 왔지만 결국 우크라이나 전쟁에 대해서는 그런 입장을 펼치지 못했다는 것입니다. 그래서 중국은 러시아-우크라이나 전쟁과 관련해서 무기라든지 또 다양한 지원을 러시아에 제공을 하고 있는데 전 세계적으로 우리는 이 상황에 대해서 명확히 보아야 하고 또한 중국의 입장을 잘 보아야 합니다. 반기문 전 사무총장님께서 말씀하신 대로 중립적인 위치를 유지할 수는 없습니다. 분명한 반대 의사를 펼쳐야 할 것입니다. 동북아시아에 이것이 미치는 영향도 큽니다. 동북아시아에서 중국은 정말 많은 공세적인 행동을 취하고 있고, 그 결과 많은 국가가 어려움을 경험하고 있습니다. 따라서 리투아니아와 호주 같은 경우에도 남중국해에서의 문제에 대해서 강력하게 문제제기를 하고 있습니다. 그리고 이런 상황에서 중국이 약점은 숨기고 강점은 드러내는 입장으로 돌아서면서 좀 더 공세적으로 가고 있다고 생각합니다.

하지만 우리는 무역과 관련해서 장기적으로 중국과 협력해야 합니다. 물론 중국과 또 다른 국가들이 합의하지 못하는 영역들이 있겠죠. 그럼에도 불구하고 좀 더 강력한 협력을 위해서 노력을 해야 한다고 생각합니다. 특히 아시아 지역에서 민주주의 국가 간 협력이 필요하다고 말씀드리고 싶습니다. 동북아시아의 국가들이 협력을 강력하게 해야만 중국을 저지할 수 있다고 봅니다.

프랑수아 올랑드 시진핑과 블라디미르 푸틴은 하나의 동맹을 맺었다고 생각합니다. 초기에 예견하지는 못했지만 점점 더 확실해지고 최근 몇 년간 강화되고 있는 것을 볼 수 있습니다. 이런 큰 동맹은 유사한 콘셉트가 보인다고 생각하고 있는데 중국과 러시아가 지금 서구가 몰락하고 있다고 생각하고 있습니다. 자유민주주의 진영이 약화되고 있다는 판단인 셈이죠. 러시아는 몇 년 전부터 유엔 안전보장이사회(안보리)에서 동일한 목소리를 내고 있는데요. 그러다 이제는 군사적인 움직임을 취한 것이죠. 그래서 중국은 처음에는 러시아가 우크라이나를 침공한 것에 놀랐을 거라고 생각합니다. 그럼에도 불구하고 러시아와의 동맹을 깨고 있지 않죠. 러시아와의 관계를 놓고 있지 않는 것입니다. 오히려 중국은 러시아가 유럽에 가스를 판매할 수 없는 틈을 타 그 물량을 자기네들이 몰아받고 있고, 그 결과 우리는 중국과 러시아의 무역 교류가 더 활발해지고 있다는 것을 확인할 수 있었습니다.

중국은 지금 상황을 보면서 두 가지 경우에서 자기들에게 유익한 부분을 찾고 있는 것 같습니다. 러시아가 지더라도 자국에게 유리한 포지션을 선점하기 위해서 노력하고 있다고 생각을 합니다. 지금 러시아와 중국 간 동맹에 있어서 중요한 점은 중국이 갑이고 러시아가 오히려 을의 위치에 있다는 것입니다. 그래서 타이완 사태도 마찬가지로 러시아가 질 경우에 훨씬 어려워질 것입니다. 중국에게 리스크가 있다면 경제 제재인데요. 중국은 이런 상황을 면밀하게 살펴보고 있습니다. 그런데 말씀하신 것처럼 러시아의 경제 규모는 훨씬 작고, 중국은 러시아의 열 배나 됩니다. 그래서 이러한 경제 제재들을 잘 살펴보면서 자신들에게 유리한 부분을 선점하려고 하고 있습니다. 다음은 만약 반대로 러시아가 우크라이나 전쟁을 이길 경우에도 중국은 자국에게 유리한 방향으로 움직일 것입니다. 러시아가 전쟁에서 이기고 전리품을 취하는 것이 가능하다는 것을 중국이 알게 된다면 우리도 똑같이 할 수 있다는 생각이 들 겁니다.

강경화 네, 맞습니다. 우크라이나 전쟁 이전에도 글로벌 지정학적인 변화가 심했습니다. 그리고 중국이 영향력을 넓히게 됐고, 미중 경쟁으로 인해서 국제 무역 흐름이 바뀌고 또한 글로벌 공급망은 팬데믹으로 인해서 와해하는 상황이었습니다. 우크라이나 전쟁이 발생을 하면서 안 좋았던 상황이 더 악화된 것이죠. 이런 상황에서 한국을 비롯한 많은 국가들이 어려움을 경험하고 있습니다. 한국 입장에서는 중국은 제1대 교역국이고 미국이 제2대 교역국입니다. 하지만 미국은 우리의 안보 동맹 국가이기도 합니다. 따라서 한국은 굉장히 복잡한 안보와 정치 상황에 놓여 있고 이 모든 상황을 잘 관리해야 합니다. 어떻게 선택을 해야 하는지, 참 어려운 문제라는 생각이 듭니다. 자유민주주의 국가들에게 선택의 시점이 오고 있다고 보시는지, 이 어쩔 수 없는 선택에 대해서 우리는 어떻게 해야 할까요?

프랑수아 올랑드 블록화라는 개념을 이해할 필요가 있습니다. 이란과 러시아를 한편에 두고 생각해 볼 수 있고, 다른 편에는 미국을 중심으로 한 서구권 국가들을 생각해 볼 수 있죠. 그리고 한국이나 유럽과 같은 경우 이런 블록화가 강화가 되면 딜레마가 발생할 수밖에 없습니다. 왜냐하면 아까 말씀하신 바와 같이 한국은 중국의 인접국이기도 하고요. 그리고 또 1대 무역 대상국이라고 말씀을 하셨고 한국의 경우에는 중국의 경제를 필요로 합니다. 하지만 안보 측면에서 봤을 때는 미국에 의존을 해야 할 뿐만 아니라 자유민주주의 국가 특히 유럽의 국가의 도움을 필요로 할 때도 있습니다.

그런데 우리가 이해해야 하는 것은 중국도 머뭇거리고 있다는 것입니다. 만약에 공격적으로 나가게 되면 중국도 경제적인 이득을 잃어버릴 수 있습니다. 그리고 지금 미중 경제 무역 갈등을 봐도 그렇고요. 그리고 중국 경제 같은 경우에는 글로벌 인플레이션과 팬데믹의 영향을 받는 상황에서 더 많은 악영향을 받을 수 있습니다. 중국 역시도 중국인들에게 번영을 제공해야 할 그런 의무가 있는 것이죠.

그래서 중국 스스로 대만이나 남중국해와 관련해서 공격을 좀 더 가중을 시키게 되면 이것이 어떠한 여파를 가지고 오게 될지 고민하게 되는 것이고 이런 정책을 추진하게 되면 중국에게도 악영향을 미칠 수 있다는 것이죠. 중국의 당대회에서도 이러한 논의들을 많이 하고 있는 것으로 알고 있습니다.

이런 전략적인 방향성이 매우 중요하다는 것입니다. 중국이 경제를 포기하더라도 군사 강국이 될 것인지 아니면 경제를 같이 가져가면서 군사 쪽은 좀 더 약화시킬 것인지. 이런 딜레마에 빠졌다는 것이고, 그리고 유럽과 한국 같은 이런 국가들은 같이 협력해서 중국에 대한 이해를 배가하고 번영을 구가할 필요가 있습니다.

데이비드 캐머런 우크라이나 사태와 코로나 사태를 봤을 때 모두 같은 교훈을 준다고 생각합니다. 첫 번째는 회복탄력성이 높아져야 한다는 것입니다. 인프라, 무역, 에너지, 식량 안보 이 모든 부분에 있어서 회복탄력성이 점점 더 중요해질 것입니다. 두 번째 교훈은 단순히 국방뿐만 아니라 식량 안보, 에너지 안보가 중요하다는 것입니다. 그리고 또 우리는 우리의 연대를 생각해 봐야 합니다. 위험한 세상입니다. 우크라이나 침공과 같은 일이 발생하고 있고 중국의 힘이 강해지고 있기 때문에 우리의 우방이 누구인지 정확하게 알아야 하고 협력의 방식을 미리 설정해야 합니다.

한국이 어떤 선택을 해야 한다는 말씀을 하셨는데요. 최선의 선택은 민주주의와 함께하고 자유와 법치주의를 믿는 국가들과 함께하는 것입니다. 이 모든 가치는 한국과 유럽을 성공하게 만들었습니다.

그렇다고 해서 중국과 무역을 안 해야 한다는 것이 아닙니다. 특정 물품들이 러시아나 중국으로부터 의존성이 높지는 않을까 재점검을 해야 합니다. 현재 중국과 러시아가 더 가까워지는 것은 우리에게 도움이 될 것이 없습니다. 러시아는 우크라이나에 대한 침공으로 인해서 어려움에 처해 있고 이러한 처지는 너무나도 당연하다고 생각합니다. 가스와 관련된 이 사태에서 우리가 교훈을 얻어야 합니다. 중국이 불법 점령을 하는 국가와 같은 편이 되지 않도록 해야 하고 모두가 국제기구의 국제 규범을 지키도록 해야 합니다. 중국에 대한 의존성이 너무 높지는 않은지, 동북아시아에서 한국이나 일본, 대만과 거래하는 것이 낫지는 않을지 기업들도 선택을 해야 합니다. 회복 탄력성 있는 세계화가 필요합니다.

결론적으로 말씀드리면 세계화의 후퇴는 안됩니다. 올랑드 대통령님과 제가 유럽연합 각 국가의 수반으로서 함께할 때 한·유럽 FTA가 체결됐습니다. 그 이후에 교역량이 50%나 상승했습니다. 그래서 자유무역이라는 것은 같은 가치를 공유하는 국가들에게 더 많은 발전을 가져다줍니다.

강경화 안보를 강조해 주셨는데요. 현재 유럽과 한국 간 안보 협력을 더 강화할 수 있는 여지가 있다고 생각하십니까? 단순히 전통적 안보가 아닌 폭넓은 안보 말입니다. 올랑드 대통령님부터 답변 부탁드립니다.

프랑수아 올랑드 우크라이나에서의 전쟁은 충격을 줬습니다. 그리고 또 우리 오늘 주제이기도 한 초과회복의 필요성을 일깨워 주었습니다. 캐머런 총리께서도 기억을 하시겠지만 실제로 EU 회원국들을 대상으로 적극적인 국방 협력을 유도하는 것이 쉽지 않습니다. 국내총생산GDP의 2%를 보통 국방 지출로 저희가 정하고 있는데 이러한 견해에 대해서 모두가 동의하는 것도 아닙니다.

나토의 신규 회원이 들어오면서 나토의 역할을 강화하는 것도 매우 중요한데 미국과 유럽 간의 안보 관계를 강화하는 것도 매우 중요합니다. 또 중요했던 것 중 하나는 독일은 1천억 유로 정도의 많은 돈을 할애해서 국방을 유지하고 있습니다. 일단 범유럽 차원에서 국방이나 군사산업 시장을 유지하기 위해서는 더 많은 시간과 협력이 필요합니다.

한국은 첨단 기술 강국이기 때문에 위성이나 사이버 보안, 미사일 등의 부문에서 저희와 함께 협력을 할 수 있을 것이라고 생각이 됩니다. 그리고 양자적인 측면에서도 저희가 협력을 할 수도 있고요. 직접적으로 나토 국가들과 한국 간 협력을 할 수 있습니다.

아시다시피 한반도는 항상 위험이 도사리고 있습니다. 그렇기 때문에 한반도의 평화나 안보를 위해서 협력이라는 것은 매우 중요합니다. 여기서 중요한 질문을 제기해 볼 수 있습니다. 다른 나라로부터 공격이 있었을 때 미국이 항상 우리를 보호해 줄 것인가 하는 근본적인 질문을 해야 합니다. 미국이 현재 우크라이나 전쟁과 관련해서 보여주고 있는 입장을 봐도 그렇고 미국의 선거에 따라서 대외 정책이나 안보 정책이 계속해서 바뀌고 있습니다. 그리고 선거가 있을 때마다 우리가 미국의 안보 정책이 어떻게 될 것인지에 대해서 항상 예측을 해야 합니다.

강경화 이 질문에 대해서 캐머런 전 총리님께서는 어떻게 생각하시는지요?

데이비드 캐머런 올랑드 대통령님께서 말씀하신 마지막 부분이 굉장히 중요하다고 생각합니다. 미국의 대對우크라이나 정책은 성공적입니다. 성공적으로 무기를 제공했기 때문에 러시아와 대항할 수 있었고 이 정책은 더욱더 강화되면서 미국이 추가 지원을 할 것이라고 생각합니다.

올랑드 대통령님께서 말씀해주신 미국의 대외 및 안보 정책의 변화는 한국에게도 중요합니다. 한국은 트럼프 행정부 당시의 미국의 큰 정책 변화를 경험했습니다. 우방 간에 신뢰가 생기기 어려운 상황을 맞이했었죠.

그래서 한국과 영국, 한국과 유럽, 한국과 나토의 파트너십을 생각해야 합니다. 한국과 나토의 파트너십은 존재하고 있고 사이버 안보와 무역 쪽이 강화되고 있습니다. 한국 군에서는 아프가니스탄에 도움을 주셨죠. 이런 관계가 강화되어야 한다고 생각하고요.

대한민국에서 실제로 국방 산업에 많은 투자를 하시는 것에 대해서 경의를 표합니다. 굉장히 훌륭한 방위 산업이 있고 전문성과 기술에 투자하시는 것 자체가 한국에도 중요하지만 전 세계에도 중요하다고 생각합니다.

올랑드 대통령님과 저의 재임 시절보다 훨씬 위험한 세상이 되었습니다. 그렇기 때문에 유럽에서도, 영국에서도, 한국에서도 연대가 더 중요해질 것이고 미국과 협력을 하면서 미국뿐만 아니라 우리도 투자를 하고 있다는 것을 보여줘야 합니다.

트럼프 전 대통령께서 하신 말씀 중에 한 가지는 동의합니다. "유럽이 국방에 더 투자를 해야 한다"고 하셨죠. 프랑스와 영국의 경우에는 전체 경제 규모의 2% 정도를 투자해왔는데 다른 국가들 특히 독일은 더 많이 투자하고 있습니다. 강력한 국방은 자유를 위한 비용이라고 생각합니다. 이 위험한 세상에 국방을 강화하는 것은 필수적입니다. 그리고 2014년 이후 우크라이나를 돕기 위해서 영국은 많은 것을 지원했습니다. 그렇지만 다른 국가들이 더 많은 지원을 했더라면 감히 침공을 하지 못하지 않았을까 하는 생각이 들기도 하죠. 이 교훈은 우리가 반드시 기억해야 합니다. 국방이 강화되는 것은 바로 자유를 위한 대가입니다.

강경화 기후변화 문제 역시 꼭 말씀을 드려야겠죠? 우크라이나로 인해서 기후변화에 대한 관심이 조금은 적어지기는 했습니다만 이는 아주 시급한 과제인데 다시 중요한 의제로 논의할 수 있는 방식이 무엇이고 유럽이 어떻게 리더십을 회복할 수 있을까요? 올랑드 전 대통령님, 먼저 말씀 부탁드립니다.

프랑수아 올랑드 지구 온난화는 우리가 앞서 취했었던 모든 약속들을 잘 이행을 했었다면 더 상황이 나아졌을지도 모른다고 생각을 합니다. 약속들이 모두 이행되지는 않았고 우리가 예측했었던 것보다 더 많은 탄소 배출들이 팬데믹인데도 불구하고 이루어지고 있습니다. 2040년까지 1.5℃ 이하로 유지해야 합니다. 정말로 전 세계가 위험에 처해 있습니다.

이 우크라이나 전쟁이 단기적으로는 상황을 더욱 더 어렵게 만들고 있습니다. 가스 공급이 제대로 이루어지지 않기 때문에 석탄 발전으로 돌아가는 경우도 있고요. 독일이나 프랑스 같은 경우도 그렇습니다. 그리고 중국도 석탄 화력발전소를 다시 가동시키고 있습니다. 석탄 발전이 에너지 공급에는 유리할 수 있지만 지구를 위해서는 너무나 어려운 선택인 것이죠.

우리는 에너지 전환을 더 가속화해야 합니다. 가스와 석유 가격이 폭등하고 있기 때문에 우리가 예상했었던 것보다 훨씬 더 힘써서 친환경적인 에너지 전환에 대한 노력을 해야 한다고 생각합니다. 그리고 이런 친환경 에너지들이 실제적으로 유효한 것인지 재생에너지에 대한 투자가 실현 가능한 것인지에 대한 고민도 심도 있게 이루어져야 한다고 생각합니다.

전 세계 모든 국가에서 기후 위기에 대한 우려는 점점 더 커지고 있습니다.

데이비드 캐머런 기후변화의 대응은 회복탄력성과 연결되어야 합니다. 우크라이나 상황에서 볼 수 있듯 에너지 확보가 필요합니다. 영국의 경우에는 해상풍력발전 규모가 굉장히 큽니다. 신재생에너지와 원자력의 중요성, 그리고 넷제로Net-Zero의 전환을 계속해서 강조하는 것이 장기적인 이익에 부합한다고 생각합니다.

유럽이 더 많은 역할을 해야겠죠. 그렇다면 어떤 역할을 할 수 있을까요? 이미 영국은 넷제로 선언을 했습니다. 영국은 1988년이 아니라 1800년대 후반만큼의 탄소 배출 목표로 탄소배출량을 줄이고 있습니다. 만약에 가스를 러시아로부터 수입하지 못한다면 다른 여러 지역에서 가스를 수입해서 탄소 중립으로 가기 위한 전환기 연료로는 사용할 수 있을 것입니다.

G20 국가들 모두 국가온실가스감축목표NDC를 지키기 위해 노력하고 있습니다. 만약 이 NDC를 모두 지킨다면 기후 상승 제한 목표치 1.5℃의 4분의 3 정도를 차지하게 될 것입니다. 파리협약에서 좋은 결실이 있었고, 영국 글라스코에서 개최한 유엔기후변화협약당사국총회에서도 좋은 결과가 있었습니다. 앞으로도 계속해서 유럽은 노력하게 될 것입니다.

여러분도 함께해 주셔야 합니다. 신재생에너지에 투자를 해야만 변화를 이끌어낼 수 있고 유럽뿐만 아니라 다른 국가들도 함께 동참해야 합니다. 기후 위기에 대응하는 것은 우리의 회복탄력성을 높이기 위한 것뿐만 아니라 안보 문제와도 직결된다고 생각합니다.

강경화 맞습니다. 하지만 개도국은 결국 선진국이 더 많은 역할을 해야 한다고 주장할 텐데요.

데이비드 캐머런 맞습니다. 재원을 확보하는 것이 중요하고도 어려운 일입니다. 그리고 다양한 국가에서 넷제로를 위한 노력을 하고 있는데 결국 각 국가가 기후위기 경감과 기후 적응을 위해 필요한 재원을 확보하도록 함께 노력해야 할 것입니다. 영국은 그 역할을 충분히 하고 있지만 다른 국가들도 동참해주시기를 희망합니다.

강경화 감사합니다. 그렇다면 현재 분열되고 있는 전 세계 상황에서 어떤 조건이 확보되어야만 우리가 초과회복을 이룰 수 있을까요? 초과회복의 길로 나아가기 위해서 필요한 요건 한 가지 말씀해주시기 바랍니다, 올랑드 대통령님.

프랑수아 올랑드 위기로 인해서 우리가 더 강해진다고 확신한다면 앞으로 더 큰 어려움은 없다고 볼 수 있겠죠. 여태까지 계속해서 위기를 겪어왔으니까요. 초과회복의 가장 기본적은 조건은 주권 국가로서의 행동입니다. 주권 국가로서 다른 국가들이 우리를 대신해서 중요한 결정을 하게 내버려두어서는 안 됩니다. 우리의 운명을 좌우할 결정을 우리 스스로가 해야 한다는 것이지요.

세계적으로 우리의 시야를 넓혀야 한다고도 생각합니다. 우리의 행동이 어떻게 모두에게 영향을 주고 긍정적인 방향으로 나아가기 위해서 어떻게 해야 할 것인가를 고민하는 게 중요하다고 생각합니다. 국가우선주의나 자국우선주의와 같이 폐쇄성이 자꾸 득세한다면 자유민주주의는 권위주의 국가의 공세에 밀리게 될 것입니다. 우리는 강력해야 하고 우리 스스로를 지킬 줄 알아야 하면서 동시에 이 세계의 여러 가지 위험성에 대해서 유연성을 가져야 합니다.

데이비드 캐머런 초과회복이라는 결과를 얻어내기 위해서는 결국 가치를 공유하고 있는 국가들 간 협력이 중요하다고 생각합니다. 특히 민주주의라는 가치를 공유하는 국가 간 협력이 절실합니다. 지난 20년 동안 많은 위기가 있었습니다. 테러의 위기가 있었고 또 금융 위기도 있었죠. 그리고 팬데믹 위기도 있고 우크라이나 위기도 있었습니다. 이 위기들을 잘 살펴보면 결국 협력이 얼마나 중요한지 잘 보여준다고 생각합니다.

공동의 가치를 공유하고 있는 국가들이 함께 힘을 모아야 합니다. 예를 들어서 백신 공급을 위한 글로벌 연대가 마련되었는데 이것 또한 좋은 사례라고 생각합니다. 같은 생각을 하고 있는 국가들이 다양한 방식으로 협력할 수 있다고 생각합니다. 이로써 초과회복이 가능할 것입니다.

우리는 법치주의, 무역과 시장 경제, 기업가 정신이 중요하다는 것도 알고 있습니다. 또한 다양한 공통점을 가지고 있죠. 이러한 공통점을 활용해서 협력하고 우리가 당면한 위기를 해결하기 위해 노력해야 합니다. 그리고 같은 가치를 공유하고 있는 정치인들 또한 함께할 수 있다고 생각합니다.

강경화 이렇듯 공통점을 바탕으로 끈끈해지고 더 친밀해질 수 있다고 생각합니다. 혹시 마지막으로 하실 말씀이 있다면 부탁드립니다.

프랑수아 올랑드 우선 이렇게 데이비드 캐머런 총리님을 다시 뵐 수 있게 되어서 너무 기뻤고요. 앞으로도 프랑스와 영국, 한국이 지혜롭게 함께 협력할 수 있기를 희망합니다.

우리는 민주주의 국가입니다. 직면하고 있는 여러 위기들에 대해서 민주주의가 얼마나 공고하고 여전히 유효한지 의문점을 가질 때가 있습니다. 하지만 결국 언제나 민주주의가 전체주의와 국소주의를 이겨왔다고 생각합니다. 우리가 민주주의 국가라는 것을 자랑스럽게 여기고 보존해야 할 것입니다.

데이비드 캐머런 말씀해 주신 내용에 저도 동의합니다. 유럽 국가들이 힘을 모아서 자주권과 민주주의를 지키기 위해 투쟁했을 때 우리는 늘 승리했습니다. 우크라이나 위기와 나토의 단합으로 그것을 가장 잘 보여주었다고 생각합니다.

결국 우리가 함께 행동하고 안보를 지키기 위해 노력한다면 위대한 힘을 발휘할 수 있다고 생각합니다. 우크라이나 위기뿐만 아니라 여러 글로벌 위기에 우리가 대응할 수 있을 것입니다. 각종 안보 위기와 도전 과제들을 해결하기 위해 좀 더 공격적으로 대응할 수 있을 것이고 또한 중국의 확장에도 대응할 수 있을 것이라고 생각합니다. 다양한 접근 방법이 있겠지만 비슷한 가치를 공유하는 국가들이 함께하게 된다면 위대한 결과를 낳을 수 있습니다.

강경화 두 분께 진심으로 감사드립니다. 이번 기조 세션의 좌장을 맡게 되어 영광스럽게 생각합니다. 다양한 논의가 진행되어 많은 통찰을 얻었습니다.

분열된 세계와 G2

지정학 전망 2023: 냉전시대의 회귀

라인스 프리버스 | 제27대 백악관 비서실장
에스코 아호 | 제37대 핀란드 총리
칼 빌트 | 제30대 스웨덴 총리
티에리 드 몽브리알 | 프랑스 국제관계연구소(IFRI) 회장
테리 마틴 | 뉴스 앵커

우크라이나 전쟁과 글로벌 공급망 교란 등으로 전 세계는 안보 위기에 직면해 있다. 코로나19 팬데믹과 기후변화에 대한 국제적 공조가 절실한 시점에도 불구하고, 유럽과 러시아와의 갈등은 어느 때보다 고조된 상태다. 게다가 첨예한 미중 대립에 따라 미국과 유럽을 필두로 한 서방세력과 러시아와 중국으로 대표되는 권위주의 세력 간 신新냉전체제가 도래한 게 아니냐는 평가도 나온다. 제23회 세계지식포럼 〔지정학 전망 2023 : 냉전시대의 회귀〕 세션에는 세계 정세에 혜안을 제공할 미국과 유럽 전문가들이 한데 모였다.

"중국과 러시아는 전술적으로 3~5년 간 중장기 파트너가 될 수는 있다. 하지만 장기적으로 돈독한 파트너가 될 순 없을 것이다." 티에리 드 몽브리알 프랑스 국제관계연구소IFRI회장은 미국과 유럽 등

서방세력과 러시아 그리고 중국이 대립하는 구도로 과거 냉전시대처럼 회귀하는 게 아니냐는 질문에 이렇게 답했다. 그는 "한 국가의 절대적 안보가 다른 국가의 절대적 안보는 아니다"라는 헨리 키신저의 명언을 언급했다. 그러면서 역사적으로 러시아와 중국의 관계가 밀착보다 대립의 시간이 길었다는 점을 지적하며 "양국의 이해관계가 일치되지 않는 영역들이 굉장히 많다"고 말했다.

에스코 아호 전 핀란드 총리도 견해를 같이했다. 그는 러시아와 중국의 관계를 과대평가 하는 건 아닐지 우려했다. 그는 "'적의 적은 나의 친구'라는 말이 있지만, 역사적 관계를 생각해보면 두 국가는 그리 밀접한 파트너는 아니었다"고 말했다. 아호 전 총리는 지난 2022년 9월 15일 중·러 정상회담에서 나왔던 불협화음을 거론하며 양국 관계의 기저에 어떤 미묘한 기류들이 흐르고 있는지 봐야 한다고 강조했다. 미국 뉴욕 타임즈NYT에 따르면 블라디미르 푸틴 대통령은 정상회담 당시 시진핑 주석으로부터 전쟁에 대한 의문과 우려 표시가 있었다는 사실을 인정했다. 이 같은 메시지는 중국이 러시아와 무조건적 동맹국은 아니라는 점을 시사한다.

칼 빌트 전 스웨덴 총리도 전 세계가 심각한 안보위협에 맞닥뜨리고 있다고 강조했지만 서방세력과 러시아·중국 진영 갈등을 '신냉전의 도래'라고까지 해석하지는 않았다. 그는 냉전까지는 아닌 것 같다고 해석하면서 지금 중국은 전쟁으로 어려운 상황에 처해 있고 경기침체, 미·중 갈등으로 당 대회를 앞두고 시진핑 주석이 스트레스를 받고 있을 것이라고 진단했다. 이어 "러시아와 유럽이 어긋난 것처럼 중국 또한 완전히 궤도에서 벗어나지 않게 하기 위해 많은 외교적 노력과 신중한 대처가 필요하다"고 덧붙였다.

시 주석은 임기 내 대만 문제 해결을 공언한 바 있다. 하지만 실패할 경우 권위에 크나큰 타격을 입게 될 것이고 그 위험성은 중국과 같은 권위주의 체제, 특히 시진핑 정권처럼 민족주의를 부추겨 정치력을 얻은 경우 더 크다고 할 수 있다. 시 주석이 왜 이런 리스크를 지고 임기 내 대만 문제 해결을 공언했는지에 대한 논의도 오갔다. 칼 빌트 전 총리는 "중국을 장기적인 관점에서 봐야 한다고 본다. 여러 가지 추측이 가능하겠지만 개인적으로 시 주석이 양안 문제를 해결하겠다고 하는 건 대만을 침공하겠다는 것보다는 대만과의 어떤 새로운 역사적 관계를 여는 지도자가 되겠다는 것을 의미한다고 생각한다. 물론 러시아의 침공도 예상을 깨고 일어난 일이지만, 똑같이 중국도 대만을 침공한다는 보장도 없다"고 주장했다.

칼 빌트 전 총리는 현재 가장 크게 우려되는 이슈로 두말할 것 없이 우크라이나 전쟁을 꼽았다. 그는 "푸틴의 침공은 2차 세계대전 때 폴란드를 침공한 히틀러와 똑같다"라며 "국제사회가 우크라이나에 정치·군사·재정적 지원을 계속해 결코 푸틴의 뜻대로 되도록 놔둬선 안 된다"고 강조했다.

다만, 그는 전쟁에서 러시아가 승리할 가능성보다 패배할 가능성이 높다는 견해를 내놨다. 그는 "러시아의 공신력이 지금 상당히 바닥을 치고 있고 현재 외교력, 지도력 등 푸틴의 리더십에 대해서 회의적이다. 따라서 푸틴이 물러난 이후 중장기적으로 러시아가 다시 새로운 러시아로서 국제사회에서 교류할 수 있지 않을까 생각한다"고 말했다.

반면 몽브리알 회장은 푸틴이 벼랑 끝에 몰렸을 때 재앙적인 상황이 초래될 가능성을 경고했다. 그는 "2023년 상황을 예측하기란 정말 어렵고 러시아가 전쟁에서 패하는 시나리오도 있겠지만 패색이 짙어질 경우 푸틴이 핵무기를 사용할 가능성을 배제할 수 없다"고 우려했다.

러시아의 우크라이나 침공으로 그동안 나토에 가입하지 않고 있던 스웨덴, 핀란드기 동시에 나토 가입을 신청했다. 이와 관련 러시아와 나토 국가들 사이에서 중립국이라는 완충 지대가 없어지며 사실상 나토가 동쪽으로 확장돼 진영 간 긴장이 높아지게 됐다는 회의적 시각도 있다. 하지만 연사들은 나토의 확산은 결국 러시아가 자초한 일로 최근 나토 강화 움직임이 정당하다는 시각을 공통적으로 보였다. 칼 빌트 전 총리는 "현재 스웨덴에게 나토 가입은 존재론적 이슈"라며 스웨덴의 나토 가입에 대해서 스웨덴 내에서 이견이 없다는 점을 강조했다.

에스코 아호 전 핀란드 총리는 나토의 권력 강화는 결국 중국의 행보에 따라 달라질 것이라는 시각을 보였다. 그는 "결국 중국과 관련이 있다. 러시아는 생존을 위해 중장기적으로 중국의 협조가 필요할 것"이라며 "이에 중국이 어떤 태도를 보일 것인가가 핵심"이라고 지적했다. 우크라이나 전쟁에서 보듯 개인적 야심과 자국의 이익을 명분으로 국제질서를 크게 위협하는 러시아의 행위에 중국이 어느 정도 보조를 맞춰줄 것인가가 관건이라는 해석이다.

미국의 글로벌 전략과 관련된 전망도 나왔다. 라인스 프리버스 전 백악관 비서실장은 "현재 미국이 공화당과 민주당이 첨예하게 대립하고 있지만 적어도 우크라이나 전쟁에 대해서는 전반적으로 단일대오를 형성하고 있다"며 "우크라이나에 대한 초당적 지원은 계속 될 것"이라고 말했다. 그는 "중국이 전 세계를 대상으로 문제를 야기하고 있는 것에 대해서도 미국 내에서 공통적인 문제 인식이 있다. 선거에서 누가 이기든지 우크라이나와 중국에 대한 정책은 변화는 없을 것이고 특히 대만 문제에 있어서는 한층 더 강경해 질 수 있다"고 분석했다.

미국은 특성상 외교 정책 결정에 있어서 의회의 역할이 매우 큰 것으로 알려져 있다. 또한 통상적으로 중간 선거에서 야당이 다수석을 차지한 경우가 많다. 프리버스 전 비서실장은 "11월 중간 선거에서 하원은 공화당이 승리할 가능성이 매우 높고 상원도 50%의 확률로 다수를 점할 것으로 보고 있다"고 말했다.

유일한 안보 동맹국인 미국과 최대 교역국인 중국 사이에서 바람직한 한국의 외교적 방향에 대한 조언도 나왔다. 칼 빌트 전 총리는 양국 사이에서 균형을 잡으려는 현재의 판단이 최선으로 보인다고 조언했다. 하지만 경제적 이해관계 때문에 안보를 내주는 타협을 해서는 절대 안 된다고 강조했다.

조지프 나이와의 대화:
분열된 세계 속 미국의 리더십

조지프 나이 | 하버드대학교 석좌교수
안호영 | 북한대학원대학교 전 총장

　"'투키디데스의 함정'을 주장한 그레이엄 앨리슨 교수는 친한 동료지만, 미중전쟁을 피할 수 없다는 의견에는 동의하지 않는다." 제23회 세계지식포럼 〔조지프 나이와의 대화: 분열된 세계 속 미국의 리더십〕 세션에 연사로 나선 조지프 나이 하버드대 석좌교수는 미·중 경쟁과 대만을 둘러싼 충돌 가능성에 대해 이같이 말했다. 그는 "양국 지도부가 계산착오를 하지 않는 한, 전쟁은 피할 수 있으며 경쟁도 '관리 가능한 경쟁'이 될 수 있다"고 강조했다.

　토론의 좌장을 맡은 안호영 전 주미대사는 "대만 해협의 긴장이 고조되면서 미국도 이제 기존의 '전략적 모호성'이란 정책 방향을 보다 명료하게 틀어야 하는 시점이 아니냐는 의견들이 있다. 최근 조 바이든 대통령도 '중국이 대만을 공격할 경우 미국이 방어할 수 있다'는 발언을 했다. 이런 맥락에서 어떤 전망을 할 수 있을까?"라는 질문을 던졌다. 이에 나이 교수는 바이든 대통령이 대만의 방어를 돕겠다고 했지만 그럼에도 '하나의 중국' 정책에 대한 국무부의 변화된 발언은 없었다는 점을 주목했다.

그는 "미국의 대對대만 정책을 '전략적 모호성'이라기보다 '이중 억제 접근법'이라고 표현하는 것이 더 적절할 것"이라고 지적했다. 그는 "미국이 대만으로 하여금 독립 선언을 하지 않게 하되, 대만에 충분한 방어력을 지원함으로써 중국의 침공도 억제하는 것이 '이중 억제'"라고 말했다. 이어 "대만의 입장에서는 소위 '고슴도치 전략'으로 방어능력을 키우도록 해 중국이 삼켜버릴 수 없게 하는 게 중요하다"고 강조했다. 다만 나이 교수는 2022년 8월 낸시 펠로시 미 하원 의장의 방문 등을 언급하며 미국이 중국을 지나치게 자극하는 도발은 자제해야 한다고 조언했다. 나이 교수에 따르면 미국은 1972년 헨리 키신저가 중국을 방문했을 때부터 공식적으로 '하나의 중국' 정책을 계속 유지해왔다.

우크라이나·중동 지역에서의 정치적 혼란은 어느 때보다 심각해 보인다. 이로 인해 지난 30~40년 전에 비해 미국의 전 세계적 리더십 약화에 대해 우려가 확산되고 있다. 하지만 나이 교수는 미국의 리더십이 현재 여전히 전반적으로 강력하게 기능하고 있다고 평가했다.

그는 "미국의 리더십이 중동 지역에서는 상당히 약화된 게 사실이나, 유럽과 동아시아에서 보면 전혀 약화되지 않았다"며 "현재 나토

연맹은 그 어느 때보다 견고하고 한미·미일 관계도 마찬가지"라고 설명했다. 그는 이어 "장밋빛으로 미래를 보면 안 되겠지만, 과거에도 모든 것들이 다 원활했던 것은 아니다. 예컨대 1960년대 미국은 베트남을 공산주의로부터 보호하겠다고 참전했지만 리더십에 상당한 타격을 받았다. 현재 분명 리더십이 제약되고 있는 부분이 있지만 동아시아와 유럽에서의 상황도 분명히 인식해야 한다"고 말했다.

나이 교수는 1990년대와 다른 미국의 태도 변화를 염두에 둬야 한다며 오바마 행정부 시절 '피봇 투 아시아Pivot to Asia' 정책을 떠올릴 것을 주문했다. 그는 "이라크와 아프가니스탄 전쟁에 참전했던 것이 큰 오류였다는 시각이 있고 바이든 정부 때는 미군을 철수시켰다. 나는 철수 방식 자체에는 공감하지 않지만, 이들 지역에서 미국이 영향력을 줄여나가는 것이 오히려 더 긍정적 영향을 가져다 줄 것으로 본다"고 말했다.

나이 교수는 2년 전 부정 선거 등 대선 관련 사건으로 미국 민주주의가 쇠퇴한 게 아니냐는 우려에 대해서도 견해를 밝혔다. 그는 "트럼프 전 대통령이 자신의 주장을 계속하고 지지자들이 그의 메시지를 퍼뜨리는 상황으로 미국 민주주의에 심각한 위기 징후가 있는 건 맞는다"고 말했다. 나이 교수는 "2024년 그가 다시 대선후보로 나서게 될 것이라는 시각이 있지만, 회의적"이라며 "왜냐하면 중도에 해당하는 전통 공화당원들은 그를 지지하지 않기 때문"이라고 말했다.

나이 교수는 미국 민주주의가 위기에 봉착했음에도 불구하고 결국에는 회복할 것이라는 긍정적 의견을 피력했다. 그는 "미국은 1930년대와 1960년대에도 전쟁과 암살, 시위로 위기론이 등장했지만 1980년대 접어들며 회복됐다. 지금 시기적으로 안 좋지만 또 다시 회복할 수 있을 것이다. 미국의 체제 내에서 상당한 회복력이 있다고 보기 때문이다"고 주장했다.

민주주의와 권위주의 세력 간 긴장이 고조되는 동아시아 정세와 관련한 해법도 제시됐다. 나이 교수는 무엇보다 한·일 협력을 강조했다. 그는 "북한의 위협과 중국의 도전에 직면해 협력이 절실한 양국이 역사의 함정에 빠져 있는 건 실수"라며 "경제력과 성숙한 민주주의, 한류 등 소프트 파워까지 갖춘 한국이 과거의 한국이 아니듯 일본도 더 이상 과거 제국주의 시절 일본이 아니다. 과거에서 벗어나 미래를 봐야 한다"고 조언했다. 이어 "한국은 더 넓은 세계 무대에서 자국의 역할을 해야 하고 그런 의미에서 현재 윤석열 대통령의 글로벌중추국가GPS 전략을 응원한다"고 덧붙였다.

나이 교수는 현재 한국이 대미 관계에서 최대 현안으로 보고 있는 인플레이션 감축법IRA 등 미국의 보호주의 무역 강화 기조에 대한 우려에 대해서도 공감한다는 견해를 밝히기도 했다. 그는 "한국 측의 우려는 타당하다"며 "미국이 한국, 일본, 유럽 등 동맹국들과 보호주의를 완화하는 합의에 이를 필요가 있다"고 말했다.

존 볼턴과의 대화: 우크라이나 전쟁 이후의 중국, 그리고 동아시아

존 볼턴 | 전 백악관 국가안보보좌관
천영우 | 한반도미래포럼 이사장

존 볼턴 전 미국 백악관 안보보좌관이 러시아가 우크라이나에서 어려움을 겪은 여파에 중국의 영향력이 더 커지는 결과를 낳을 수도 있다고 경고했다. 한국이 미국의 안보 전략에서 중요한 동맹 역할을 수행할 수 있다며, 한미일 공조를 강화해야 한다는 제안도 내놨다.

제23회 세계지식포럼 (존 볼턴과의 대화: 우크라이나 전쟁 이후의 중국, 그리고 동아시아) 세션에서는 지금까지 미국과 한국의 대북 정책이 잘못됐다는 지적이 나오는 한편 중국의 확장을 억제하기 위해 한미일 공조의 중요성이 강조됐다.

이 세션 좌장은 천영우 한반도미래포럼 이사장이 맡았으며, 볼턴 전 보좌관과 일대일 대담을 진행했다. 이 대담에서 천 이사장의 "북한이 핵 무기를 선제적으로 쓸 수 있다고 법에 명시한 것이 어떤 차

이를 만들어내는가?"라는 질문에 볼턴 전 보좌관은 "북한이 주한미군 철수를 요구하며 핵 미사일로 위협하면 미국 대통령은 주한미군을 일본으로 철수시키는 가능성을 검토해야 한다"고 말했다.

북한은 2022년 9월 8일 최고인민회의에서 핵 무력을 어떤 경우에 어떻게 사용할지를 담은 핵 무력 법령을 채택했다. 이 법령에는 "지도부에 대한 공격이 감행됐거나 임박했다고 판단되는 경우에도 핵무기를 사용할 수 있다"고 명시해, 사실상 핵을 활용한 선제 공격 가능성을 열어둔 것이라는 해석이 나왔다.

볼턴 전 보좌관은 "미국과 한국의 여러 사람들은 북한이 외국의 위협이 없다면 핵을 포기할 거라고 기대해왔다"며 "이런 이론이 30년 동안 있어왔지만 결국 북한은 핵 능력을 고도화했고 북한을 설득해서 핵을 포기할 수 있게 만들자는 생각은 잘못된 것으로 드러났다"고 했다. 그는 "북한은 경제가 취약한 상태지만 비핵화를 말로만 약속함으로써 실제 이행한 조치에 비해 너무 큰 혜택을 누려왔다"며 "작은 조치 외에는 발전이 없었으며, 핵무기에 관해 거짓말을 하고 테러리즘을 자행하고 있다"고 강조했다.

과거 트럼프 전 미국 대통령이 김정은과 나눈 하노이 회담을 두고는 미국의 실수가 있었다고 회상했다. 볼턴 전 보좌관은 "트럼프 전 대통령이 김정은을 설득할 수 있으리라 믿었지만 협상이 결렬되자 큰 충격을 받은 것 같았다"며 "자신감이 큰 실수였다"고 짚었다.

6자회담의 틀은 더 이상 유효하지 않다는 지적도 내놨다. 6자회담은 남과 북, 미국, 일본, 중국, 러시아가 참여하는 북핵 관련 다자협의체다. 최근 미중 갈등이 불거지는 가운데 러시아의 우크라이나 침공까지 벌어짐에 따라 더 이상 6자회담 체제가 불가능하다는 입장이다. 그는 "중국이 북한 핵 문제에 관해 중립적 태도를 유지할 거라는 믿음이 6자회담 체제에서는 유효했다"며 "그러나 중국은 대만에 영향을 끼치고 싶어 하며 더 이상 6자회담은 유효하지 않은 체제"라고 했다. 다만 중국의 대북 영향력은 여전하다고 봤다. 그는 "중국이 지지해주지 않으면 북한 정권은 결국 오래갈 수 없을 것"이라면서 "동시에 중국이 독자적인 능력으로 북한을 억제할 수 없다면 김정은의 목표가 달성된 것이고 세계는 더 위험해질 것"이라고 분석했다. 그는 이어 "북한은 러시아에 화약과 탄약을 공급하고 있는데 이는 중국도 하지 않는 행위"라며 "향후 북한의 핵 무기가 테러그룹이나 다른 불법 국가에 제공된다면 한반도를 넘어 전 세계에 큰 위협이 될 것"이라고 경고했다.

남중국해와 센카쿠 열도 등을 둘러싼 중국과의 긴장감에 관해서는 한국의 역할을 강조했다. 볼턴 보좌관은 "한국은 한국의 역량을 확신시키고 미국, 일본 등과 협력해 많은 결과를 낼 수 있는 국가"라며 "일본과의 역사에 얽힌 감정이 있지만 공동의 안전을 위해 이를 넘어서야 한다"고 했다. 그는 이어 "미국은 인도, 호주 등과 함께하고 있으며 호주에는 핵 잠수함을 제공한 바 있다"며 "이러한 파트너십에 한국, 일본도 참여하는 것이 적절할 것"이라고 말했다.

중국의 대만 침공 가능성이 높아지고 있는 점에 주의를 기울여야 한다는 의견도 제시했다. 천 이사장은 "미국이 대만 카드를 써서 중국이 북한의 비핵화를 추구할 수 있다고 생각하는가"라고 질문했다. 볼턴 전 보좌관은 "그 카드는 이미 사용됐다고 생각한다"며 "중국이 원하는대로 압력을 가하고, 분열시키는 일을 그대로 두면 중국이 주도권을 갖게 되니 한국과 대만, 중국을 연결시켜 생각하는 것은 중요하다"고 했다. 대만과의 갈등이 이미 커지고 있는 만큼, 이것을 카드로 북핵 문제를 더 우선시할 가능성은 높지 않다고 본 것이다. 러시아의 우크라이나 침공 이후, 러시아가 전쟁 과정에서 어려움을 겪은 결과로 중국의 세계적인 영향력이 커질 수 있다는 전망도 내놨다. 볼턴 보좌관은 "우크라이나 전쟁 결과 러시아 내부 상황이나 푸틴의 입지가 약해진 것은 사실"이라며 "단기적으로 러시아가 패배하면 중국 주도의 연맹이 오히려 강화되는 결과가 나올 수도 있다"고 내다봤다.

중국:
팬데믹 이후의 행보

채드 스브라지아 | 전 미 국방부 중국담당 부차관보
필립 달리다키스 | 전 호주 빅토리아주 혁신·디지털경제·무역투자 장관
김재철 | 가톨릭대 국제학부 교수

"현재 중국은 많은 도전에 직면하고 있습니다. 내부적으론 코로나 19 팬데믹 이후 경제 성장과 구조적 개혁의 필요성이 대두됐고, 외부에선 마음대로 움직이지 않는 북한 정권과 대만을 둘러싼 긴장감도 중요한 문제죠."

제23회 세계지식포럼 〔중국: 팬데믹 이후의 행보〕 세션에서 전문가들은 중국의 '제로 코로나' 정책이 경제 성장에 차질을 빚게 될 것이라고 전망했다.

채드 스브라지아 전 미 국방부 중국담당 부차관보는 "중국은 코로나 무관용 정책을 펼치지 않으면 관리가 어려운 농촌까지 대규모로 확산할 것이란 두려움을 가지고 있다"며 "전국적인 대규모 감염에 대처할 수 있는 역량이 부재했고, 서방국가와 다르게 경제 발전을 우선

순위에서 미뤄둔 채 기꺼이 희생하고자 하는 것 같다"고 분석했다. 그러면서 "중국은 팬데믹과 공급망 문제 이후 구조조정을 통해 경제 모델을 많이 바꾸려 한다"고 덧붙였다.

세션의 좌장을 맡은 김재철 가톨릭대 국제학부 교수 또한 "중국의 코로나 무관용 정책으로 인해 자국민들의 국제 여행도 제한됐다"며 "올해 중국이 목표했던 경제 성장률 5.5% 전망치를 달성하지 못할 것으로 예상된다"고 말했다. 중국은 2022년 3월 양회(전국인민대표대회와 전국인민정치협상회의)에서 2022년 성장률 목표를 '5.5% 안팎'으로 공식 발표한 바 있다. 하지만 상하이 등 여러 대도시에 대한 봉쇄 정책 등으로 소비 부진과 경기 침체가 이어지자 목표했던 성장률 달성이 어려울 것이란 설명이다. 블룸버그 통신에 따르면 투자은행IB 등의 2022년 중국 경제 성장률 전망치 중간값은 3.5%로, 40여 년 만에 두 번째로 낮은 성장률을 기록하게 될 전망이다.

또 중국 최대 부동산 개발업체인 헝다恒大(에버그란데)가 디폴트(채무불이행) 상황에 처하면서 부동산 위기 확산도 큰 위협으로 다가오고 있다. 필립 달리다키스 전 호주 빅토리아주 혁신·디지털경제·무역투자 장관은 "경제적인 면에서 중국은 부동산 가치 하락으로 많은 손실을 겪고 있어 중앙 정부가 그 부채를 상환하고 부담해줄 수 있는지가 중요할 것"이라고 내다봤다. 글로벌 IB 씨티그룹에 따르면 2022년 상반기 중국 부동산 대출의 29.1%가 부실 대출로 확인됐으며, 이는 2021년 말의 24.3%보다 4.8%포인트 상승한 것이다. 달리다키스 전

장관은 "그럼에도 중국은 지금 직면하고 있는 문제들에 대해 유연하게 정책적인 선택을 할 것으로 보인다"고 덧붙였다.

2022년 초부터 시작된 러시아의 우크라이나 침공 전쟁도 중국의 발목을 잡는 요인으로 꼽혔다. 달리다키스 전 장관은 "중국은 러시아의 우크라이나 침공에 절대적인 지지를 보내지 않고 있다"며 "앞으로 우크라이나의 반격으로 러시아의 입지가 줄어들거나 국제무대가 더욱 강하게 제재할 경우 중국은 책임을 회피하고 싶어하기 때문"이라고 말했다. 최근 중국 외교부 성명에서 러시아를 지지하는 내용이 거의 사라지자 러시아와 거리두기를 하는 게 아니냐는 분석이 나온다. 달리다키스 전 장관은 "중국은 현재 많은 현안과 쟁점들에 대해서 잘 대처해야 하는 상황"이라며 "북한과 대만 문제를 다뤄야 하고 러시아에 대한 서방국가들의 경제적 제재로 인해 러시아 남부 난민들이 중국 내부로 들어올 가능성도 있다"고 분석했다. 이어 "짧게는 2024년까지 장기적으로 중국은 큰 변화를 겪게 될 것"이라고 덧붙였다.

스브라지아 전 부차관보 역시 "세계 질서 재편에 있어서 러시아 전쟁이 중국의 계획에 차질이 생기게 했고 러시아와의 관계가 굉장한 부담이 되고 있다"며 "중국 공산당은 많은 도전들을 시도하지 않으면서 국제질서의 안정을 원하고 있지만 불가피하게 여러 진영과 연맹을 만들어나가야 하는 상황에 처한 것"이라고 설명했다.

한편 전문가들은 시진핑 주석의 장기 집권으로 내부적인 정책 면에서도 큰 변화를 겪을 것이라고 내다봤다. 달리다키스 전 장관은

"시 주석이 연임할 경우 지금처럼 강압적이고 공세적인 입장을 유지할지, 더 과감한 정책을 펼칠지가 주목된다"고 했다. 시 주석의 장기 집권의 발판이 마련되면서 미·중 간 경쟁은 물론 대만에 대한 압박이 더 강화될 것이란 우려도 크다.

국제질서의 재편과 한반도

성 김 특사와의 대화:
미국의 대북정책 방향 이해하기

성 김 | 주인도네시아 미국대사 & 미 국무부 대북특별대표
태영호 | 대한민국 국회의원

2022년 북한은 7차 핵실험을 앞두고 협상테이블에는 나오지 않으면서도 도발 수위를 높이고 있다. 그럼에도 불구하고 유엔 안보리를 통한 추가제재나 성명 등은 쉽지 않은 상태다. 2022년 초 우크라이나 전쟁 이후 유엔 안보리가 '중국·러시아 vs 기타 서방국가'의 대결 구도가 쪼개지면서 어떠한 합의도 이뤄내지 못하고 있기 때문이다. 특히 미국 조 바이든 대통령 집권 이후 앞선 트럼프 정권 때의 '톱-다운' 방식의 대북 접근을 지양하면서 미북 간 대화도 끊긴 상태다. 일각에서는 바이든 대통령이 오바마 정권 때 북한을 상대하지 않으려 했던 대북정책을 계승한 '전략적 인내 2.0'을 수행하는 게 아니냐는 비난도 제기되고 있다.

성 김 미국 국무부 대북특별대표는 이런 비판은 타당하지 않다고

생각하는 쪽이다. 그는 "미국의 대북정책에 직접 관여하고 있는 사람으로서 주변국들과 항시 지속적으로 소통 중"이라며 "미국 정부도 대통령부터 이하 모든 직급에서 북한을 가장 중요한 안보 사안 중 하나로 다루고 있다"고 밝혔다. 성 김 대표는 특히 "북한의 수십 차례 탄도미사일 실험에는 다수의 유엔 안보리 결의 위반도 있었기 때문에 미국 정부 입장에서 북한은 높은 순위의 문제일 수밖에 없다"고 강조했다.

특히 김정은 북한 국무위원장이 2022년 9월 핵 무력 법제화를 선언하면서 한반도에 미국의 전술핵을 재배치해야 한다는 주장이 국내에서 힘을 얻고 있다. 성 김 미 국무부 특별대표는 "한국의 담담함은 잘 알지만 그렇다고 해서 전술핵을 재배치하는 것이 옳은 답은 아니다"라며 "오히려 가장 강력한 억제력을 한반도상에 구축하는 다른 방법들을 찾아야 하지 않겠냐"고 되물었다. 김 대표는 "핵무기를 재배치하게 되면 한반도 외에 다른 지역까지 큰 파급 효과가 일어나게 돼 한반도 평화 유지에 오히려 악영향을 끼칠 수 있을 것"이라며 "미국이 외교적인 노력을 취하고 있는데 오히려 방해가 될 수 있다"고 우려를 표시했다.

현재 북한을 대화 테이블로 끌어내는 데 가장 큰 방해요소 중 하나가 '중국'이다. 성 김 대표와 대화를 나눈 태영호 국민의힘 의원은 "북한이 중국을 '혈맹'이라 표현하며 강력한 어조로 북중관계를 지지하고 있다"며 "중국 시진핑 주석은 북핵을 이용해서 대만에서 꿈꾸는 야망을 달성하려 하고 북한도 미중 갈등을 이용해 한반도에서 야욕을 현실화하려고 하고 있다"고 지적했다. 그는 "대만과 북한의 이슈를 잘 분리해내는 것이 중요하다"고 덧붙였다.

성 김 대표는 "인도태평양 지역 내에서 여러 다이내믹이 바뀌었다"는 점을 인정하며 중국에 대한 신뢰를 견지하고 있음을 강조했다. 그는 "중국은 한반도 비핵화를 위한 중요한 대화 상대이며 과거 6자회담 의장을 맡은 바 있고, 공동 성명을 내는 데 기여했던 나라"라고 중국을 추켜 세웠다. 그러면서도 그는 "중국은 한반도의 완전한 비핵화를 지지한다고 했기 때문에 이에 상응하는 노력을 해야할 것"이라며 북한 도발을 규탄하는 유엔 안보리 성명을 중국이 비토권을 행사해 막았다는 점에 대해 꼬집었다. 그는 "북한이 도발하지 않도록 하는 게 중국의 이해관계에도 맞아떨어진다는 점을 다시 한 번 강조하고 싶다"고 밝혔다.

태 의원은 성 김 대표에게 "미국 바이든 정부가 '조건 없는 대화'를 내걸고 북한이 대화 테이블로 나와 주기만을 기다리는 게 과연 최선의 방법인지"를 되물었다. 태 의원은 "'조건 없는'이란 말이 북한에는 '양보 없는'으로 해석될 수 있다"며 "북미 관계 정상화를 위한 창의적 접근이 필요하지 않겠냐"고 조언했다. 이에 대해 김 대표는 "우리는 굉장히 열린 자세로 북한과의 대화를 재개하기 위해서 노력하고 있다"며 "특히 미국뿐만 아니라 한국 정부도 비핵화뿐만 아니라 다양한 측면의 이슈를 동시에 다룰 용의가 있다"고 기존의 입장을 재차 강조했다. 비핵화 협상과는 별개로 인도주의적 지원 지속 등을 수차례 북측에 전달했지만 북측의 응답은 없었다는 의미다.

전 주영국대사관 공사 출신인 태 의원은 "북한에서 오래 훈련받은 외교관으로서 북한에서는 싱가포르 선언을 봤을 때 비핵화가 맨 끝에 놓여있기 때문에 외교 관계 정상화 이후에 비핵화 순으로 이해했을 것"이라며 "비핵화에 대해 좀 더 구체적인 제안을 하는 게 어떠냐"고 질문했다.

김 대표는 "(본인이) 폼페이오 전 국무장관을 도와 싱가포르 정상회의를 준비하기도 했지만, 당시 어떤 순서를 갖고 접근한 적은 없다"며 "남북 관계를 개선시키고, 북미관계 정상화를 이뤄내고, 그 후에 비핵화를 이뤄낸다는 것은 가능성이 없고 현실적이지도 않다. 그럼에도 불구하고 여러 다양한 이슈를 동시에 병렬적으로 추구하는 것에는 동의한다"고 밝혔다. 김 대표는 "구체적이건 명시적이건 대화의 선결조건은 중요하지 않다. 중요한 것은 협상 테이블에 앉는 것"이라며 "우리가 일방적으로 (비핵화 협상에 대한) 조건을 제시하는 것은 의미가 없다"고 지적했다. 그는 "북한이 일단 협상 테이블에 나와서 서로 허심탄회하게 얘기하고, 한국·일본 등 관련 국가가 함께 논의하는 게 중요하다"고 재차 강조했다.

한편 미국 정부는 장기간 공석인 북한인권특사를 인선하기 위한 절차를 진행 중인 것으로 알려졌다. 김 대표는 "북한인권특사로 최적의 후보가 될 수 있는 인물을 가려내기 위한 절차를 진행 중"이라며 조만간 발표할 수 있기를 바랐다. 미국 국무부 북한인권특사는 오바마 행정부 시기인 2009년부터 2017년까지 재임한 로버트 킹 특사 이후 5년 이상 공석 상태다. 북한 인권 단체들은 조속한 특사 임명을 요구해 왔다.

북한: 의도된 도발에 대한 해석

데이비드 맥스웰 | 민주주의 수호재단 선임연구원
로버트 아인혼 | 브루킹스연구소 수석연구원
우르스 게르버 | 아시아태평양전략센터 이사회 의장
유무봉 | 국방부 국방개혁실장
김원수 | 경희대 미래문명원장

북한이 7차 핵실험을 강행하더라도 중국과 러시아의 비협조로 유엔 차원의 추가적 대북제재가 힘들 것이라는 전망이 제기됐다.

이 같은 견해를 밝힌 사람은 로버트 아인혼 브루킹스연구소 수석연구원이다. 그는 미국 버락 오바마 행정부에서 국무부 대對 이란·북한 제재 조정관으로 활동하며 대북제재를 이끈 상징적 존재다. 이 때문에 그에게는 지금까지도 '대북 저승사자'라는 별명이 따라다닌다. 이 같은 배경을 가진 아인혼 연구원은 제23회 세계지식포럼에 참여해 대북제재의 미래를 회의적으로 예상해 눈길을 끌었다. 안토니우 구테흐스 유엔 사무총장이 윤석열 대통령에게 "자유와 평화를 위협하는 도발에 대해선 안보리 차원에서 명확한 대응을 할 것"이라고 공언했기에 다음 날 안보리에 대해 '뼈 있는' 회의론을 펼친 것이다. 아

인혼 연구원은 토론에서 "이제 중국과 러시아는 북한 문제를 (미국에 맞서기 위한) 전략적 자산으로 인식하는 것 같다"고 말했다. 이어 그는 중국과 러시아가 북한의 잇따른 대륙간탄도미사일ICBM 발사 이후 유엔 안보리의 대북 비난 성명 채택조차 반대했던 점을 언급했다. 아인혼 연구원은 "북한이 7차 핵실험을 강행한다고 해도 중국, 러시아의 반응은 매우 미진할 것이고 안보리의 추가적 대북제재에 대한 협조 가능성도 낮을 것으로 본다"고 내다봤다. 특히 그는 "중국과 러시아는 한반도의 완전한 비핵화에 대해 겉으로는 입에 발린 이야기를 하고 있지만 속으로는 북한의 핵보유도 허용할 생각을 하는 것 같다"고 꼬집었다. 핵미사일 동원한 북한의 도발적 행위들을 묵인하는 방식으로 미국에 골칫거리를 안겨주며 미국 견제에 활용하고 있다는 이야기다.

아인혼 연구원은 북한이 향후 협상에 나서더라도 자신들의 핵능력을 협의 대상으로 삼지는 않을 것으로 예상했다. 대신 제재 해제나 핵보유국 인정, 주한미군 감축 등 한미가 현실적으로 수용하기 어려운 요구를 늘어놓을 가능성이 높다고 봤다. 결국 그는 한미가 현 시점에서 확고한 대북 억지력을 확보하는 것을 최우선 과제로 제시했다. 핵과 전통적 전력을 통해 억지력을 키우고 한미연합 군사훈련을 확대하는 등 대비 태세를 강화하면서 미국의 확장 억제 실행력을 높이는 것이 중요하다고 아인혼 연구원은 말했다.

다만 그는 이 과정에서 한미가 과도한 대북 압박성 발언이나 조치로 상황을 악화시켜서는 안 된다고 조언했다. 이에 북한이 지나치게 민감하게 반응해 핵 카드를 일찍 꺼내는 등 오판을 유도해서는 안 된다는 설명이다.

이날 포럼 참석자들은 한미가 북한의 잇따른 도발적 행위나 언사에 과민 반응하지 말고 담담하게 대처해야 한다는 입장도 내놨다. 우르스 게르버 아시아태평양전략센터CAPS 이사장은 "북한의 도발은 한국을 위협하기 위한 것인데, 북한 입장에서는 '위협'이라는 개념이 사라지면 (동북아 정세에서) 곧 김정은 체제의 중요성도 떨어지게 되는 것"이라고 분석했다. 이른바 '레드 라인'●을 아슬아슬하게 넘나드는 북한의 도발이 군사적인 목표보다는 한미와 국제 사회의 관심을 붙잡아두려는 의도된 정치적 행위라는 것이다.

스위스 중립국 감독위원회 대표단장으로 판문점에서 군복무를 했던 게르버 이사장은 "북한의 도발에 대해서는 다소 쿨한 자세를 유지할 필요가 있다"며 성숙한 대응을 주문했다. 토론에 참여한 데이비드 맥스웰 미국 민주주의 수호재단 선임연구원도 "북한의 핵무력 법제화가 한미동맹에 대한 '두려움'에서 비롯된 것일 수도 있다"면서 한미가 북측의 도발에 절제된 대응을 해야 한다는 취지의 주장을 펼쳤다. 맥스웰 연구원은 "의도된 북한의 도발을 (한미의) 대북정책 실패로 봐서는 안 된다"면서 "김정은 위원장에게 '당신의 전략이 실패할 것'

● 대북 정책에서 포용 정책을 봉쇄 정책으로 바꾸는 기준선

이라는 명확한 메시지를 계속 전달해야 한다"고 강조했다.

당국을 대표해 토론에 참여한 유무봉 국방부 국방개혁실장은 "북한이 '핵무력 법제화'의 책임을 한미에게 돌리려는 입장을 보이고 있다"고 북측의 의도를 해석했다. 유 실장은 북한이 국내적으로도 핵무력을 과시하며 주민들을 결속하기 위해 핵 법제화를 택했을 것이라고 분석했다. 그는 "가까운 시일 내에 핵문제와 관련해 외교적 관여를 하는 것은 어려운 것이 사실"이라면서도 "꾸준하게 북한과의 대화를 포기하지는 않을 것"이라고 밝혔다.

유 실장은 정부가 북핵 대응능력을 높이기 위해 한국형 3축체계를 발전시키고 있다고 설명했다. 이는 킬체인(선제타격), 한국형미사일방어체계KAMD, 대량응징보복KMPR 등 북측의 군사적 행동 단계에 따른 한국군의 대응체계를 이르는 용어다.

신냉전에서 살아남기

경제의 무기화:
안보수단으로서의 경제와 무역,
그리고 에너지

그레그 케네디 | 킹스칼리지 런던 교수
로이 캠파우슨 | 미 아시아정책연구소장
필립 달리다키스 | 전 호주 빅토리아주 혁신·디지털경제·무역투자 장관
우르스 게르버 | 아시아태평양전략센터 이사회 의장

국제관계에서 '경제의 무기화'는 새로운 현상은 아니다. 한국의 경우 가장 대표적인 사례로 아직도 현재진행형인 고고도미사일 (THAAD · 사드)배치에 대한 중국의 경제 보복을 떠올릴 수 있다. 전 세계가 직면한 가장 임박한 사례로는 러시아의 우크라이나 침공에 대한 서방세계의 경제 제재와 이에 맞선 러시아의 가스 공급 중단 등을 들 수 있다. 이것들은 경제가 국가 간 외교적 마찰을 해결할 안보수단으로 활용된 수많은 예들 중 일부다.

세계화의 진전과 함께 늘 존재해왔던 경제의 무기화는 2022년 2월 러시아의 우크라이나 침공으로 다시 전 지구적 스포트라이트를 받게 됐다. 우크라이나 전쟁은 경제의 무기화가 역내 또는 전 세계에 미치는 영향에 대해 다양하고 열띤 논의가 이루어지게 하는 계기가 됐다.

제23회 세계지식포럼에서는 [경제의 무기화: 안보수단으로서의 경제와 무역, 그리고 에너지] 세션에 안보 분야 석학 3명이 한 자리에 모여 어느 때보다 열띤 토론을 벌였다.

필립 달리다키스 전 호주 빅토리아주 혁신·디지털경제·무역투자 장관은 "현재 러시아와 우크라이나 간 군사 전쟁은 1차 전선이다. 그런데 하나의 전선만 있는 게 아니며 2차 전선은 러시아와 다른 유럽국들 간에 형성돼 있다"고 운을 뗐다. 그는 "러시아가 유럽의 자국 가스 의존도를 활용하고 있는데, 총 한 발 쏘지 않고 무기화하고 있다. 이 2차 전선은 경제 전쟁"이라고 지적했다.

유럽은 전쟁 이전에 비해 에너지 가격이 10배 정도 급등한 상태다. 영국의 경우 평균 가구당 지출액에서 7천 파운드(약 1천만 원)가 난방 등 에너지 비용에만 충당되고 있다고 한다. 달리다키스 전 장관은 "러시아가 유럽을 어떤 무기로 공격한 건 아니지만, 이런 에너지 제재는 결과적으로 유럽에 대한 군사적 공격 이상의 파급력을 낳았다"고 꼬집었다. 그는 전쟁이 언제 끝날지 예단할 수는 없지만 러시아가 끝내야겠다고 하는 시점이 되면 협상에서 유리한 고지를 점령하기 위해 유럽행 가스 공급을 다시 늘려주겠다는 식으로 나올 것이라고 내다봤다.

동아시아 최대 경제국인 중국은 조만간 미국을 제치고 세계 최대 경제국으로 부상할 것이 유력시 되고 있다. 현 전쟁 국면에서는 자원을 무기화해 서방에 대응하고 있는 러시아의 행보가 가장 두드러져 보이지만, 이해관계를 이유로 다른 나라에 경제적 보복을 가장 많이 단행해 온 나라는 중국이라고 할 수 있다.

예컨대 최근 중국은 2개의 미국 기업과 주요 인물에 대해 대만에 대한 무기 지원을 이유로 제재 조치를 취했다. 이외에도 앞서 언급한 한국에 대한 사드 보복, 일본과 센카쿠(댜오위다오)분쟁에 따른 희토류 금수, 남중국해 분쟁에 따른 필리핀에 대한 보복, 코로나19 기원 조사에 나선 호주에 대한 랍스터 금수, 그리고 최근 양안 긴장에 따른 대만산 농산물 금수까지 셀 수 없이 많다.

이에 대해 로이 캠파우슨 미 아시아정책연구소NBR소장은 중국의 경제 보복과 관련된 상황을 몇 가지 특성을 들어 설명했다. 우선 중국은 많은 나라들에 있어 최대 교역국이다. 이로 인해 중국은 상대국에 대해 큰 레버리지를 얻고 있다. 그런데 중국의 최대교역국 대부분이 동시에 미국의 중요한 안보 동맹국이거나 파트너다. 한국이 대표적이다. 그래서 경제적으로 중국과의 관계가 중요하지만 안보적인 관계는 미국과 형성이 돼 있는 상황이다.

캠파우슨 소장은 한편으로 "보복의 대상이 되는 국가 대부분이 소비자적인 성격을 띠고 있어 보복 효과는 제한적인 경우가 많았다"고 짚었다. 그는 "경제 보복을 하면 중국 인민들도 고통을 받게 되지만 중국은 선거권이 없기 때문에 인민들이 의사결정에 영향을 미치지 못하고 있다"며 "이럴 때는 한 가지 대응법 밖에 없다. 동맹국끼리 뭉쳐 집단으로 대응하는 것"이라고 말했다.

캠파우슨 소장은 중국의 움직임에 대해 나토와 같은 집단 안보체제가 전통적 안보를 넘어서 대응해 나가야 하며 역내 다른 파트너들과 협력의 공간을 넓혀나가야 한다고 주장했다. 그는 "나토는 아직까진 안보 중심으로만 짜인 체계다. 그런데 최근 의도적으로 전통적인 안보를 넘어서 대응하려 하고 있다. 역내외 공동의 가치를 갖는 다른 파트너들을 초빙하려 하고 있는데 이것이 하나의 방향성이 될 수 있을 것"이라고 말했다. 이어 "강경화 전 한국 외교부 장관이 이번 세계지식포럼에서 언급했듯이 공동의 가치를 가진 국가들이 한 데 모여 특정 도전과제에 대해 협력할 수 있도록 함으로써 앞으로도 창의적인 해법을 찾아갈 수 있을 것"이라고 말했다. 나토와 같은 체계를 경제 분야까지 확대해 중국이 작은 나라들에게 강요하고 있는 행동들을 반복하지 않도록 하는 억제하는 기제가 필요하다는 것이다.

다만 그는 집단 행동으로 이어지도록 하는 것은 지양해야 한다는 점도 지적했다. 그는 "우크라이나 사태에 따른 러시아 제재는 기대만큼은 아니지만 분명 제한적인 효과가 있었다. 중국에게 있어서도 견제를 하되 중국도 우리도 함부로 무력 사용을 하지 못 하도록 하는 것이 중요하다"고 덧붙였다.

달리다키스 전 장관도 캠파우슨 소장과 비슷한 시각을 내비쳤다. 그는 중국의 호주산 석탄 수입 금지 조치를 언급하며 "결국 어떻게 보느냐 관점의 문제"라고 말했다. 그는 "2019년 중국에 수출된 호주산 석탄은 5천만 톤(약 39억 8천만 호주달러)에 달했지만 2020년 24억

9천만 호주달러로 줄어들었고, 지금은 0이 됐다"며 "하지만 중국의 빈자리는 현재 인도를 필두로 다른 주변 아시아 국가들이 채워주고 있다"고 말했다. 이어 그는 "중국의 보복이 중국 경제에 있어 전진일지 후퇴일지 '제살 깎아 먹기'는 아닐지 단순히 수치만 볼 게 아니라 그 너머의 맥락을 볼 줄 알아야 한다"고 강조했다.

마지막으로 그레그 케네디 킹스칼리지 교수는 현재 국제 정세가 어느 때보다 긴박하다는 데 동의하면서도 다만 '신냉전'이라는 해석이 나오는데 대해 선을 그었다. 그는 "현 상황이 신냉전이라는 말은 적절한 설명이 아니다. 1948년부터 41년 간 초강대국 간 대립이 있었을 때의 이야기다. 지금은 진영 간의 대립도 아니고 블록 간 대립도 아니다. 블록이 탄생하고는 있지만 경제나 이념뿐 아니라 서비스와 지식의 전환을 통해 문화와 아이디어가 이동하고 있다. 과거 냉전의 패러다임은 우리가 염두에 두어야할 기준점은 아니다"라고 지적했다.

안보로서의 사이버 보안, 그리고 사이버 전쟁

타미르 파르도 | 전 모사드 원장
안철수 | 대한민국 국회의원

"사이버 안보 위협에 대응하기 위해 정부가 나서서 정책과 규제를 마련하고 전문 인력을 확보해야 한다."

안철수 국민의힘 의원은 〔안보로서의 사이버 보안, 그리고 사이버 전쟁〕 세션에서 "한국은 전 세계에서 사이버전 전력이 가장 강한 러시아·중국·북한 3개국과 지리적으로 가장 가까워 사이버 테러에 대비할 필요가 있다"고 말했다.

안 의원은 "최근 IOT(사물인터넷)를 넘어 IOE(모든 것의 인터넷)가 이뤄지는 시대"라면서 "이는 곧 스마트폰, 스마트 가전, 스마트 카 등 해커들이 활동할 수 있는 범위가 늘어난다는 얘기"라고 말했다. 그는 특히 "사이버 해킹이 개인의 범위를 넘어 병원이나 군사시설로 이어진다고 생각하면 끔찍할 것"이라면서 "오늘날 우리가 로봇수술을 하는데 해커가 로봇을 조작하면 환자가 죽을 수도 있다"고 말했다. 실제 의료기관에 대한 사이버 공격은 매주 1,400건이 넘는다. 또한 지난 2년 간 병원, 개인 의원, 제약산업, 제약업체, 헬스케어 전반에 대한 사이버 공격은 59% 증가했다.

그는 최근 사이버 보안의 환경이 바뀌고 있다는 점도 지적했다. 안 의원은 "20년 전 사이버 보안의 목적은 예방이었지만 이제는 더 이상 예방이 불가능하다"면서 "사이버 보안 전략을 조기 감지와 대응으로 바꿔야 할 것"이고 말했다. 안 의원은 블록체인에 대한 시각도 공유했다. 그는 "블록체인처럼 누군가를 신뢰하지 않고도 정보를 공유할 수 있는 방식도 사이버 보안을 위해 적극적으로 고려해볼만 하다"고 말했다.

세션에서 안 의원과 대담을 나눈 타미르 파르도 전 모사드 원장도 사이버 안보 환경이 엄중해지고 있다고 진단했다. 그는 "이제 사이버 범죄의 위험성을 대량살상무기 수준으로 인식해야 한다"면서 "사이버 공격은 '조용한 핵무기'라고 정의할 수 있다"고 말했다. 그러면서 특히 "과거에는 핵무기와 같은 강력한 무기는 보통 강대국이 보유했지만 지금은 그와 같은 위력을 지닌 사이버범죄 능력은 개인이나 작은 단체 기관도 가질 수 있어 더 위험하다"고 말했다. 즉 다른 무기들은 개발하기 굉장히 힘들고 구매하기에는 굉장히 비싸지만 사이버 공격이라는 무기는 한 개인 단위에서도 강력한 공격을 가할 수가 있기에 더욱 위협적이라는 얘기다.

파르도 원장도 안 의원과 마찬가지로 공격받는 공간이 넓어지는 것을 지적했다. 그는 "지금 우리 스마트폰에는 모든 개인 정보가 저장돼있다"면서 "내 건강 상태, 금융 정보, 모든 개인 정보가 여기에 들어가 있고 침투하기가 굉장히 쉬워 해커들이 우리 기기에 있는 가장 개인적인 정보를 굉장히 손쉽게 얻을 수 있고 앞으로 더욱더 쉬워질 것"이라고 말했다. 그러면서 그는 "이를 막기 위해선 정부뿐 아니라 민간, 개인 단위에서도 스스로 보안 조치를 취하고 IT에 대한 이해도를 높여야 한다"고 주장했다.

범지구적인 IT공격에 대한 위험 인식도 촉구했다. 그는 "국제 무대에서 사이버 범죄를 저지르는 국가는 미사일을 발사한 것과 동일하다"면서 "전쟁을 일으키면 강력한 조치를 취하듯 사이버 범죄에 대해서도 강력하게 제재해야할 것"이라고 했다.

두 연사는 모두 앞으로의 사이버 보안을 위해 사이버 안보와 관련된 국제기구나 조약이 필요하다고 강조했다. 파르도 전 원장은 "아직 어떤 국가나 단체도 핵무기에서의 국제원자력기구IAEA와 같은 단체를 설립하는 등의 리더십을 발휘하지 못하고 있어 논의가 시급하다"고 말했다. 안 의원도 "적절한 규칙과 규범을 만들고 그에 따라 AI를 무기에 사용하는 것을 막는 국제 협약이 필요하다"면서 "AI의 무기 사용 금지에 관한 국제기구나 조약이 시급하다"고 했다.

우크라이나 전쟁 이후 글로벌 안보의 미래

라인스 프리버스 | 제27대 백악관 비서실장
마일로 존스 | 옥스퍼드 펨브로크 칼리지 연구원
채드 스브라지아 | 전 미 국방부 중국담당 부차관보
티에리 드 몽브리알 | 프랑스 국제관계연구소(IFRI) 회장
김현욱 | 국립외교원 교수

"우크라이나 전쟁이 가까운 미래에 끝날 것 같지 않다. 하지만 이후로도 진정한 글로벌 안보 시스템 구축은 어렵다. 러시아까지 견제할 수 있는 시스템을 구축해야 하는데 중국이 함께 하지 않을 확률이 높기 때문이다."

제23회 세계지식포럼〔우크라이나 전쟁 이후 글로벌 안보 미래〕세션에서 티에리 드 몽브리알 프랑스 국제관계연구소(IFRI)회장은 이같이 강조했다. 그는 "우크라이나 전쟁을 넘어서 중국이야말로 도전국가"라며 "권위주의, 독재적인 시스템의 보존은 중국과 같은 나라들의 주요 목표와도 같다"고 덧붙였다.

김현욱 국립외교원 교수의 주재로 진행된 토론에서 몽브리알 회장을 비롯한 안보 전문가들은 우크라이나 전쟁을 예측하기 매우 어

렵다고 입을 모으면서 향후 국제질서 흐름에 대해 의견을 교환했다.

몽브리알 회장은 "나토는 서방지역 안보 시스템이었을 뿐 전통적인 군사적 측면에서 글로벌 안보 체계는 지금껏 존재한 적이 없었다"며 "세계 안보는 그동안 힘의 균형과 핵 억제력으로 유지됐던 것"이라고 설명했다. 그는 "진정한 글로벌 질서가 머지않은 미래에 구축될 수 있을 것이라는 생각은 순진한 발상"이라며 "타국의 이해관계를 이해하고 존중하고 같이 노력한다는 선결조건이 충족돼야 하지만 이는 매우 어렵기 때문"이라고 말했다.

몽브리알 회장은 서방국가뿐 아니라 한국, 일본과 같은 동아시아 국가들까지 포함한 단일 동맹체제에 대해 "개선의 여지는 있지만 동시에 한계가 있을 수밖에 없다. 각국이 서로 다른 지역적 이해관계가 있고 비전이 다르기 때문"이라고 지적했다.

채드 스브라지아 전 미 국방부 중국 담당 부차관보는 우크라이나 전쟁이 가까운 미래에 끝날 수 없는 요인으로 중국과 러시아의 파트너십의 존재를 들었다. 다만 그는 양국의 전략전 파트너십이 "전쟁으로 굉장히 모순적 상황에 직면해 있다"고 꼬집었다. 그는 "중국은 야심을 충족하기 위해 푸틴 대통령이 필요한 상황이지만 전쟁이 중국에게 있어 매우 큰 문제를 야기하고 있다. 중국과 러시아는 협력을 하면서 자체적으로 국제안보 질서를 구축해 나가려고 했는데 문제에 봉착한 것이다. 전쟁이 푸틴에게 유리하게 끝나더라도 양국의 세계 질서에 대한 비전은 달라질 수밖에 없다"고 말했다.

내달 시진핑 주석의 3연임 확정 이후 중국의 향방에 대한 전망도 나왔다. 스브라지아 전 부차관보는 "시주석이 힘을 더욱 더 얻게 되면서 글로벌 거버넌스 시스템을 중국에 유리하게 가져가는 정책을 펼 수밖에 없을 것"이라고 내다봤다. 이어 "70년간 구축한 기존 거버넌스 체계를 어떻게 방어할지에 대한 질문은 중요하다고 말했다. 이로써 중국은 매우 명확하게 기존 체계에 대한 변화를 주장하는 것을 볼 수 있다"고 말했다.

그는 중국이 2050년까지 미국을 제치고 세계 최강국으로 부상하겠다는 목표 달성에 있어 '나토의 아시아화'를 걸림돌로 보고 있으며 "추가적인 반중국 움직임을 견제하려 할 것"이라고 말했다. 하지만 "그렇더라도 중국이 아시아 지역에서 나타나는 안보 블록을 실제로 막을 순 없을 것"이라고 내다봤다.

또한 스브라지아 전 부차관보는 중국이 기존 글로벌 거버넌스 시스템을 매우 전면적으로 재구성하려고 하지는 않을 것이며 그럴 수도 없을 것으로 봤다. 그는 "냉전 시대에는 2개 체제가 완전히 상충됐다면 지금은 그렇지 않다. 글로벌 체제하에서 중국은 현재 체계도 어느 정도 유지하고자 한다. 그렇게 하지 못할 경우 손실이 크기 때문"이라고 분석했다.

옥스포드 펜브로크 칼리지 마일로 존스 연구원도 현 상황이 '신냉전'이라는데 동의하지 않았다. 그는 "냉전은 두 가지 체제의 경쟁이었다. 이젠 더 이상 가능하지 않다. 세계는 단일 체계로 움직이고 있고 시스템이 분리될 수도 없다. 때문에 지금을 냉전과 비교하는 것에 대해선 신중해야 한다"고 말했다.

전쟁 국면에서 미국의 리더십에 대한 불안감에 대한 질문도 나왔다. 라인스 프리버스 전 백악관 비서실장은 "미국이 당파를 떠나 세계 안보는 푸틴이 패배하지 않고서는 확보될 수 없다고 보며 양안 문제에 대해서도 마찬가지 입장"이라고 답했다. 그는 "미국 정보기관이 푸틴의 침공을 예측했고 경고했지만 막지 못했다. 이는 글로벌 안보에 있어 최대 문제점이며 명확히 규정된 억지력이 없는 게 문제"라는 견해를 밝혔다. 그는 대만을 둘러싼 미중 갈등과 관련해 "긴장이 고조되면서 어느 시점엔 시주석이 리스크를 지고 의사결정을 하는 시점이 올 것"이라면서도 "중국과 러시아의 동맹이 가치가 아닌 편의에 기반한 동맹이라는 점이 한 가지 안도할 수 있는 점"이라고 말했다.

AI 등 디지털 기술의 발달에 따른 미중 군사 경쟁구도에 대한 전망도 나왔다. 마일로 존스 연구원은 "디지털이라는 것은 원래 군사용어인 DIME, 즉, Diplomacy, Information, Military, Economic의 준말"이라며 "이미 군사기지 위성사진, 전쟁 현장에서의 참혹한 현장사진 등이 실시간으로 공유되는 것처럼 이미 과거에 불가능했던 많은 것들이 가능해졌다"고 평가했다. 그는 "과거에는 전략 핵무기가 사실상 유일하게 확실한 수단이었다면, 이젠 다르다. 드론에 의한 정밀 타격이 가능해졌다. 핵무기를 덜 유용하게 만들고 있다. 이러한 영향으로 드론 사용이 향후 군사경쟁에서 더 확대될 것"이라고 전망했다.

PART 2

새로운 부富의 균형

New Wealth Equation

전쟁과 세계화,
그리고 인플레이션

폴 크루그먼 · 뉴욕시립대 교수

미국 뉴욕시립대(CUNY) 대학원에서 경제학 교수로 일하고 있다. 이전에는 프린스턴대의 경제학 교수로 일했고, 국제무역과 경제지리학에 대한 획기적인 업적으로 2008년 노벨 경제학상을 수상했다. 또한 국제무역과 금융에 대한 업적을 인정받아 전미경제학회로부터 '존 베이츠 클라크 메달'을 수상하는 등 언론과 기관으로부터 폭넓은 찬사를 받았다. 경제지리학 분야의 선구자로 세계적인 인정을 받고 있다.

이종화 · 고려대 경제학 교수

정경대학장과 정책대학원장을 맡고 있다. 아시아개발은행(ADB) 수석이코노미스트와 조사국장, 지역협력국장, 청와대의 국제경제보좌관, G20 세르파 회의 교섭 대표를 역임했다. 국제통화기금(IMF) 이코노미스트, 전미경제연구소(NBER) 연구위원, 고려대 교수, 컬럼비아대·하버드대·호주국립대·후버연구소 초빙교수로 경제학자의 길을 걸어왔다. 한국국제경제학회 회장, 한국경제학회 부회장, 한국금융학회 부회장 등을 역임한 후 현재 한국경제학회 회장을 맡고 있다.

이종화 오늘 연사이신 폴 크루그먼 뉴욕시립대 교수님을 소개해 드리게 되어 매우 기쁘게 생각합니다. 이번 세션에서는 특별 강연으로 전쟁과 세계화 그리고 인플레이션에 대해서 말씀해 주실 예정이시며 지금 글로벌 주요 현안에 대해서도 코멘트를 주실 것이라고 생각이 됩니다.

폴 크루그먼 세계화 그리고 우크라이나 전쟁 등에 대해서 말씀을 드리겠습니다. 먼저 몇 년 전 우리의 상황이 어땠는지를 살펴보겠습니다. 2019년만 해도 저희는 아주 긴밀하게 서로 한데 엮이고 얽히고설킨 국제 경제 체계를 만들었습니다. 물론 훨씬 이전인 1930년대부터 글로벌 경제의 개념은 있었죠. 그러나 전쟁으로 인해서 와해되었고 그

제23회 세계지식포럼에서 열린 폴 크루그먼 뉴욕시립대 교수의 특별강연 현장.

러다가 1980년대까지 세계 경제를 점진적인 자유무역을 통해서 구축해 나아가고 있었습니다. 그리고 평화가 어느 정도 유지되었죠. 1985년도부터 25년의 기간 동안 대단한 일이 발생하였습니다. 글로벌 공급망을 구축하게 되었고 이것은 유례가 없는 것이었습니다. 글로벌 공급망이 구축될 수 있었던 것은 기술 덕분이었습니다. 2008년도가 되었을 때는 경제가 굉장히 더 복잡해진 상황이었습니다. 새로운 생산 체계가 이루어졌고 물류 비용이 줄어들게 되었습니다. 그 다음에 통신이 발전하면서 통합적인 경제가 만들어졌습니다.

우리가 해볼 수 있는 질문은 "이제 후퇴할 것인가?"라는 것입니다. 최근 일련의 사건들은 우리가 구축해놓은 글로벌 통합 모델에 대해서

의구심을 갖게 했습니다. 쇼크는 우크라이나 전쟁 이전부터 시작된 것이었습니다. 우리는 다양한 국가가 참여하는 다국적인 생산 체계에 대해서 당연하게 생각하고 있었습니다. 최종 생산지는 중국일 수 있지만 부품이 여러 국가에서 온 것이었죠. 다국적 생산 공정이라는 것이 아주 원활하게 이루어질 것이라고 당연하게 여겨왔습니다.

코로나19 사태로 인해서 우리가 생각했던 것보다 공급 물류망이 상당히 취약하다는 것을 알게 되었습니다. 2020년 전까지만 하더라도 물류 업계 종사자가 아니라면 물류에 대해서 크게 논의하지 않아도 됐습니다. 항만에서 물류 컨테이너들이 제대로 돌아가야 되는데 이 체계가 무너지면서 모든 체계를 흔들어놓았죠. 다국적 생산 방식이 의존적이었다는 증거입니다.

이번 세계지식포럼에서 리처드 볼드윈 교수는 "팬데믹 기간 동안에 소비가 서비스에서 재화로 옮겨갔다"고 얘기를 했습니다. 예를 들어 외식을 할 수 없게 되다 보니까 주방기구를 좀 더 구매하게 됐다는 것이죠. 그러한 재화에 대한 수요에 공급망이 감당하지 못했고 우리는 공급망이 생각보다 더 취약하다는 것을 깨닫게 됐습니다.

지정학적인 긴장 관계도 상승하기도 했습니다. 정치적인 리스크가 우크라이나 전쟁 발발 이전부터 우려 사항으로 대두되기 시작했습니다. 미·중 관계의 갈등 같은 국수주의는 늘어나고 있고요. 또한 명확한 글로벌 헤게모니가 딱히 없었습니다. 통합적인 세계화에 대한 의구심이 있었던 찰나에 우크라이나 전쟁까지 발발하게 된 것입니다.

많은 사람들은 21세기에 이런 전쟁이 발생할 수 있다고 생각하지 못했던 것 같습니다. 매우 어리석은 행보라고들 생각을 했죠. 현대사회에서 어떤 한 국가가 강국이 되려면 전쟁이 아니라 부국富國이 되어야 한다고들 생각했기 때문입니다. 이런 합리적인 선택을 각국이 했다면 지난 세기 동안 일어난 전쟁 중 절반은 피할 수 있었을 것입니다. 여전히 명예를 위해서 사람들은 전쟁을 치르기도 하죠. 그래서 현재 이 우크라이나 전쟁으로 인해서 와해적인 요소가 생겼습니다.

전쟁이 경쟁에 미친 영향력 역시 놀라운 점들이 많이 있습니다. 군사적으로 이 전쟁이 어떻게 전개가 될 것인가 예상한 바와 현실은 달랐습니다. 그리고 전쟁이 경제에 미치는 영향에 대해서 우리가 가지고 있었던 가정도 틀렸습니다. 러시아가 우크라이나를 침공한 직후 민주 진영의 국가들은 러시아에 대해 효과적인 수출 제재를 가할 수 있을 것이라고 생각했습니다. 제재가 푸틴 체제의 현금줄을 조일 것이라고 예상했으나 이것은 성공적이지 못했습니다. 러시아가 수출하는 원자재는 너무나 쉽게 다른 시장으로 이동해서 판매할 수 있었기 때문에 중요하지 않았던 것이죠. 미국이 러시아산 석유를 안 사더라도 인도가 대신 사는 식입니다. 그래서 러시아 수출 제세가 효과를 볼 수 없었던 것입니다. 그러나 놀라운 일은 다른 측면에서의 제재가 상당히 효과적이었다는 겁니다. 한국을 포함한 민주 국가들은 필수 전략 자산에 대한 러시아 판매를 줄였습니다. 수출을 못하게 하는 것보다도 수입을 못하게 하는 것이 러시아에게 문제가 됐죠.

초기의 논의는 유럽 국가들이 러시아산 천연가스 구매를 중단하도록 협의할 수 있을 것인가였는데 큰 진전은 없었습니다. 러시아산 가스 수출 금지는 스스로가 하고 있습니다. 유럽에 대한 가스 공급을 못하면서 압박을 가하는 것이 오히려 러시아였던 거죠.

인플레이션적인 요인을 보면 초기에는 원자재 가격이 전체적으로 다 올랐습니다. 석유, 밀 등 원자재도 굉장히 가격이 급등했는데 이제는 모두는 아니지만 상당 부분 완화가 됐습니다. 러시아의 서유럽에 대한 가스 수출만 제외하면 원자재 가격이 크게 낮아졌죠. 바로 이것이 경제적인 분쟁의 시발점이 된 것입니다. 유럽이 러시아산 천연가스에 대한 의존도가 이렇게 높지 않았다면 이 정도로 문제가 심각하지 않았을 것이고, 러시아가 산업적인 기반 자체를 민주주의 국가에게 의존하지 않았다면 상황이 이렇게 어렵지는 않을 것입니다. 한국 반도체에 대한 의존도 대표적인 사례죠.

결론적으로 지금 지정학적으로 이 세계는 굉장히 위험한 곳이구나 깨닫게 됩니다. 특히 여러 권위주의적인 체제들이 있습니다. 이들은 우리의 우방도 아닐 뿐더러 변덕이 심해 예측도 어렵습니다. 푸틴이 갑작스럽게 우크라이나를 침공하고 시진핑 주석은 제로 코로나 정책을 취하고 있는 것처럼요.

이 모든 것들로 인해서 이제 우리는 다시 생각하게 됐습니다. 국가 안보를 이유로 무역을 제한해서는 안 된다는 원칙이 있었는데, 현재 상황을 보면 많이 달라졌죠. 리쇼어링Reshoring과 프렌드쇼어링Friendshoring이 대표적입니다. 생산을 다시 본국으로 되돌리거나 본국은 아니더라도 가까운 국가로 옮겨서 차질이 덜하도록 만드는 것이죠.

이종화 구체적으로 눈에 띄게 달라진 미국 정책에 대해서도 궁금합니다. 미국은 2차 세계대전 이후로 자유로운 국제 경제 질서를 이끌었는데, 지금은 보호주의적인 움직임을 취하는 것 같습니다. 그 결과 세계화 프로세스가 둔화되었습니다.

물론 말씀해 주신 대로 많은 국가들이 여러 수단을 이용해서 국가 안보를 지키려고 하고 있지만 인플레이션 감축법 등 법안이 통과되면서 한국도 제한을 받고 있습니다. 수출 지향 경제를 가진 한국은 우려가 깊습니다. 미국은 어떻게 하고 있는지 궁금한데, 이 프로세스가 앞으로도 계속 어느 정도 진행이 될 것이라고 가정을 한다면 한국은 이러한 불확실한 경제 상황에서 생존할 수 있을까요?

폴 크루그먼 쉬운 답은 없습니다. 세계 민주 국가들과 파트너가 될지 아니면 중국 시장에 좀 더 긴밀하고 의존도를 높일지 선택이 중요한 것 같습니다. 어쩌면 머지않아 일촉즉발의 상황이 일어날 수 있을 것 같은데요.

초기에는 일단 중국이 그렇게 러시아에 많은 수출을 하고 있지는 않았습니다. 서방 수준보다는 높았겠지만 아무래도 제재 조치에 피해를 입을까 봐 우려했던 것도 있었던 것 같습니다. 그런데 만약에 일촉즉발의 상황에서 한국이 상당한 양의 반도체를 줄이라는 중국의 압박을 받으면 어떻게 될까요? 한국이 결정을 해야 됩니다. 그렇게 되면 일부 희생을 치르더라도 민주주의 국가와 연합해야 하는 선택을 해야할 수도 있습니다.

그리고 미국 정책은 두 가지가 있을 것 같은데요. 일단 반도체법, 일명 칩법이 있습니다. 반도체 인센티브에 관한 법률입니다. 이 법은 성격상 국수주의적인 성격이 있습니다. 한국은 반도체 생산국인데, 이렇게 되면 한국에 좀 피해를 주지 않을까 하는 우려가 있을 수 있고, 어떻게 보면 자유무역협정에 대한 위반의 소지도 있을 수 있습니다. 그런데 어쨌거나 한국은 우방국이고 전략적인 동맹국이라는 논리를 펼칠 수 있습니다. 단지 자유무역협정에 합의를 했으니 지키라고 하는 식의 대응은 지금 정치 지형을 따져봤을 때 통하기가 어렵습니다. 그리고 인플레이션 감축법도 있습니다. 인플레이션 감축법은 바이든 행정부의 정책적인 업적입니다. 이는 기후변화와 관련이 되어 있습니다. 청정에너지 그리고 탄소 배출 감축을 위한 법안입니다. 이 법은 국내 생산을 요구하고 자국생산의 비율에 대해서 강제하고 있는데요. 이것은 미국의 자유무역협정 위반이기도 하죠. 그런데 이런 법안이 통과되는 이유는 바이든 행정부가 자국의 일자리 확충과 관련된 법안이라는 명분을 내세웠기 때문입니다. 기후변화와 관련한 법안이 통과되기 위해서는 자국의 제조업 활성화가 함께 이뤄질 수 있다는 것을 보여줘야 했고, 결국 자국 생산 비율이라는 것이 포함되게 됐습니다. 물론 이것은 다소 문제가 되지만 세계 무역 시스템을 저해한다고 하더라도 기후변화를 대처하기 위한 상황이었죠. 그래서 시간이 지나면서 이러한 규정 내에서 해결책을 찾을 수 있겠지만 우호적이지는 않을 수 있습니다.

이종화 미 행정부에서는 중국의 부상을 견제하고, 세계 공급망을 재편하기를 원한다는 것을 알고 있습니다. 그러나 정치 상황을 보면 중국은 시진핑 주석이 최소 5년간 집권할 것입니다. 미국은 2022년 11월에 중간선거가 예정이 되어 있습니다. 그래서 사람들은 선거 후에는 대 중국 정책이 달라질 수 있을 것이고, 시진핑 주석과의 협상 후에는 정책적인 변경이 있을 수 있지 않을까 하는데요. 어떻게 생각하시나요?

폴 크루그먼 사실 미국은 정치적으로 현재 양분화 되어 있습니다. 한쪽에서는 두려움을 느끼고 있습니다. 민주 국가들의 연합에 2025년에는 미국이 포함되지 못할 수도 있습니다. 미국의 민주주의가 실패할 위협까지 예상하는 상황인데요. 정치적인 상황을 고려해야 합니다. 바이든 대통령이 왜 트럼프 행정부에서 마련한 중국에 대한 관세를 철폐하지 않은 이유를 생각해봐야 됩니다. 2024년이 되었을 때에 민주당의 대선 후보는 중국에 대해서 약한 모습을 비춰서는 안 될 것입니다. 대 중국 관세가 실질적으로는 경제에 더 나쁜 타격을 줌에도 불구하고 관세를 철폐하게 될 경우에는 대선 후보로서는 약한 모습으로 비춰질 수 있다는 것입니다. 미국은 중국과의 교역 관계에 있어서 크게 양보하지는 않을 것입니다. 물론 중국이 우리가 실질적인 제한을 하고, 이를 통해서 미국의 새로운 시장이 열릴 것이라고 제안을 한다면 모를까 아마도 미국의 대 중국 태도는 달라지지 않을 것입니다. 미국은 중국 국가주석에게도 제안을 했지만 지키지 않았고요. 신뢰성의 문제가 발생했기에 미·중 긴장관계는 유지될 것이라고 생각합니다.

세계에는 경제 강국이 있습니다. 미·중·유럽연합 모두 각자의 어려움이 있습니다. 미국은 반민주주의 움직임이 있고요. 유럽은 갈라져 있습니다. 중국의 경우에는 자국의 모델이 붕괴되고 있고, 또 시진핑 정부의 비합리적인 정부 방침들이 있습니다. 그래서 지금 세계 상황은 약소국을 막론하고 강대국에게도 녹록한 상황이 아닙니다.

이종화 미국 연방준비제도(Fed·연준)에서는 금리인상을 단행할 것이라고 생각하는데, 어떻게 생각하시나요? 1%포인트의 금리인상 단행이 될 것이라고 보시나요?

폴 크루그먼 저라면 75bp(0.75%포인트)를 인상할 것이라고 봅니다만° 이것은 별로 중요하지가 않습니다. 단기적인 금리를 중앙은행이 조정할 수 있지만 이것이 경제에 직접적으로 미치는 영향은 크지 않습니다. 투자 관련된 결정은 장기 금리의 영향을 더 받게 됩니다. 예를 들어서 모기지 금리 등이 장기채 금리의 영향을 더 받게 됩니다. 연준에서 보내는 시그널이 어떤 것이 될지는 모르겠습니다만 사람들은 일단 금리를 계속해서 연준이 인상할 것이라고 예상하고 있습니다.

유감스럽게도 광범위한 인플레이션이 나타나고 있습니다. 물론 인플레이션은 에너지 가격 상승과도 관련이 있습니다만 일단 경제가 과열이 되어 있습니다. 노동 시장은 여전히 인력난 문제가 있고요. 인플레이션은 미래의 인플레이션이 발생할 것이라는 기대감 때문에 이루어지는 것이 아닙니다.

그래서 연준에서는 효과적으로 시장에 좀 더 냉정한 태도를 취하며 인플레이션을 잡아야 되는데요. 그렇다고 해서 경제에 과도하게 벌을 줄 필요는 없는 것입니다.

이 주제에 대해서는 끝없이 얘기할 수도 있습니다. 현재의 데이터를 보면 5%대의 실업률이 될 것이라고도 나오고 있습니다만 이는 왜곡된 숫자라고 생각합니다. 아직까지 팬데믹 상황의 영향이 있는 것 같습니다. 그런데 연준에서는 미국이 실입률이 올라가는 상황을 피할수 없을 것입니다. 유럽중앙은행ECB 상황을 보면 달러의 역할이 있기

● 폴 크루그먼의 예상대로 2022년 11월 2일 미국 연준은 기준금리를 0.75%포인트 올리면서 네 차례 연속 '자이언트 스텝(한 번에 기준금리 0.75%포인트 인상)'을 단행했다.

때문에 상황이 좀 낫고요. 과열 경제 상황도 아닙니다. 그럼에도 불구하고 인플레이션이 심각합니다. 러시아 가스가 더 이상 공급이 안되기 때문입니다. ECB가 금리를 높이는 이유가 임금과 물가의 나선 효과를 우려해서입니다. 아직 현실화 되지는 않음에도 불구하고요. 이런 상황 속에서 유럽은 미국보다 경기 침체의 위험이 조금 더 높습니다.

모두에게 위험이 있는 상황에서 우리는 연준이 하는 일에 대해서는 잘 알고 있습니다. 그런데 연준은 대안이 없어 보입니다. 점진적으로 금리를 올리면서 조금씩 상황을 타개해 나가려고 하는데요. 금리가 얼마나 올라가야 되는지는 아무도 모릅니다.

이종화 금리를 계속 올려서 인플레이션 3% 수준까지 올린다거나 무결점 디스 인플레이션을 통해서 실업률을 조금씩 올린다는 이러한 길인데, 여기서 문제는 미국 경제가 상황을 잘 관리해서 미국 달러가 더 강해진다는 가정입니다. 다른 국가들은 이렇게 잘 관리하지 못하고 있다고요. 그리고 한국의 원화는 환율이 1,400원에 도달하고 있습니다. 과거에 이 정도로 올라갔던 일은 몇 차례 없습니다. 하나는 1997년 아시아 금융위기, 그 다음은 글로벌 금융위기 두 차례 밖에 없었습니다. 이것은 전 세계적인 현상이지만 특히 한국이 부정적인 영향을 크게 받았는데, 한국의 기업들, 또 정부에게 환율 관리에 대해서 어떤 권고를 해주시겠습니까?

폴 크루그먼 목표 환율을 두고 그것을 관리하는 것은 좋지 않다고 생각합니다. 한국과 미국은 각자 하고 있는 세계 경제에서의 역할이 다르고, 쇼크도 다릅니다. 환율이 적절해 보이더라도 1년 지나면 부적절해 보일 수도 있고요. 그래서 인플레이션 목표 설정을 하게 됩니다. 달러 강세로 인한 일시적인 인플레이션도 일부 있기 때문에 너무 과민 반응할 필요는 없습니다.

물론 유럽의 상황과는 또 다르죠. 인플레이션 상승 압박은 외부적인 요인이 한국에서 훨씬 큽니다. 한국 경제 밖에서 오는 충격인 거죠. 그래서 인플레이션을 완전히 억누르려고 너무 강하게 움직일 필요까지는 없겠지만 이것이 사라질 것이라고 믿는 것도 어렵습니다. 중간 지점을 찾아야 하는데, 미국에서 비교적 빨리 안정화를 찾았으면 좋겠습니다. 전 세계적인 파급력이 크기 때문입니다. 그 이유만으로 연준은 현재 기준을 바꾸지는 않을 것 같습니다. 구체적인 환율 목표치로 갈 것은 아니고, 통화 정책을 이용해서 물가 상승을 관리하라는 것이죠.

이종화 한국의 언론 보도를 보면 특히 2008년 위기 이후에 연준이 환율 통화 스와프를 통해 신흥국 경제를 조금 더 지지 해야 한다는 목소리가 있습니다. 부정적인 파급이 전 세계적으로 연준으로부터 나오는 것이고요. 이러한 제도를 확대한다면 환율 안정화에 도움이 되지 않겠습니까?

폴 크루그먼 저는 회의적입니다. 유동성의 문제가 아닙니다. 리먼 브라더스 사태가 있었던 2008년 가을과 2009년 봄 사이의 재앙과 같은 상황에서는 통화스와프 합의를 통해서 유동성을 확보하는 것이 매우 중요했습니다. 하지만 지금은 위기의 성격이 다릅니다. 지금 시장이 동결된다든지 이러한 모습은 보이지 않고 있습니다. 그래서 만약에 미국의 달러 부족이 일어나는 곳이 있으면 이것을 확대할 미국의 준비가 필요하겠지만 이것이 효과적일지는 잘 모르겠습니다. 지금 미국의 경제 상황은 굉장히 많은 투자로 인한 금융적인 파급이 아니라 펀더멘탈 때문에 나타나는 상황이기 때문에 이것을 타개하기 위해서 노력할 것입니다.

이종화 연준이 이러한 노력을 계속 할까요?

폴 크루그먼 달러로 인한 유동성 문제가 전 세계적으로 발생할 조짐이 있다면 연준이 필요한 조치를 취해야 할 것입니다. 이렇게 되겠지만 지금은 안타깝게도 그런 조짐은 없습니다. 지금의 달러 강세는 펀더멘탈적인 요인이 상당히 큽니다.

이종화 위기라는 것은 언제나 있을 수 있는 것 같습니다. 앞으로도 계속 위기가 있을까요?

폴 크루그먼 네, 물론입니다. 재미있었던 것이 브레튼우즈체제˙도 붕괴가 됐고 다시는 이런 일이 없을 것이라고 생각했는데, 더 혼란스러운 일만 생겼습니다. 예상을 해본다면 안정적인 기간은 한동안 없지 않을까 생각이 됩니다.

이종화 객석에서 질문이 있다면 한 분만 받겠습니다.

청중 짧은 질문입니다. 크루그먼 박사님, 언제쯤 연준의 금리상승이 중단될까요?

폴 크루그먼 예측을 한 사람은 없고, 저도 마찬가지입니다. 현재 세계 경제 상황에 관해 자신이 틀린 적이 없다거나 정확하게 예측했다고 말하는 분이 계시다면 아마도 스스로에게까지 거짓말을 하는 사람일 텐데요. 제가 생각했을 땐 경제가 모멘텀을 잃을 것이라고 생각합니다. 미국도 마찬가지입니다. 미국의 일자리 수 증가세가 여전히 강하게 나타나고 있습니다만 사람들의 생각보다는 앞으로 숫자가 크게 달라질 것으로 예상됩니다. 인플레이션 대응 양상도 달라질 것입

● 2차 세계대전 말 세계 자본주의 질서를 재편하기 위해 1944년 서방 44국 지도자들이 미국 뉴햄프셔 주의 브레튼우즈에 모여 만든 국제통화체제다. 미 달러를 금으로 바꿔주는 국제 결제 시스템인 달러화 금태환제의 도입, IMF(국제통화기금) 및 IBRD(세계은행) 창설 등이 핵심 내용이었다.

니다. 그래서 연준이 2022년 말에서 2023년 초 사이에 금리 방향을 크게 놀라지 않을 것 같습니다. 제 생각에는 영원히 유지될 것이라고 생각하지 않고요. 이번 인플레이션이 큰 모멘텀이 없을 것으로 보아 한 6개월 뒤에는 연준이 금리를 빨리 낮출 수 있지 않을까라고 얘기 해도 놀랍지 않을 겁니다.

이종화 낙관적으로 마무리해 주셔서 감사드립니다. 폴 크루그먼 교수 님께서 많은 정보 주셔서 감사드립니다. 훌륭한 세션이었습니다. 큰 박수 부탁드립니다. 감사합니다.

이코노믹 아웃룩 2023

글로벌 경제 전망 2023: 긴축의 위협

리처드 볼드윈 | 제네바 국제경제대학원 교수
스티븐 로치 | 예일대 교수
존 체임버스 | 뉴욕 스턴경영대 교수
폴 크루그먼 | 뉴욕시립대 교수
성태윤 | 연세대 교수

제23회 세계지식포럼에 참석한 경제석학들은 그간 세계 경제의 엔진 역할을 해온 중국 경제가 멈춰 섰다고 우려했다. 중국은 1990년대부터 고속 성장을 거듭해 2000년대 중반 GDP 연평균 성장률이 10%에 이르고 2012년 이후에도 평균 7%가 넘는 성장세를 거뒀다. 하지만 2022년 중국의 성장률 전망치는 약 3% 남짓하다. 경제는 둔화하고 부동산 시장 침체와 국영기업의 천문학적 부채 규모가 불안감을 키우는 중이다.

이런 가운데 시진핑 중국 국가주석은 2022년 10월 16일 개회한 중국 공산당 제20차 전국 대표대회에서 3연임을 확정했다. 현대 중국의 국부인 마오쩌둥 전 주석 이후 중국 최고지도자는 10년(2연임) 통치의 관례를 이어왔는데 시 주석이 이를 깨고 종신 집권의 길을 튼 것이다. 세계는 시 주석 집권 3기를 맞은 중국이 저조한 경제지표 속 공산당 이념을 더욱 강화하면서 미국 등 자유세계와 협력 대신 폐쇄적 경제 체제를 고착화할 것으로 전망하고 있다.

제23회 세계지식포럼 〔글로벌 경제 전망 2023: 긴축의 위협〕 세션에 모인 석학들은 앞다퉈 중국 경제의 펀더멘털에 대한 심각한 염려를 제기했다. 스티븐 로치 예일대 교수는 "중국은 과거 세계 경제가 침체에 들어갈 때마다 완충 역할을 했었으나 이제 중국의 완충 역할은 사라졌다"고 했다.

로치 교수는 미국 연준 연구원, 모건스탠리 아시아 회장 등을 역임했으며 미국 월가의 비관론자로 유명하다. 그는 "2012년부터 2016년까지 세계 경제는 연평균 3.4% 성장했는데 이 기간 중국은 7.5%씩 성장했다"며 "이 기간 세계 GDP 성장세의 34%를 차지한 중국이 없었다면 글로벌 성장률은 3.4%가 아니라 평균 2.3%로 낮아졌을 것"이라고 했다. 중국이 글로벌 금융위기 이후 전 세계 경제가 경기 침체의 기준선으로 거론되는 2.5% 밑으로 추락하는 일을 막아줬다는 얘기다.

로치 교수는 이번 토론에서 중국 경제의 구조적 위기를 소상히 설명했다. 그는 "제로 코로나는 우스꽝스런 정책이며 시 주석이 세 번째 임기를 확정하면 중국 정치 체제에 대한 불안감이 더욱 커질 것"이라고 했다. 그러면서 "중국은 각종 규제로 알리바바처럼 역동적이었던 인터넷 플랫폼 기업들을 억눌렀다며 여기에 인구 통계학적 변화로 경제활동 인구 성장은 줄어들고 고령화는 생각보다 빠르게 진행되는 중"이라고 위기 요인을 분석했다.

시 주석의 장기 집권 체제 현실화는 중국이 일당 독재에서 일인 독재 체제로 바뀌고 있다는 신호다. 석학들은 이런 상황에서 중국이 건강한 경제를 위한 구조 개혁보다 왜곡된 경기 대책을 내놓을 가능성이 높다고 본다. 가뜩이나 성장세가 둔화된 중국 경제는 정부의 초강도 봉쇄 정책인 '제로 코로나'까지 얻어맞고 휘청거리는 처지다. 미국을 비롯한 주요국이 일제히 물가 상승을 막기 위한 긴축 통화 정책을 펼치는 가운데 중국은 정책금리를 오히려 낮춰 경기 부양에 매달리고 있다. 전 세계 인플레이션과 경기 침체가 1~2년 내 끝날 것이라는 낙관론을 편 폴 크루그먼 뉴욕시립대 교수마저 "중국은 구조적으로 개혁이 필요하며 미국과 유럽은 회복탄력성이 높지만 중국은 그렇지 않으니 중국이 세계 경제에 더 큰 문제를 야기할 수 있다"고 했다.

리처드 볼드윈 스위스 제네바 국제경제대학원GIIDS 교수는 중국의 지정학적 리스크가 점점 커지는 현상을 경계했다. 볼드윈 교수는 "유럽의 경우 시민들이 위기를 대비해 물과 식량을 사둘 정도로 군사적 긴장감이 팽팽하지만 이제는 아시아 지역에서 유럽 같은 상황을 걱정해야 할 판국"이라고 했다. 그는 "러시아가 우크라이나를 공격한 것처럼 중국이 대만을 공격할 가능성이 충분하고 우려도 커졌다"며 "지정학적 리스크로 보아 글로벌 경기 침체를 더욱 키우는 요인"이라고 했다. 볼드윈 교수는 "이런 종류의 리스크는 우리가 정확히 예측할 수 없기 때문에 더욱 문제"라고 덧붙였다.

존 체임버스 뉴욕 스턴경영대 교수는 중국의 부동산 시장 둔화를 리스크 요인으로 꼽았다. 그는 "중국의 상황이 너무 어렵다"며 "특히 부동산 시장의 불안정이 심각한 수준"이라고 했다. 볼드윈 교수도 이에 더해 "미국과 유럽의 경기 침체는 관리될 수 있는 수준이고 한시적 상황이라고 볼 수 있다"면서 "심각한 경기 침체가 우려된다"고 내다봤다.

로치 교수 역시 "지정학적 긴장감이 더욱 커지며 중국의 구조적 위기를 부채질한다"고 했다. 그는 "중국이 러시아의 무제한적 파트너가 되면서 중국이 러시아에 '선 넘은 지원'을 할 가능성도 생겼다"며 "러시아에 이어 중국이 세계로부터 경제 제재를 받을 수 있게 된 셈"이라고 지적했다. 로치 교수는 또 "미국과 중국을 합치면 세계 GDP의 49%를 차지하는데 미국과 유럽이 이미 침체 상황이고 중국도 동력이 떨어진다면 세계 경제의 엔진이 사라진다. 결국 2023년은 '침체의 해'가 될 것"이라고 말했다.

로치 교수는 "중국의 경제 악화가 한국에 큰 피해로 닥칠 수 있다"고 경고했다. 그는 "중국은 현재 부동산 시장에서 실패하고 있고 국영기업의 거대한 부채도 해결하지 못하고 있다"면서 "이는 분명히 간과할 수 없는 리스크 요인"이라고 했다. 이어 로치 교수는 "중국의 부채라는 리스크 요인은 한국을 포함한 동아시아 경제 전체에 악영향을 줄수 있다. 한국 경제는 중국 의존도가 너무 커 더 치명적"이라고 했다.

레이 달리오와의 대화:
글로벌 경제의 '빅사이클'

레이 달리오 | 브리지워터어소시에이츠 창립자
김용범 | 전 대한민국 기획재정부 제1차관

"전 세계적인 긴축의 사이클이 진행되고 있다. 금리는 올라가고 경제와 시장은 위축되고 있다. 우리는 이 사이클의 절반 정도에 와 있다."

전설적인 헤지펀드 투자자 레이 달리오 브리지워터어소시에이츠 창립자는 제23회 세계지식포럼을 참관한 국내 투자자의 질문에 이같이 대답했다. 그는 제23회 세계지식포럼 〔레이 달리오와의 대화: 글로벌 경제의 빅사이클〕 세션에서 "인플레이션을 잡기 위한 노력이 끝날 때까지는 고금리가 유지되고 그만큼 시장도 위축된다"고 분석했다. 미국 연준은 계속 기준금리를 올리는데 유럽과 일본, 중국은 경기 부양을 위해 섣불리 긴축에 나서지 못하며 통화 약세가 심화하고 있다. 여기에 미국과 중국의 갈등을 필두로 전 세계 각국에서 분쟁과 정치적 극단주의가 득세하는 형편이다. "주식도 채권 시장도 모두 좋지 않은 상황"이라는 게 그의 관측이다. 달리오 창립자는 미국뿐 아니라 전 세계 금융계에서 그의 말 한 마디 한 마디를 주목하는 선도자다. 그는 2008년 글로벌 금융위기가 닥칠 시기를 약 1개월 오차로 정확히 맞혀 주목을 받았다. 그가 세운 브리지워터어소시에이츠는 특정 종목이나 자산에 주력한 투자보다 전 세계 금리와 환율 등 주요 거시경제 지표를 분석해 사이클을 도출하고 이에 따른 매크로 투자로 명성을 얻고 있다.

연준은 2022년 9월 연방공개시장위원회FOMC에서 기준금리를 0.75%포인트 올리는 자이언트 스텝을 또 한 번 단행했다. 연중 세 번 연속 자이언트 스텝이다. 연준의 기준금리는 3.0~3.25%까지 올랐다. 달리오 창립자는 "연준이 4.5~5%까지 기준금리를 추가 인상할 것"이라고 내다봤다. 그는 "10년물 기대인플레이션율Breakeven Inflation Rate·BEI이 현재 3%를 밑돌고 있지만 4.5%까지 오를 것으로 보인다"며 "이에 따라 금리도 조만간 4.5~5%에 도달할 것"이라고 전망했다. 그는 또 "금리가 오르면 주식은 물론 채권 투자 시장도 찬물을 맞을 수밖에 없다"고 내다봤다.

BEI는 미국의 물가연동국채TIPS 수익률과 일반 국채의 수익률 차이로 10년물 BEI가 3%를 밑돈다는 것은 시장이 향후 10년 간 매년 3% 미만의 인플레이션을 예상한다는 뜻이다. 최근 BEI가 3%를 밑돌면서 시장은 미국의 물가가 서서히 잡히고 있다는 신호로 봤지만 달리오 창립자는 더 높은 상승률을 점친 것이다.

연준의 기준금리 지속 인상은 곧 경기침체의 심화다. 그는 미국 경제 매체 마켓워치와 인터뷰에서도 "지금 미국은 0% 성장률에 아주 근접했다. 연준이 인플레이션과 성공적으로 싸우는 길은 경기 침체와 인플레를 맞바꿔 '경제적 고통'을 기업·투자자들과 분담하는 길뿐"이라고 했다. 연준이 물가를 잡기 위해 적어도 2024년까지 금리 인상을 지속하면서 그 대가로 경기 침체가 악화한다는 얘기다.

이런 가운데 미국을 제외한 각국은 오히려 경기 부양 때문에 통화 긴축에 나서지 못하는 상황이다. 달리오 창립자는 "유럽의 유로화, 일본의 엔화, 중국의 위안화 모두 국가 경제가 어려움을 겪으며 통화량을 늘리고 있다. 이와 동시에 이들 국가에서도 긴축의 필요성이 커지는 상황"이라며 "미국 달러 강세와 이런 상황이 맞물려 스태그플레이션이 앞으로 18개월 간은 악화할 것"이라고 했다.

달리오 창립자는 전 세계적 정치 난맥상도 경제를 악화시킬 리스크 요인으로 꼽았다. 러시아·우크라이나 전쟁은 러시아의 부분적 동원령으로 장기화됐고, 미국·중국의 경제 전쟁도 심화하는 중이다. 이런 가운데 정치적 양극화가 심각한 미국은 2022년 11월 중간선거와 2024년 대선을 잇따라 치른다. 달리오 창립자는 "2024년은 정치적으로도 혼란스러운 한 해다. 경제, 안보 등 모든 것이 정치화하면서 경제 상황이 매우 힘들어질 것"이라고 했다.

그는 특히 대만을 둘러싼 미국과 중국의 대립이 우크라이나 전쟁

보다 더 큰 위협이라고 봤다. 그는 "우리는 매우 치명적인 두 강대국의 충돌을 보고 있고 갈등의 중심은 대만이며 가장 큰 군사적 위험은 대만에 도사리고 있다"고 말했다. 그러면서 "미국과 중국은 대만에서 벼랑 끝 전술을 펼치고 있다"며 "중국 제품의 수입을 미국이 막는다든지, 반도체 왕국인 대만이 고립되는 상황이 일어난다면 세계는 매우 큰 타격을 입을 것"이라고 했다. 지금은 매우 심각한 상황이라는 게 그의 분석이다.

달리오 창립자는 현재 세계가 미국과 중국이라는 두 강대국의 대립을 목격하고 있다고 했다. 그는 "두 강대국이 맞붙으면 우선 무역과 기술 전쟁이 일어나고 다음으로 경제 제재 전쟁이 펼쳐지며 마지막으로 군사전쟁으로 이어진다"며 "미·중 대결은 군사전쟁으로 점차 번지는 중"이라고 했다.

그는 미·중의 대결을 우려하는 한편 "기후변화는 이미 돌아올 수 없는 강을 건넜다"고 했다. 전 세계 각국이 친환경 혁신 기술을 발전시키거나 환경 규제를 강화하는 걸로 기후변화를 막기는 이미 글렀다는 자조 섞인 관측이다. 그는 "앞으로 20년 동안 해수면 상승과 가뭄 같은 여러 기상이변을 포함해 다양한 피해와 어려움을 경험할 수밖에 없을 것"이라고 했다. 달리오 창립자는 "전 세계가 이미 여러 지출로 몸살을 앓는 상황에서 기후와 관련한 비용이 추가되는 것"이라며 "우리는 높은 비용을 치러야 하고, 이는 물가 상승으로 이어질 수 있다. 물가 상승은 다시 정치적 충격을 줄 것"이라고 했다.

달리오 창립자는 주식·채권 등 모든 자산 시장의 약세를 전망했다. 당분간 '투자 자산의 균형'이 필요하다는 것이다. 그는 "주식 뿐 아니라 채권 시장에서도 가치 하락의 우려가 커졌으니 채권 투자를 할 적기가 언제 올지 현재로서는 알 수 없는 상황"이라고 했다. 그러면서 그는 "최선의 방법은 저금리 환경을 만드는 일일 뿐"이라며 "2024년을 전후해 금에 대한 투자 선호 심리가 크게 오를 것"이라고 내다봤다.

초인플레이션과
긴축의 끝은?

리스크 업데이트 2023: 침체의 위협

러셀 내피어 | 《The Asian Financial Crisis 1995-98》 저자
윤제성 | 뉴욕생명자산운용 최고투자책임자
존 체임버스 | 뉴욕 스턴경영대 교수
박종학 | 베어링자산운용 한국법인 대표

"미국 연준이 금리를 얼마나 올릴지 예상하는 것보다 그 후 경제가 악화되는 것이 문제입니다. 지속적인 물가 상승 시기보다도 경제에 더 크게 영향을 줄 것으로 예상합니다."

제23회 세계지식포럼 〔리스크 업데이트 2023: 침체의 위협〕 세션에서 전 세계 금융 전문가들은 인플레이션 이후 경기침체 가능성에 대비해 투자 전략을 세워야 한다고 조언했다. 러셀 내피어 영국 에든버러 대학 교수는 경기침체 국면에서 정부의 부채 관리 중요성을 강조했다. 그는 "GDP 대비 부채 비율은 70~80년대 140%였지만 지금은 200%가 넘는다"며 "높은 부채비율은 전 세계 개발도상국에서도 나타나는 현상"이라고 말했다.

전문가들은 임금 상승 등 근원 인플레이션이 여전히 높기 때문에

당분간 미 연준의 금리 인상 기조가 이어질 것으로 봤다. 윤제성 뉴욕생명자산운용의 최고투자책임자CIO는 "30년 투자 경험에 비춰보더라도 최근 시장은 굉장히 변동성이 큰 시장"이라며 "모든 방향성으로 가는 이런 시장 상황은 굉장히 드물었다"고 말했다. 그러면서 "많은 사람들이 인플레이션이 일시적일 것이라고 생각했지만 2022년 1월부터 월스트리트 경제학자들이 연준에 금리 인상을 압박하는 상황"이라고 했다.

그는 "일부 인플레이션 요소들은 조금씩 가격이 내려가고 있고 8%보다 낮아지고 있지만, 우려스러운 것은 임금상승"이라며 "연준이 조금 더 확고한 움직임을 보여줘야 하기 때문에 2023년까지도 금리를 올릴 것"이라고 분석했다. 이어 "연준이 공격적으로 정책을 펼 경우 인플레이션은 3% 밑으로까지 가능할 것 같다"며 "향후 12개월 동안은 5% 정도로 예상된다"고 말했다.

또한 1970년대 2차 오일쇼크로 촉발된 인플레이션과 현재의 상황은 다르다고 입을 모았다. 내피어 교수는 "1970년대에도 인플레이션을 관리할 수 있었지만 실패한 이유는 케인즈주의와 신자유주의 사이 정치적인 급류에 휘말렸기 때문"이라며 "지금의 미국도 삶의 구조가 바뀌는 전환기에 있으며, 아주 큰 정치적인 요소들로 인해 연준은 갈림길에 있다"고 했다. 그러면서 "국가와 시장 간의 관계는 계속 바뀌고 있기 때문에 연준은 계속해서 물가를 잡으려는 노력을 할 것"이라고 덧붙였다.

윤 CIO는 "1970년대 아서 번스 전 연준 의장이 1차 오일쇼크가 진정되자 물가상승률이 떨어질 것으로 기대를 했는데, 이후 2차 오일쇼크로 다시 물가가 급상승했다"며 "후임자인 폴 볼커 연준 의장 당시 기준금리는 20%까지 올라갔다"고 설명했다. 이어 "현재 제롬 파월 연준 의장은 아서 번스처럼 되고 싶지 않다고 말했고, 올해 금리는 3.75%~4%까지 오른 후 상당 기간 그 구간에 머무를 것으로 예상된다"고 했다.

급격한 금리 인상에 따른 경기침체 우려도 제기됐다. 존 체임버스 뉴욕 스턴경영대 교수는 "미국의 생산성이 지난 수십 년 간 줄어들며 약해졌기 때문에 아주 장기적으로 보면 연준이 생각하는 것보다 더욱 비관적"이라며 "코로나19 팬데믹 이후 노동시장 참여율과 재편입률이 떨어진데다 유럽과 미국의 이민정책 제한도 성장을 저해할 것"이라고 지적했다. 이어 "장기적으로 보면 기준금리가 연준 예측의 하한선인 2% 정도는 유지될 것"이라고 예상했다.

또 경기 침체기에 접어들면서 미국의 투자와 지출이 줄어드는 것으로 분석됐다. 내피어 교수는 "지난 25년간 전 세계적으로 중국이 가장 많은 지출을 했고 미국은 전쟁 이후 가장 낮았는데, 이는 경기 순환적인 문제가 아니라 장기적으로 역행하는 것"이라며 "침체 시기에는 투자가 어렵기 때문"이라고 했다. 이어 "유럽은행 같은 경우 2분기에 부실 채권이 늘어나는 등 미국보다도 더 나쁜 경제 환경에 처해 있다"며 "유럽은 이미 침체기로 접어들고 있다고 본다"고 말했다.

한편 과거 아시아 금융위기와는 달리 디폴트 가능성이 높진 않을 것이라고 봤다. 내피어 교수는 "아시아 금융위기 당시엔 환율이 오르며 외채 부담이 커진 것이 문제였지만, 지금은 현지 통화 부채가 많기 때문에 다양한 옵션이 있을 것"이라며 "인플레이션 역시 사회적으로 어느 정도 통제 가능한 수준이 될 것"이라고 강조했다.

윤 CIO는 "과거 금융위기 당시 한국의 문제는 규제의 실패에 있었다"라며 "은행들이 금융위기를 심각하게 만들고 원달러 환율이 2천원까지 치솟게 만든 결과를 낳았다"고 비판했다. 이어 "당시의 경제 충격이 한국의 금융사들이 운영되는 방식을 완전히 바꿔놨고, 한국은 전 세계 GDP 10대 강국으로 부상한 것 같다"고 덧붙였다.

체임버스 교수는 "한국은 굉장히 좋은 투자처"라며 "부채비율이 타국에 비해 양호하고 통화적·재정적 개혁, 무역 자유화, 높은 외환보유고 등이 매력 요소지만 저출산 문제를 해결해야 한다"고 조언했다.

전문가들은 향후 투자 전략을 세우기 위해선 장기적인 시각이 중요하다고 조언했다. 윤 CIO는 "향후 2년을 내다봤을 때 우려되는 점은 많은 사람들이 팬데믹을 거치면서 봐온 것을 기반으로 투자처를 결정한다는 것"이라며 "주가수익비율PER이 2020~2021년에 비해 떨어지면서 주식이 저평가된 것으로 보는 경향이 있는데, 현재의 경제 상황은 기업 실적이 둔화되고 있어 그때의 PER 수치는 맞지 않는다"고 말했다. 또 "장기적인 구조를 이해하는데 많은 시간을 투자해야 하며 지난 2년만 보고 결정을 내려서는 안 된다"고 덧붙였다.

체임버스 교수는 "한 가지 시기에 국한하지 않고 나만의 생애주기를 고려해서 채권이든, 부동산이든, 주식이든 투자 전략을 수립해야 한다"고 강조했다. 내피어 교수는 "무형자산이 아닌 고정자산에 대한 투자를 해야 한다"며 "미국과 우방국 중심의 공급망 재편인 '프렌드쇼어링'으로 대대적인 자본지출의 혜택을 입는 곳이 있을 것"이라고 말했다.

러셀 내피어와의 대담: 금융위기의 공통분모

러셀 내피어 | 《The Asian Financial Crisis 1995-98》 저자
허경욱 | 국제금융센터 이사회 의장

"전 세계 국가들이 높은 부채비율로 인한 걱정이 크지만, 대대적인 금융위기의 가능성은 크지 않고 경미한 침체가 올 것으로 예상합니다. 각 국 정부가 어떤 대응책을 쓰는지가 관건입니다."

《베어마켓》과《The Asian Financial Crisis 1995-98》등 금융위기를 주제로 한 저서로 유명한 러셀 내피어 에든버러대 교수는 제23회 세계지식포럼〔금융위기의 공통분모〕를 주제로 한 대담에서 정부와 민간부문 부채비율 관리의 중요성을 강조했다. 그는 "금리가 올라가면 부채 부담이 커지고, 민간 부문에서 현금흐름이 줄어들어 침체기가 오게 된다"며 "특히 최근 각국 부채 비율이 기록적으로 높아지면서 경기침체 위험이 높아지고 있다"고 진단했다.

특히 미국을 비롯한 선진국들의 민간 부채수준이 높은 수준으로

올랐다는 점을 주목했다. 내피어 교수는 "금융 위기를 이야기할 때 정부 부채와 민간 부문을 포함해서 볼 필요가 있다"며 "2차 세계대전 이후 민간부문의 부채는 위험하다고 여겨져 굉장히 비중이 적었는데, 각국에서 다시 높아지고 있는 특이한 상황에 놓여 있다"고 분석했다. 이어 "미국의 부채수준은 GDP 대비 175% 미만에서 현재 280%까지 올랐다"며 "미국뿐만 아니라 유로존과 일본 또한 높은 부채비율을 기록하고 있다"고 했다.

높은 부채수준과 함께 유럽과 미국 등 선진국의 생산성이 떨어지는 점도 문제로 지적했다. 그는 "선진국의 경우 인구 구조적인 문제로 인해 생산성이 혁신적으로 높아지는 고성장이 어려워졌다"고 분석했다. 또 "1980년대 이후 금리가 낮아지면서 생산성과 투자가 늘어나는 동시에 금융 공학도 발전했다"며 "하지만 그렇게 늘어난 자본이 대부분 금융 공학에 투입됐기 때문에 생산성을 높이기 위한 자산을 구축하지 못했다"고 덧붙였다.

내피어 교수는 일부 국가에서 금융위기가 발생할 잠재적 위험은 있지만, 이미 정책적 안전망을 갖추고 있다고 봤다. 그는 "부채비율만 놓고 보면 유로존에서 독일이 가장 위험해보이고 선진국 어느 국가에서 위기가 발생해도 이상하지 않다"며 "중국의 부채비율 역시 287%로 급증해 미국보다 높아진 건 처음이며, 신흥시장 전체로 볼 땐 중국은 예외적으로 높다"고 말했다. 이어 "아시아 국가들에선 선진국보다 정부의 손발이 묶여있기 때문에 위험이 더욱 높다"고 덧붙였다. 또 "민간 분야가 얼마만큼의 소득을 부채상환에 쓰고 있는가를 보여주는 민간 분야의 부채금 상환비율이 중국과 프랑스에서 급격히 높아지고 있다"고 지적했다. 내피어 교수는 "금리가 높아지면 민간 분야의 현금 흐름이 줄어들어 가계와 기업 소득이 줄어들 수 있다"며 "민간 부채로 인한 금융위기 발생 위험이 높은 국가는 중국과 프랑스"라고 말했다.

하지만 과거와 같은 금융위기가 닥칠 가능성은 크지 않다고 봤다. 내피어 교수는 "금융위기의 조건이 형성돼도 해결책이 없는 것은 아니다"라며 "과거 아시아 금융위기 때와 달리 외화 부채보다 현지부채의 비율이 높고 정부의 신용보증 안정성이 있을 것"이라고 말했다. 그러면서 "각국 정부가 부채를 줄이기 위해 재정 긴축이나 생산성 증대 등 어떤 해결책을 쓸지도 눈여겨봐야 한다"고 말했다.

또한 향후 경기가 둔화되더라도 연착륙에 성공할 것이라고 예상했다. 내피어 교수는 "정부의 재정 정책 외에도 신용 보증 등 다양한 해결책을 쓸 수 있을 것"이라며 "금리가 올라가면 은행 대출이 중단되고 통화 공급이 줄어들 것으로 우려되지만, 정부가 대출을 유도하는 금융정책을 시행할 수도 있다"고 내다봤다.

인플레이션:
종착지는 어디인가?

빈센트 코엔 | 경제협력개발기구(OECD) 국가연구부문 본부장
윌리엄 리 | 밀컨연구소 수석 이코노미스트
천즈우 | 홍콩대 교수
타일러 코웬 | 조지메이슨대 교수
조동철 | KDI국제정책대학원 교수

"인플레이션을 잡기 위해 금리에만 의존해서는 안 됩니다. 임금 인상과 같은 재정 정책이 인플레이션을 부추기고 있다는 점도 고려해 봐야 합니다."

제23회 세계지식포럼〔인플레이션: 종착지는 어디인가?〕세션에서 타일러 코웬 조지메이슨대 경제학 교수는 코로나19 팬데믹 이후 각 정부의 재정 지출이 높은 인플레이션을 촉발했다고 지적했다. 코웬 교수는 "실질적인 문제는 미국 주정부가 아직까지 달러를 나눠주고 있다는 것"이라고 말했다.

천즈우 홍콩대 교수 또한 각국의 재정 및 복지 정책이 무분별하게 펼쳐진 점을 비판했다. 천 교수는 "인플레이션을 겪는 국가들의 공통분모는 중앙은행의 재정적인 개입과 통화정책, 복지 정책이 모두 함

께 행해졌다는 점"이라며 "무차별적이고 무조건적인 개입 정책을 전면적으로 펼치면서 유동성이 풍부한 사람과 없었던 사람들 모두에게 저금리가 적용되는 미스매치가 나타났다"고 말했다.

빈센트 코엔 OECD 경제부서 국가연구부문 본부장은 각 국가마다 상이한 보조금 정책으로 인플레이션 차이가 크게 벌어졌다고 봤다. 그는 "프랑스의 경우 전기료, 가스료, 휘발유 가격 등에 대한 보조금 정책 덕분에 6%대의 인플레이션을 유지하고 있다"며 "반면 발트해 국가들은 보조금을 제공하지 않아 인플레이션이 20%까지 치솟았다"고 설명했다.

세션에 참여한 전문가들은 공동석으로 연준의 2%대 인플레이션 목표 달성이 어려울 것이라고 봤다. 이들은 2023년에 인플레이션이 잦아들 것이란 전망에 동의하면서도 그 속도는 더딜 것이라고 예상했다. 코웬 교수는 "러시아와 우크라이나 전쟁으로 인한 에너지값 인플레이션은 정점을 찍은 뒤 최악의 상황은 지났으니 인플레이션을 야기한 에너지와 식량 문제는 1~2년 후에 많은 진전이 있을 것"이라고 말했다. "그 후엔 더 물가를 잡기 힘들어져 3%대 인플레이션이 오랜 기간 지속될 것으로 보인다"고 예상했다.

윌리엄 리 밀컨연구소 수석 이코노미스트는 "미국의 물가 상승은 외부 에너지 가격 상승과 내부에서의 엄청난 재정 지출이 원인"이라며 "앞으로 1년 반~2년에 걸쳐 공급망 상황은 개선되겠지만 높아진 수요가 문제가 될 것"이라고 밝혔다. 그러면서 "1년에서 1년 반 정도가 지나면 인플레이션은 5% 정도로 내려갈 수는 있을 것"이라고 덧붙였다.

한국의 인플레이션에 대해서 코엔 본부장은 "한국은행이 금리인상을 더디게 진행하고 있기 때문에 인플레이션 감축은 그렇게 빠르게 이뤄지지 않을 것"이라며 "올해에는 5%의 물가 상승, 내년에는 4%의 물가 상승을 예상하고 있다"고 했다.

연준에 대한 시장 참가자들의 불신도 문제로 지적됐다. 리 수석 이코노미스트는 "사람들이 연준의 목표대로 2%대로 인플레이션을 낮추는 것이 어렵다고 믿는다면 이들을 설득하기 위해 금리를 계속 올릴 수밖에 없다"며 "사람들의 기대치를 관리하는 것 또한 정책의 핵심이 돼야 한다"고 주장했다.

한편 팬데믹 이후 연준이 행했던 양적 완화 등 팽창적인 통화정책이 인플레이션에 미친 영향에 대해 청중석에서 질문이 나왔다. 코웬 교수는 이에 대해 "양적완화 때문에 미국의 인플레이션이 심각해진 것은 맞다"고 답변했다. 세션의 좌장을 맡은 조동철 KDI국제정책대학원 교수는 "과거 세계금융위기 당시 중앙은행은 많은 유동성을 시장에 공급했지만 그 유동성이라는 것이 금융 기관에만 머물렀지 가구 등 최종수요로까지 이어가지 않았다"며 "코로나19의 위기 상황 속에서는 금융 부분에는 전혀 문제가 없었기 때문에 올라간 유동성이 바로 최종 수요로 흘러들어가서 물가 상승 자극을 주었던 것"이라고 분석했다.

조 교수는 "과거 1970년대 오일쇼크 당시 미국의 기준금리는 10%대, 한국은 20% 가까이 올랐지만, 1년 후 4%대로 안정됐다"며 "지금도 여전히 희망이 있다는 점을 잊지 말아야 한다"고 덧붙였다.

금리 전망:
어디까지가 적정한가?

리처드 볼드윈 | 제네바 국제경제대학원 교수
빈센트 코엔 | 경제협력개발기구(OECD) 국가연구부문 본부장
윌리엄 리 | 밀컨연구소 수석 이코노미스트
이종화 | 고려대 경제학 교수

2022년 전 세계 경제를 뒤흔든 하나의 키워드를 꼽자면 바로 미국 연준이다. 2021년까지만 해도 미국 연준이 인플레이션을 잡기 위해 기준금리를 한 번에 0.75%포인트 인상하는 결정을 내릴 것으로 예상한 사람은 없었다. 하지만 2022년 미국의 인플레이션율이 8%를 넘어서며 잦아들 기미를 보이지 않자 제롬 파월 연준 의장을 비롯한 연준 위원들은 경기 침체 리스크를 감수하면서도 인플레이션을 잡기 위해 기준금리를 대폭 올리기 시작했다.

제23회 세계지식포럼 〔금리 전망: 어디까지가 적정한가?〕 세션에서는 미국의 기준금리 인상이 언제까지 이어질지와 관련한 전문가들의 전망이 제시됐다.

연준의 금리 인상과 관련해 세계 경제의 불확실성이 더 높아질 것

이라는데 세션 참가자들은 의견을 함께했다. 이는 연준이 처한 딜레마 때문으로 해석된다. 연준은 현재 물가를 잡는 데 총력을 기울이고 있지만 이에 따른 경기의 급속한 하강에 대해서도 우려하고 있기 때문이다.

월리엄 리 밀컨연구소 수석 이코노미스트는 "연준이 잭슨홀 미팅 이후로 인플레이션을 2%대로 안정화되도록 수단과 방법을 가리지 않겠다고 밝혔고, 시장에서는 이를 믿고 있다"며 "연준이 정책 금리를 지속해서 올리고, 자산을 축소해 시장의 신뢰를 다시 회복한다면 고금리 기간이 예상보다 더 짧아질 가능성이 있다"고 말했다.

최근 연준의 금리 인상과 관련해 시장 참가자들의 우려가 높아지는 이유는 과거 1980년대 폴 볼커 전 연준 의장의 공격적 금리 인상의 기억 때문이다. 1979년 석유 파동으로 인해 미국의 인플레이션이 두 자릿수까지 오르자 볼커 전 의장도 물가를 잡기 위해 기준금리를 20%까지 올리는 특단의 조치를 취했다. 급격한 금리 인상으로 인해 많은 회사가 파산했고, 실업률은 10%로 치솟기도 했다. 고금리로 인한 물가 안정 효과는 1981년이 되어서야 나타났고 이후 긴축을 풀자 경제가 되살아날 수 있었다.

다만 세션 참가자들은 제롬 파월 의장이 맞이한 현 상황이 볼커 시대와는 다르다는 진단을 내놓았다. 리 수석 이코노미스트는 "우리가 사는 세상은 볼커 시대와는 다르다"며 "인플레이션의 방향성은 이미 잡혀 있다"고 보았다. 그는 "10년 뒤를 바라볼 때 인플레이션은

2.3%로 예상돼 있고, 연준이 언젠가는 물가를 안정화시킬 것이라는 기대가 있다"고 설명했다.

올해 연준의 기준금리 인상폭을 예상하기 위해서는 기대 인플레이션에 주목해야 한다고도 조언했다. 리 수석 이코노미스트는 "금리가 어디서 결정될지 여부는 시장의 기대치에 따라 달라질 수 있다"며 "만약 명목 인플레이션이 4%까지 내려오면 금리가 적정하다고 볼수 있고, 그렇지 않다면 더 올릴 것으로 본다"고 밝혔다.

기준금리가 궁극적으로는 현재 수준에서 내려갈 가능성도 제시됐다. 리처드 볼드윈 제네바 국제경제대학원 교수는 "정확한 기준금리에 대한 예측치와 인하 시점은 틀릴 가능성이 높기 때문에 얘기할 수 없다"며 "다만 금리가 올라갈 것인지 내려갈 것인지 전망해본다면 당연히 (장기적으로) 내려갈 것으로 본다"고 말했다.

볼드윈 교수는 지정학적 리스크로 인해 현재 세계화가 둔화되며 물가 상승 압력으로 작용하고 있지만, 서비스 무역의 확대로 물가 하방 압력이 이어질 것으로 예상했다. 그는 "코로나19로 인한 공급망 병목 현상이 세계화에 대한 변화를 의미하지는 않는다"며 "서비스 무역으로 인해 물가 하방 압력이 이어질 것이고, 이로 인해 금리가 이전 수준으로 돌아갈 것"이라고 말했다.

한국의 통화정책에 대한 논의도 이뤄졌다. 코엔 본부장에 따르면 "한국은행은 통화정책의 신뢰성을 유지하기 위해 금리 인상을 계속 이어갈 것으로 보인다"며 "다만 대부분의 통화들이 달러 대비 약세를 보이고 있기 때문에 원화 가치가 유독 더 하락한 것은 아니다"라고 설명했다.

리 수석 이코노미스트는 "연준의 금리 인상으로 인해 한국의 자본 유출이 즉시 이뤄지는 것은 아니다"라며 "한국이 반도체와 같은 기술을 활용해 기업 생산성을 높이면 투자자들은 한국에 지속적으로 투자할 유인을 갖게 될 것"이라고 말했다.

각국 중앙은행이 제시하는 목표 인플레이션에 대해서는 시장의 신뢰성 확보를 위해 목표를 유지해야 한다는 데 세션 참가자들이 의견을 함께 했다. 리 수석 이코노미스트는 "중앙은행이 갑작스럽게 물가 목표치를 수정하면 시장의 신뢰를 잃게 된다"며 "만약 2%를 제시했다면 계속 이를 고수해야 한다"고 말했다. 볼드윈 교수도 "2%라는 목표치는 임의로 정한 수치일 수 있다"면서도 "다만 숫자를 정해야만 하고, 현재는 이를 수정하기에 적절한 시기는 아니다"라고 말했다.

새로운 균형점과 부의 탐색

마켓업데이트 2023:
새로운 부의 균형

윤제성 | 뉴욕생명자산운용 최고투자책임자
제임스 황 | eXp커머셜 대표
조던 로체스터 | 노무라증권 FX전략가
찰리 워커 | 런던증권거래소 주식채권발행시장 관련 총괄담당자
영주 닐슨 | 성균관대 경영전문대학원(GSB) 교수

미국 연준의 FOMC를 앞두고 전 세계 전문가들은 연준의 공격적 금리 인상으로 인해 연말까지 달러 강세가 이어질 것으로 전망했다. 이들은 달러화 대비 타 통화들의 약세로 여러 국가에 사업장을 둔 미국 기업 수익성이 타격을 입을 것이라고 예상했다. 높은 인플레이션이 이어지며 현금 가치가 점차 하락하는 만큼 채권 투자를 통해 이를 방어할 것을 제안했다.

제23회 세계지식포럼 〔마켓업데이트 2023: 새로운 부의 균형〕 세션은 자산 가격 조정기에 투자 기회를 잡으려는 투자자들의 관심이 이어졌다. 이 세션엔 윤제성 뉴욕생명자산운용NYLIM 최고투자책임자CIO, 제임스 황 eXp커머셜 대표, 조던 로체스터 노무라증권 FX전략가, 찰리 워커 런던증권거래소 주식채권발행시장 관련 총괄담당자

등이 연사로 나섰다.

이들은 제롬 파월 미 연준 의장 발언을 통해 연준의 금리 인상이 얼마나 이어질지 실마리를 잡을 수 있다고 했다. 윤 최고투자책임자는 "파월 의장이 '아서 번스가 되고 싶지 않다'고 말한 뜻을 정확하게 이해해야 한다"며 "이는 미국 인플레이션이 3~4% 수준으로 떨어질 때까지 연준이 금리 인상을 멈추지 않겠다는 뜻"이라고 말했다.

연준이 금리 인상을 이어갈 것이 확실시되는 가운데 중국과 유럽을 비롯한 주요국의 경제 상황은 녹록치 않아 달러화 가치는 더 높아질 것으로 예상했다. 로체스터 노무라증권 FX전략가는 "중국 인민은행PBOC이 위안화가 평가 절하되는 것을 늦추기 위해 노력하고 있고, 다른 개발도상국도 비슷한 움직임을 보이고 있지만 달러 강세는 이어질 것"이라며 "달러화는 지금보다 10% 가량 더 평가 절상 될 것이고, 12월까지 달러당 원화값은 1,450원에서 1,500원 사이에 가격이 형성될 것으로 본다"고 말했다.

세션 참가자들은 이 같은 강달러 현상이 기업 실적에도 영향을 줄 것으로 예상했다. 윤 최고투자책임자는 "S&P 500 기업이 벌어들이는 수익의 약 3분의 1은 해외에서 나온다"며 "마이크로소프트와 같은 미국의 대기업은 이 같은 강달러 현상으로 인해 수익이 줄어들 수 있다"고 분석했다.

한국 투자자들의 매수세가 유독 강한 미국 기업 주식에 대해선 투자에 유의할 것을 주문했다. 윤 투자최고책임자는 "한국 투자자들이 유독 엔비디아와 테슬라 주식에 관심이 많은데, 이 주식엔 절대 손을 대면 안 된다"며 "애플과 테슬라 주식은 이를 맹목적으로 따르는 사람들이 가격을 방어해주고 있다"고 꼬집었다. 시장이 급변하는 상황에서 기업별로 처한 상황이 다르기 때문에 투자자들이 개별 기업에 대한 종목별 이해도를 높여야 한다는 조언도 나왔다. 워커 총괄담당자는 "영국 기업의 경우 강달러 영향으로 해외에서 발생하는 수익이 늘어나는 효과가 발생한다"며 "지금은 인덱스(종합지수)를 보기보다는 개별 기업이 어떤 지정학적 리스크에 노출돼있는지 분석해야 한다"고 했다.

전문가들은 채권 투자를 제안했다. 윤 최고투자책임자는 "현금을 보유한다면 자산 투자에 따른 손실을 보지는 않겠지만, 물가 상승률을 감안하면 내년 2~3%가량 손실을 보는 것과 마찬가지"라며 "채권 투자를 통해 인플레이션을 방어하는 것이 대안이 될 수 있다"고 말했다.

참가자들은 전 세계 경제가 침체 국면으로 접어들고 있지만 침체 폭이 깊지는 않을 것으로 전망했다. 윤 최고투자책임자는 "내년엔 세계 경제가 침체에 들어가지만 그 폭은 2000년 닷컴버블 붕괴나 2008년 글로벌 금융위기와 같지는 않을 것"이라며 "1980년대 후반의 침체 수준일 것으로 예상하고, 이런 시기에도 5~6% 수익을 낼 투자 기회들은 여전히 존재한다"고 말했다.

부동산 투자의 경우 투자 목적을 더 명확히 해야 한다는 조언도 나왔다. 황 대표는 "부동산 투자에 있어 현재는 인내심을 갖고 기다려야 할 때"라며 "만약 부동산을 보유하려고 한다면 실거주든 투자 목적이든 명확한 이유가 있어야 한다"고 말했다.

기업의 자금을 조달하기 위한 기업공개IPO 시장은 위축되고 있는 추세다. 워커 총괄담당자는 "2021년에는 IPO 규모가 매우 컸기 때문에 기저효과가 발생한 경향은 있지만, 2022년 IPO 물량이 약 절반가량 줄어들었다"며 "원자재 가격 상승 등으로 타격을 입는 기업의 경우 자금 조달 측면에서도 어려움을 겪어 이중 타격을 입을 수밖에 없다"고 설명했다.

머니무브:
금리 상승 시기의 투자

던컨 본필드 | 국부펀드국제포럼(IFSWF) CEO
제임스 황 | eXp커머셜 대표
조던 로체스터 | 노무라증권 FX전략가
천영록 | 두물머리 창업자 겸 CEO

2022년을 기점으로 세계 경제와 투자자들에게는 혹한이 닥쳤다. 인플레이션을 잡기 위해 미국 연준을 필두로 각국은 기준금리를 급격히 올리는 통화긴축에 나섰다. 우크라이나를 러시아가 침공하면서 식량·에너지 가격이 치솟고 이는 다시 물가 상승과 경기 둔화를 초래하고 있다. 물가 상승과 경기 침체가 함께 오는 스태그플레이션이 2023년부터 본격화한다는 우려도 크다.

제23회 세계지식포럼 〔머니무브: 금리 상승 시기의 투자〕 세션에 보인 글로벌 투자 전문가들은 이구동성으로 "주식·채권 투자 모두 위험한 시기"라고 했다. 달러를 제외하고 외환 상품에 투자하는 것도 위험하다. 당장 투자 리스크를 방어할 수 있는 자산은 금과 미국채 정도다. 하지만 유동성을 어느 정도 확보할 수 있는 투자자라면 위기 이후를 내다보고 성장주식에 장기 투자하는 담대한 자세도 필요하다고 전문가들은 조언했다.

던컨 본필드 국부펀드국제포럼IFSWF 최고경영자CEO는 "과거 고물가 고금리 시대를 돌아보면 지금보다 물가가 높았던 시기는 딱 2번, 오일쇼크와 이란 혁명 뿐"이라며 "이때는 모두 급등하는 석유 가격이 인플레이션을 유발했지만 지금은 전 세계 봉쇄로 인한 공급망 차질이 물가 상승 압력을 주고 우크라이나 전쟁으로 고물가가 가속화하고 있다"고 진단했다. IFSWF는 전 세계 국부펀드들의 네트워크로, 한국투자공사KIC를 비롯해 전 세계 주요 국부펀드 45개가 가입돼 있다.

본필드 CEO는 "역사상 금리가 인상되더라도 침체로 이어지지 않은 사례는 세 번밖에 없으며, 중앙은행들은 인플레이션이 장기적 압력이라고 본다"고 전했다. 그는 특히 "지금 미국은 실업률이 매우 낮으니 유가 쇼크는 일시적이지만 노동 수급 문제가 발생하면 인플레이션은 더욱 악화하는 경향이 있다"고 내다봤다.

그는 "고금리 상황은 성장주에 더 큰 타격을 준다"고 보았다. 주요 투자자들은 이제 더 이상 성장주를 자산 포트폴리오에 담고 있지 않고 주식은 소비재와 유틸리티, 경기 방어주에 집중하고 있다고 설명했다. 본필드 CEO는 "인플레이션이 3% 이하일 땐 주식이 마이너스면 채권은 반대 움직임을 보이지만 3% 이상에서는 채권과 주식이 동조화할 것이고 현재 단기 회사채 수익은 거의 마이너스이며 친환경 채권 투자도 수익률이 좋지 않다"고 덧붙였다.

노무라증권의 조던 로체스터 외환FX 수석전략가는 달러 강세가 계속된다고 내다봤다. 달러 대비 원화값이 단기적으로 1,450원까지 떨어지고, 연내 1500원을 볼 수 있다는 게 그의 견해다. 로체스터 전략가는 "중국의 구매관리자지수(PMI)가 둔화하고 있다고 보고, 제조업의 성장 동력인 미국도 모든 수치에서 성장이 둔화하는 양상"이라며 "달러 상승을 90%의 가능성으로 본다"고 했다. 그는 특히 "연준이 4.5%까지 금리를 올린 뒤 내년 25bp(1bp=0.01%포인트)내린다고 노무라는 전망하지만 나는 오히려 노무라가 틀릴 수도 있지 않느냐고 반문할 수도 있다"며 상당 기간 금리 인상 지속을 점쳤다.

로체스터 전략가는 달러 상승세의 상당 부분은 에너지 가격 상승이 주도한다고 봤다. 그는 "조 바이든 미국 대통령과 민주당은 11월에 중간선거가 있으니 미국은 더 이상 비축유를 할인 판매하지 않을 것이고 12월에는 러시아 제재를 재개하며 2023년 6월부터는 제재 때문에 휘발유와 경유 가격이 오를 수 있다"고 했다. 로체스터 전략가는 "미국은 석유 수출국이 됐고 몇 달 새 수출량이 더 느는데다 앞으로는 천연가스까지 수출 물량이 늘 것이다"라며 "원화는 물론 유로화도 상당기간 약세를 보일 것"으로 전망했다. 그러면서 "미국 콜로라도주는 23년만에 최악의 가뭄을 겪었고 유럽과 중국에서도 가뭄이 심각하다. 인도가 쌀 수출을 줄이는 등 식량 가격도 오르는 추세인 만큼 달러 강세라고 예상할 수밖에 없다"고 했다.

제임스 황 eXp커머셜 대표는 "기회는 있지만 침착하게 인내심을 가지고 부동산 시장이 리밸런싱할 때까지 기다릴 것"을 투자자들에게 주문했다. 그는 미국 상업용 부동산 시장에서 25년 이상 활약했다. eXp커머셜은 미국 상장사이기도 하다. 그는 근무 환경이 달라진 코로나19로 부동산 시장의 패러다임 전환을 이뤘다고 말했다. 텍사스주는 50% 정도가 코로나 이후 다시 사무실로 출근하고 있지만 다른 많은 주에서는 여전히 40% 수준에 그치고 있다. 사람들은 더 이상 사무실에 나올 필요가 없다고 생각하게 됐다고 설명했다. 그는 "사무용 빌딩 수요가 줄었고 이제는 주택 시장도 위축됐으며 경기 둔화 때문에 물류 센터도 타격을 받기 시작했다"고 했다.

　황 대표는 "상업용 부동산 시장의 정점은 2021년 1분기였다고 본다"며 "2023년부터는 주택 시장이 더 어려워질 수 있다고 보고, 미국에서 주택난은 아직 심각하지만 실업률이 올라가면 집값을 지불할 수 없어 주택난에도 불구하고 주택 가격이 내려갈 것"이라고 말했다. 황 대표는 "다만 주요 투자자들은 현재 5년, 10년 장기적으로 부동산 투자를 진행하고 있고, 많은 사람들이 이제는 국제 부동산 투자를 고민하기 시작했다"며 "장기적 관점에서는 미국 부동산에 대해 해외 자본의 수요가 있고 조만간 기회가 다시 돌아올 듯하다"고 내다봤다.

　이 같은 투자 혹한기에는 안전 자산에 주력하며 다시 알맞은 때를 기다리라는 게 전문가들의 조언이다. 본필드 CEO는 "현재 주요 펀드들의 투자는 미국 국채로 전환하고 있다"며 금 역시 인플레이션의 보호장치라고 말했다. 로체스터 전략가는 "현재 기대할 수 있는 최고의 시나리오는 2023년 3월께 중국이 코로나 봉쇄 정책을 느슨하게 푸는 것이며, 그런 리스크가 사라지면 글로벌 증시가 다시 활기를 띨 수도 있다"고 했다.

마크 모비우스와의 대화: 불확실성 속에서 기회 찾기

마크 모비우스 | 모비우스캐피털파트너스 설립자 겸 펀드매니저
이재철 | 오픈익스체인지 아시아 총괄대표

"모든 시장에서 자산 가격이 고점 대비 30% 가량 하락했지만, 여전히 반등 기대감이 남아있다. 주식 가격이 추가로 10% 하락해 모두가 비관적으로 변하면 그 때가 투자 적기가 될 것이다."

제23회 세계지식포럼 [모비우스와의 대화: 불확실성 속에서 기회 찾기] 세션에서 마크 모비우스 모비우스캐피털파트너스 설립자는 주식시장이 베어 마켓(약세장)에 진입했지만 다시 투자 기회가 찾아올 것으로 내다봤다. 모비우스 설립자는 프랭클린 템플턴 이머징마켓 그룹 회장을 지내며 500억 달러 규모의 자금을 운용한 경험을 보유하고 있다. 그는 미국 연준이 2022년 9월 FOMC에서 기준금리를 0.75%포인트 인상한 것이 놀라운 일이 아니라고 했다. 모비우스 설립자는 "연준은 기준금리를 물가 상승률보다 더 높여야 한다는 가이드

라인을 갖고 있다"며 "현재의 인플레이션 수준을 감안할 때 기준금리는 더 높아져야 한다"고 말했다. 2022년 9월 미국의 인플레이션율이 8%대에 형성돼 있는데, 가이드 라인 대로라면 기준금리가 9%가 돼야 한다는 것이다.

그는 연준이 인플레이션 관리에 실패했다고 진단했다. 그 원인 중 하나로 가상자산 시장이 확대된 점을 꼽았다. 모비우스 설립자는 "가상자산 시장의 유동성이 전체 통화의 2~3%를 차지하고 있고, 가격 변동성도 높다"며 "연준은 가상자산이 시장에 미치는 영향력을 과소평가해 인플레이션을 관리하지 못했다"고 말했다.

그는 연준의 가장 큰 과제는 인플레이션 억제라고 봤다. 비록 미국이 경기 침체에 접어들더라도 연준은 기준금리 인상을 단행할 것으로 예상했다. 연준의 존재 이유는 주식시장을 보호하는 것이 아니라, 물가를 잡는 것이기 때문이다. 다만 연준 정책의 변화할 가능성으로 미국의 정치 일정을 꼽았다. 그는 "연준 의장은 정치적으로 임명되는 자리"라며 "미국의 중간선거가 다가오고 있기 때문에 금리 인상과 관련해 신중한 입장을 내비칠 가능성은 있다"고 말했다. 하지만 연준엔 의장뿐만 아니라 여러 위원들이 목소리를 낼 수 있기 때문에 현재의 긴축 기조가 변화될 가능성은 적을 것으로 전망했다.

모비우스 설립자는 금리 인상이 앞으로도 이어지는 만큼 아직 자산 가격이 바닥을 친 것은 아니라고 진단했다. 그는 "모두가 투자를 꺼릴 때가 투자 적기로 볼 수 있는데, 아직은 낙관적인 시각을 가진 사람들이 여전히 남아 있다"며 "금리가 지금보다 더 오르고, 비트코인 가격이 훨씬 낮은 수준으로 떨어질 때가 투자의 변곡점이 될 것"이라고 조언했다.

모비우스 설립자는 좋은 기업을 선별하는 자신만의 비법도 제시했다. 그는 "부채 비율이 50%이하인 기업, 이익이 매년 10% 이상 성장하는 기업이 좋은 기업"이라며 "최근에는 ESG(환경·사회·지배구조)의 중요성이 강조되는 만큼 ESG 분야에서 탁월한 기업도 투자하기 좋은 기업으로 보고 있다"고 말했다.

또 다른 방안으로 기업을 선정할 때 기술에 대한 투자를 어떻게 하고 있는지 살펴봐야 한다고 강조했다. 그는 "다음 세대는 인터넷을 통해 모두가 연결된 사회를 살아가게 된다"며 "이런 사회에서 기술력을 갖춘 기업은 생산성이 증대되고, 혁신의 산물을 얻을 수 있다"고 말했다. 시장 관점에서도 기술은 중요하다. 만약 반도체 부족 현상이 발생하고 있다면, 이는 전반적 산업에서 반도체를 필요로 하는 기술 변화를 추구하고 있기 때문이다. 이런 변화의 움직임을 눈여겨봐야 시장보다 먼저 움직일 수 있다는 것이 모비우스 설립자의 생각이다.

그는 아시아 시장에서 여전히 기회가 열려 있다고 전했다. 특히 중국 시장을 낙관적으로 바라봤다. 자본주의 시장경제를 추구하는 미국 등 국가와 중국을 동일한 선상에 놓고 비교할 수는 없다는 것이다. 중국에서는 부동산과 관련한 부채가 너무 많아 위기가 발생하고 있지만 해결될 수 있다고 봤다. 중국 공산당이 은행을 장악하고 있기 때문에 정부가 부채를 임의로 줄일 수 있다는 것이다. 중국의 경제 성장률이 매년 낮아지고 있지만, 절대적인 경제 규모가 이미 상당히 커졌기 때문에 이 또한 문제가 되지 않는다고 봤다.

중국 외 투자 유망 국가로 인도를 꼽았다. 그는 "인도는 매년 9~10% GDP 성장률을 기록하고 있다"며 "인도는 경제의 디지털화를 추진하고 있고, 인구도 젊은층으로 구성돼 앞으로도 성장 가능성이 높다"고 말했다.

모비우스 설립자는 "한국 시장에서는 기술주 종목이 전반적으로 많이 하락했기 때문에 투자 기회가 생겼다고 보고 있다"며 "기술력을 갖추고, 가격 결정권을 지닌 회사가 지금과 같은 인플레이션 시기에 투자하기 적절한 기업"이라고 설명했다. 이외에도 대만, 인도네시아 등에서도 투자 기회를 찾을 수 있다고 했다.

최근 외환시장에서 미국 달러 대비 다른 통화들이 약세를 보이는 현상이 미국 외 국가들에 꼭 나쁜 것만은 아니라는 의견도 제시했다. 그는 "한국뿐만 아니라 모든 국가가 달러 대비 자국 통화의 약세를 경험하고 있다"며 "이것이 꼭 나쁜 일은 아니다"라고 말했다. 만약 달러가 강하고 원화가 약세라면 한국의 제조업체 제품은 전 세계 시장에서 가격 경쟁력을 확보해 수출이 늘어날 수 있기 때문이다.

그는 투자자들이 자산 포트폴리오에 금을 편입시킬 것을 주문했다. 모비우스 설립자는 "금은 투자 성과 측면이 아니라 안전자산 측면에서 일부 보유하는 것이 좋다"며 "전체 포트폴리오에서 5~10% 가량 보유하면 안전자산으로 역할을 할 수 있다"고 말했다.

PART 3

산업전환의 역학

Dynamics of Transformation

진화하는 경영 환경에서의
회복탄력성

밥 스턴펠스 맥킨지앤드컴퍼니 글로벌 회장

맥킨지앤드컴퍼니의 글로벌 회장이자 이사회 의장이다. 그는 지난 10여 년간 디지털 전환 등 지속가능성 부문에서 맥킨지앤드컴퍼니의 역량을 확장해왔다. 그는 아프리카 리더십 그룹의 창립 회원이자 회장이며, 비즈니스 라운드 테이블, 아시아 비즈니스 카운슬, 포춘 CEO 이니셔티브 등의 멤버로 활동 중이다.

밥 스턴펠스 제23회 세계지식포럼에 초청해 주셔서 감사합니다. 오늘 말씀드릴 주제는 '회복탄력성'입니다. 시작에 앞서, 회복탄력성의 의미부터 정의해 보도록 하겠습니다. 현재 우리는 격동의 시기에 살고 있습니다. 대대적인 혼란과 지정학적 긴장, 인플레이션, 기후, 팬데믹의 지속적인 영향 속에서 살아가고 있죠.

'회복탄력성'이란 조직과 기관이 공격과 수비를 동시에 하는 것이라고 생각합니다. 종종 우리는 회복과 방어에만 과도하게 집중하는 경향이 있습니다. 그러나 진정으로 회복탄력적인 조직은 회복을 통해 생존할 뿐만 아니라 결국 번영도 이뤄내야 합니다. 이는 지속 가능하며 포용적인 미래를 수립하는 데 중요한 열쇠라 할 수 있겠습니다. 회복탄력성은 유의미한 경제 성장의 결과인 동시에 이를 가능하게도

제23회 세계지식포럼에서 (진화하는 경영 환경에서의 회복탄력성)을 주제로 강연하는 밥 스턴펠스 맥킨지앤드컴퍼니 글로벌 회장.

합니다. 뿐만 아니라 삶의 질·평등·포용성 향상을 강조하기도 하죠. 이러한 회복탄력성을 몇 가지 부문에 적용할 필요가 있습니다.

민관 분야에서는 코로나19 팬데믹 극복을 위해 힘을 모으며, 가치 사슬의 중단 및 차질을 최소화하고 있습니다. 또한, 회복탄력성은 기업들의 지속가능한 성장을 견인하고 있기도 합니다. 개인 차원에서는 현재와 같은 혼란스러운 시기를 돌파할 수 있도록 이끌어 주고 있죠. 회복탄력성 향상에 그 어떤 노력도 기울이지 않을 시 막대한 손실을 입을 수 있다는 최근 연구 결과도 있습니다. 회복탄력성이 부족하다면 전 세계 연간 GDP 성장률이 1%에서 5%까지 하락할 수 있다고 합니다. 이러한 충격은 사회의 취약 계층에 더욱 큰 타격을 입히게 됩니다. 이 시점에서 전 세계 모든 사람들이 고민하고 있는 것은 바로 "어떻게 예측 불가능한 시대를 대비할 수 있을까?"입니다.

중대한 경제적 충격 속에서도 현재 회복탄력성이 높은 기업은 그렇지 않은 기업에 비해 높은 주주가치 증대를 실현하고 있습니다. 예컨대, 2007년부터 2009년까지 회복탄력적인 기업은 그렇지 않은 기업에 비해 20% 더 큰 주주가치를 기록했죠. 팬데믹 동안에는 어땠을까요? 회복탄력성은 2019년 4사분기부터 2020년 2사분기까지 10% 이상의 주주수익 향상을 가져왔습니다. 2020년 2사분기부터 오늘날까지는 50% 이상의 수익 향상을 가져왔죠.

회복탄력성이 아시아에 미치는 영향은 무엇일까요? 위기 대처 방식을 지속하면서 사람·조직·경제적 완충장치 모두 고갈되고 있습니다. 2040년까지 아시아가 전 세계 자본 소비의 40%, 그리고 글로벌 GDP의 50% 이상을 차지하게 될 것이라는 것은 자명한 사실입니다. 오늘날은 물론, 향후 아시아가 맞닥뜨리게 될 중대한 혼란도 있습니다. 에너지와 부품, 원자재 가격이 지난 40년이 넘는 시간 동안 가장 빠르게 상승하고 있습니다. 조직이 이러한 인플레이션 사태를 어떻게 대응하고 필요한 물리적 자원을 확보할 수 있을까요?

한국을 예로 들어 보겠습니다. 한국은 전 세계 제조업을 이끌고 있으며, 산업용 에너지 가격도 매우 합리적입니다. 그러나 2050년까지 넷제로 달성이라는 목표를 설정한 가운데, 더불어 에너지 가격이 상승하고 있는 현 시점에서 어떻게 회복탄력적인 국가로 거듭날 수 있을까요? 공급망의 중단 및 차질로 인해 10년간 얻을 수 있는 이익의 약 절반이 손실을 입게 됩니다. 그렇다면 이러한 손실을 완화하기 위해 기업들이 공급망을 보호할 수 있는 방안은 무엇일까요? 예컨대, 토요타는 2011년 동일본 대지진 사태 이후 6개월 간의 생산량 감소를 겪었습니다. 그러나 2016년 구마모토 지진이 일어났을 때는 지진 발생 시점으로부터 2주 후 생산 전략과 공급망 재편을 통해 즉시 생산을 재개할 수 있었죠.

넷제로 이야기를 해볼까요? 넷제로 목표 달성을 위해서는 전 세계 기준 미화 130조 달러를 필요로 할 겁니다. 2030년까지 전 세계가 자본과 자산에 지출할 금액입니다. 그렇다면 이 같은 넷제로 전환이 지속적인 경쟁우위가 되기 위해서 기업이 해야 할 일은 무엇일까요? 지출 비용이 아니라 투자로 여기게 할 수 있다면 어떨까요? 예컨대, 2050년까지 한국은 탄소중립을 이룩하고자 하는 야심찬 목표를 설정했습니다. 이는 석탄 화력발전소를 폐쇄하는 것을 포함하는데요. 석탄은 한국의 가장 대표적 에너지원입니다. 에너지 전환 과정에서 타격을 받을 이들의 미래를 어떻게 보장할 수 있을까요? 현재 직면한 모든 상황에서 어떻게 회복탄력적인 국가가 될 수 있을까요?

서는 세 가지 관점에서 회복탄력성이 근력과 같이 성장 또는 강화할 수 있다고 말씀드리고 싶습니다. 첫 번째는 조직에 대한 관점으로 더욱 민첩한 조직 모델로 탈바꿈하는 것을 말합니다. 두 번째는 가치 사슬에 대한 관점입니다. 가치 사슬의 통합 공급망 내에서 기업이 어떻게 협력할 수 있을까요? 마지막으로 개인의 회복탄력성 수준이 있습니다. 우리에게 가장 중요한 자산과 사람을 대상으로 어떤 방식으로 투자해야 개개인의 회복탄력성을 구축할 수 있을까요?

지금부터 한 가지씩 살펴보도록 하겠습니다. 우선 조직 차원에서 회복탄력성을 구축하는 것부터 말씀드리겠습니다. 조직의 회복탄력성을 어떻게 기를 수 있을까요? 주요 전략적 의사결정 과정에 회복탄력성을 포함시키며, 조직 간 모델을 형성하며 고위급 리더가 매일 회복탄력성에 집중하게 만드는 것이 필수 요소라고 할 수 있겠습니다.

조금 더 세분화해보면, 크게 네 가지를 고려해 봐야 한다고 말씀드리고 싶습니다. 첫 번째는 측정입니다. 우리는 조직 내부에서 회복탄력성을 정의하고 이를 측정할 수 있습니다. 2008년과 2009년 사이 금융위기를 통해서 교훈을 얻지 않았습니까? 대체로 은행에서 시작된 위기였습니다. 회복탄력성을 측정할 수 있는 조직이죠. 스트레스 테스트, 정량화, 시나리오 기획을 통해서 측정할 수 있습니다. 따라서 측정이 바로 첫 번째 지표가 되겠습니다.

두 번째는 기술에 대한 투자입니다. 신규 데이터원, 분석 방식 등 기술에 대한 투자가 이뤄져야 합니다. 그럼 새로운 인사이트와 예측 능력을 갖출 수 있게 되죠.

세 번째는 구조입니다. 회복탄력성을 높이기 위해 전체 조직 구조를 다시 생각해볼 필요가 있습니다. 회복탄력성 최고 책임자Chief Resilience Officer 자리를 신설하는 방법은 어떨까요? 그는 조직의 핵심 프로세스를 어떤 시선으로 바라봐야 할까요? 회복탄력성을 평가하는 것이 그 프로세스에 포함돼야 하지 않을까요?

네 번째로는 역량 구축이 있습니다. 개인적 역량 구축이죠. 마치 근력을 기르듯, 회복탄력성을 다지기 위해 필요한 교육 예산은 어느 정도인가요? 만일 조직이 앞서 언급한 네 가지 역량을 모두 갖출 수 있다면 회복탄력성 프리미엄이 붙은 주가를 기록할 수 있을 거라고 확신합니다.

지금까지 조직의 회복탄력성에 대해 설명해 드렸습니다. 그럼 두 번째 관점이었던 가치 사슬에서 회복탄력성을 구축하는 것에 대해 자세히 말씀드리겠습니다. 가치 사슬의 다양한 주체들에게 있어서도 회복탄력성이 적용됩니다. 여러 충격과 어려움으로부터 빠르게 회복할 수 있도록 도와줄 수 있죠.

코로나19 팬데믹은 가치 사슬 내 회복탄력성의 필요성을 부각시켰습니다. 팬데믹과 연관된 공급 붕괴 사태는 지속적으로 발생할 것이며, 이는 교역 정책의 변화, 노동력 부족, 인플레이션의 결과라 할 수 있겠습니다. 글로벌 생산에 타격을 주는 여러 충격은 더욱 빈번하게 발생하고 있으며, 그 강도 또한 극심해지고 있습니다. 이러한 충격으로 인해 기업은 10년 주기로 연간 기준 상각전영업이익EBITDA의 40%에 해당되는 손실을 입을 수도 있습니다.

따라서 손실 최소화에 투자하는 것은 결과적으로 이득을 가져옵니다. 혼란을 완화하고 모든 주체의 투명성 확보가 가능한 미래 가치 사슬을 구축하기 위해서 어떤 방안이 필요할까요? 우선 민관 부문의 강력한 협력이 필요합니다. 혼란스러운 시기에 공공과 민간 부문은 상호 의존적이게 됩니다. 팬데믹이 이를 증명하기도 했죠.

따라서 우리는 회복탄력적 조치를 내놓기 위해 반드시 머리를 맞대야만 합니다. 긴밀한 협력으로 투자 목표를 설정하고 여러 노력이 중첩되는 현상을 막을 수 있습니다. 또 우리의 행동을 가속화할 수 있죠. 기술에 대한 투자는 가치 사슬의 안정성 혹은 불안정성을 예측할 수 있도록 도와줍니다. 가치 사슬 내에서 생성되는 데이터를 통합해 의사 결정을 가속화할 수 있습니다.

일례로, 팬데믹 동안 대표적인 아시아 제조업체 한 곳이 이 같은 방식을 도입하기도 했습니다. 생산량이 줄어들어 기업은 공급 부족 사태를 피하려 노력했고, 그에 따라 수익이 증대될 수 있었죠. 민관 협력을 통해 유연하며 완충장치를 갖춘 가치 사슬이 되도록 설계하거나, 실행 가능한 대책 마련에 투자를 할 수도 있습니다. 예컨대, 일부 지역의 몇몇 공급자의 경우 공급 부족을 해결하기 위해 제품의 안전성을 향상시키거나 필수 자원의 경우 높은 재고 수준을 유지하기도 했습니다.

마지막으로, 개인의 회복탄력성 근력을 키우는 방법에 대해 말씀드리겠습니다. 회복탄력성은 단지 조직 혹은 가치 사슬 내에서만 존재하는 것이 리더와 직원 모두를 비롯해 개인적으로 갖춰야 하는 부분입니다. 따라서 회복탄력성을 교육 혹은 학습하며, 나아가 정교히 다듬을 수 있는 스킬로 여겨야 합니다.

크게 두 가지 방식으로 개인의 회복탄력성을 기를 수 있는데요. 첫 번째는 리더의 회복탄력성을 강화해 혼란스러운 시기에도 조직의 번영을 이끌 수 있도록 돕는 것이며, 이는 고위급 리더의 업무 방식에서 회복탄력적 역량을 향상시키는 것을 말합니다. 리더십 회의, 교육에 대한 투자, 다양한 환경에 적용 가능한 회복탄력적 리더십의 의미에 대해 배우는 것을 모두 포함합니다.

두 번째는 전 직원이 미래의 잠재적 혼란 사태에 대해 배우고 이러한 교육에 투자하는 방법이 있습니다. 이는 전 직원이 스트레스와 불안, 불확실성에 그 어떤 부담 없이 충분히 대처할 수 있도록 해줍니다.

끝으로, 한 가지 여러분이 꼭 고민해 보셨으면 하는 점이 있습니다. 여러분이 이끄는 조직의 회복탄력성 수준은 어느 정도인가요? 공격과 수비를 동시에 하고 있습니까? 단지 폭풍 속에서 살아남는 것뿐만 아니라, 현재 맞닥뜨리고 있는 어려움을 발판 삼아 더욱 성장하고 강해지고 있습니까? 한국, 더 나아가 전 세계를 재구상하기 위해 어느 정도의 협력이 필요할까요?

한국을 비롯한 전 세계 모든 국가가 2022년 세계지식포럼에 참석한 분들과 함께 협심하여 여러분의 비즈니스, 가치 사슬 그리고 민관 파트너십 등 모든 부분에서 회복탄력적일 수 있도록 노력해야 합니다. 오늘 행사를 기회로 전략적 행보를 이어 나가는 데 필요한 회복탄력성의 역할을 논의하는 자리가 많아지기를 기원합니다.

포스트 팬데믹과
산업의 미래

세계화의 미래:
글로벌 가치 사슬의 재편

오미연 | 존스홉킨스대 국제대학원 학장 겸 선임교수
웬디 커틀러 | 아시아소사이어티 정책연구소(ASPI) 부소장
후카가와 유키코 | 와세다대 교수
김종훈 | 전 대한민국 통상교섭본부장

"시진핑 중국 국가주석은 워싱턴DC를 향해 말했습니다. '이제 새로운 형태의 강대국 관계가 필요하다'고. 그리고 또 말했습니다. '태평양은 넓기 때문에 우리가 공유할 수 있다'고. 이후 미국과 중국 간에는 무역 전쟁이 생겼습니다. 이제는 우크라이나와 러시아의 전쟁 속 신냉전이 발발했습니다. 이런 상황에 우리는 놓여있는 겁니다."

한국과 미국의 자유무역협정FTA을 체결한 주역인 김종훈 전 통상교섭본부장의 말이다. 세계화가 그 어느 때보다도 위협받는 2022년, 김 전 본부장과 웬디 커틀러 전 미국무역대표부USTR 부대표(현 아시아소사이어티정책연구소·ASPI 부소장)는 나란히 "글로벌화는 여전히 진행 중이며 진화한 형태의 글로벌화가 있을 것"이라고 내다봤다. 커틀러 부소장은 김 전 본부장의 상대역으로 역시 한미 FTA 타결을 주도한

USTR 내 최고의 아시아 통상 전문가다.

제23회 세계지식포럼〔세계화의 미래: 글로벌 가치 사슬의 재편〕 세션에서 김 전 본부장은 "냉전 종식 이후 30년간 이어진 글로벌화가 미국·중국의 디커플링Decoupling(탈동조화), 러시아의 우크라이나 침공 등 신냉전에 부딪히며 도전을 받고 있다"고 했다. 커틀러 부소장은 "글로벌화는 여전히 '여기' 있으며 다만 진화된 모습의 글로벌화가 있을 것"이라면서도 "세계무역기구WTO와 주요 G20이 주도하는 무역 규범은 영향력을 행사하기 어렵고, 인권과 자유, 민주주의 등 가치관을 공유하는 국가들간의 새로운 블록화·그루핑 현상이 나타나고 있다"고 했다.

커틀러 부소장은 조 바이든 미국 행정부가 꺼내든 인도-태평양경제프레임워크IPEF를 새삼 강조했다. 그는 "IPEF는 전통적 무역협정이 아니라, 우리가 직면한 과제에 대응하기 위한 매커니즘이다. 공급망 차질 같은 새로운 위기가 발생했을 때 국가들이 서로 조율해 대응할 수 있는 체계를 갖추자는 것"이라며 "반부패와 기후위기 같은 다른 중요한 문제는 현재의 제도로는 대응이 불충분하니 새로운 국가들의 연합으로 대책의 틀을 만들어야 한다"고 말했다.

자유와 민주주의 등 특정 가치를 공유하는 국가들간의 새로운 연합이 진화된 글로벌화라는 게 커틀러 부소장의 메시지다. 여기에 더해 오미연 존스홉킨스대 국제대학원 학장 겸 선임교수는 민주주의 국가들의 기술 동맹을 제안했다.

그는 "기술 동맹은 이른바 첨단 기술의 비非인도적 오·남용을 막기 위한 테크노 데모크러시(기술의 민주주의)와 밀접한 연관이 있다"며 "글로벌 표준이 되는 혁신 기술을 신뢰할 수 있는 동맹국들이 공유하고 발전시킨다는 뜻"이라고 했다. 오 교수는 또 "바이든 행정부 출범 이후 미국은 기술 동맹을 위해 한국을 포함한 동맹국의 협조를 더욱 중요시하고 있다"며 "한국과 미국은 기술동맹을 구축할 수 있는 좋은 관계·역량을 갖춘 반면 미국은 중국에 대해서는 (첨단 기술의) 디커플링을 추구하고 있다"고 분석했다.

일본의 한국 경제 전문가 후카가와 유키코 와세다대 교수는 미·중의 파워 경쟁에서 한국과 일본 같은 중선국가가 생존·번영할 수 있는 길을 찾아야 한다고 했다. 유키코 교수는 "앞으로 만들어질 공급망 가치 사슬의 모습은 지금과는 매우 다를 것"이라며 "한국과 일본은 미국이나 중국이 될 수 없다"고 강조했다. 그는 "우리가 다자적 틀 안에서 협력을 도모하면 만만치 않은 상대가 될 수 있다. 한국과 일본이 복잡한 관계를 갖고 있지만 정말 크게 마음을 먹고 힘을 합친다면 깨닫지 못한 기회가 다가올 수 있다"고 말했다.

유키코 교수는 향후 새롭게 전개될 국가들의 다자 연합에서는 원산지 규칙이 굉장이 중요해진다고 했다. 그는 "새로운 가치 사슬망을 예로 들면 한국이나 일본에서 만든 전기차가 중국에서 제조한 리튬이온배터리를 공급받는다는 사실이 큰 변수로 작용할 수 있다"며 "앞으로 다자간 경제 협력체제나 미국 시장에서는 원산지 규칙을 특히 신경써야 한다"고 강조했다. 원산지 규정은 FTA나 다자간 무역에서 특정 제품의 원산지를 판단하는 국제 기준이다. 포괄적·점진적 환태평양경제동반자협정CPTPP의 경우는 누적 원산지 규정을 도입했는데, 모든 생산 공정이 특정 국가(A국)에서 이뤄지지 않고 역내 가입국에서 분담해도 최대한 A국을 원산지로 인정해주는 규정이다. 하지만 미국이 원산지 규정을 엄격하게 따질 경우 중국처럼 동맹이 아닌 국가의 공정이나 부품·소재가 포함된 한국 제품이 한국산으로 인정받지 못할 수 있어 주의가 필요하다. 커틀러 부소장은 "IPEF 체제에서는 원산지 규정을 더욱 엄격하고 꼼꼼하게 따질 듯하다"며 "참여국의 세심한 주의가 필요하다"고 말했다.

다만 이번 포럼의 참석자들은 대체로 무역의 다자주의multilateralism가 사라지고 '미니 래터럴mini-lateral 그루핑'이 확산하는 현상 자체에 대해서는 우려감을 표시했다. 커틀러 부소장은 "WTO 다자 체제가 효과적으로 역할을 하지 못하고 있다. 글로벌 금융위기 회복을 앞당겼던 G20조차도 러시아가 그 안에 포함돼 많은 어려움을 겪고 있다"며 "앞으로 세계는 권역별로, 또는 현안별로 그룹화가 일어날 것이고, 때로는 그룹이 중첩이 되고 여러 국가들이 상황 변화에 따라 이합집산을 반복하는 현상도 일어날 것"이라고 말했다.

김 전 본부장은 "세계화 시대가 끝나면서 중국 같은 나라를 통한 저비용 제품 생산 시대도 끝났다"고 했다. 그러면서 "한국과 미국은 이제 스스로 생산해야 하고 이는 비용 증대와 물가 상승을 초래할 것"이라고 했다. 커틀러 부소장도 적극 동의하며 공급망 교란으로 사람들은 세계 공급망의 취약성을 체감했다고 보았다. 그는 "더이상 저비용을 찾아 공급망을 구축하는 방식은 효율적이지 않다"며 단순히 비용만 좇다가는 안보 문제 등 잃을 게 많은 상황"이라고 했다. 그는 "미국은 이제 생산을 위한 비용압박을 견뎌야 한다"고 덧붙였다.

커틀러 부소장은 미국의 IRA, 반도체 산업 육성법이 미국에 진출한 한국 기업에 큰 피해를 끼칠 것이라는 우려에 대해서도 적극 해명했다. 그는 "IRA를 포함해 한국에서 걱정하는 법령들은 한국 기업의 미국 내 투자·판매를 금지하는 게 아니라 몇 가지 조건을 달아둔 것"이라며 "특정 조항이 끼칠 악영향에 대한 걱정은 이해하지만 이 법은 장기적으로 동맹국과의 협력을 강조하는 만큼 이 법의 궁극적 제정 목표를 간과하지는 말아달라"고 했다.

무역의 미래:
공급망 재편과
새로운 무역 시스템

버나드 호크만 | 유럽대학연구소(EUI) 교수
웬디 커틀러 | 아시아소사이어티 정책연구소(ASPI) 부소장
제프리 숏 | 피터슨 국제경제연구소(PIIE) 선임연구원
최석영 | 법무법인 광장 고문
박태호 | 법무법인 광장 국제통상연구원 원장

조 바이든 미국 대통령이 2021년 IPEF를 제안하면서 아시아태평양 지역(아태 지역)의 다자 무역 체제의 판도가 바뀌고 있다. IPEF는 중국을 견제하면서 미국과 일본, 인도를 중심으로 민주주의와 자유의 가치를 공유하는 국가들의 단단한 공급망을 구축하는 게 우선 목표다. 또 기후변화와 탈탄소, 기술 민주주의와 반反부패 등 현안에 공동 대응하는 것도 IPEF 참가국의 중대한 과제이다.

하지만 IPEF가 실제로 작동할 수 있을지는 아태지역 국가는 물론 미국 내 기업들조차 물음표를 띤 채 확신을 갖지 못하고 있다. 미국과 중국의 대립은 격화하고 있지만 한국과 일본처럼 양대 강국 사이에 낀 중견 국가들은 현실적으로 중국과의 무역 의존도도 커서다. 결국 합의를 기반으로 한 다자간 무역 체제는 흔들리고 있지만 앞으로

도 유지될 것이라고 전문가들은 전망하고 있다.

제23회 세계지식포럼 〔무역의 미래: 공급망 재편과 새로운 무역 시스템〕세션에서 웬디 커틀러 전 USTR 부대표(현 아시아소사이어티정책연구소·ASPI 부소장)는 "기업들은 과거 공급망을 구성하며 비용과 효율성에 집중을 했다면 이제는 위험을 감면하고 취약성을 줄여나가는 쪽으로 선회했다"고 분석했다. 커틀러 부소장은 최근 미국과 중국의 갈등 국면에서도 모든 기업이 중국을 빠져나가고 있지는 않다고 보았다. 그는 "최근 설문조사를 보면 응답한 미국 기업의 25%가 중국에서 철수나 부분적 철수를 고려하고 있다고 했지만 대다수 나머지 기업은 중국에 남기를 원했으며, 이는 공급망 재편이나 선회 얘기가 나와도 현재 공급망 시스템 전체가 뿌리 뽑히는 건 아니라는 뜻"이라고 덧붙였다.

IPEF는 미국이 새로운 대국으로 떠오르는 인도와 한국, 일본 등을 끌어들여 공급망을 구축하고 프렌드쇼어링을 강화하기 위해 출범시키는 공동체다. 커틀러 부소장은 "WTO와 FTA는 공급망의 순조로운 기능 발휘에 일조하지 못했다. WTO는 공급망 쇼크와 코로나에서 얻은 교훈을 숙고해 제대로 된 무역정책을 펴야 한다"고 말했다. 그러면서 "IPEF는 기존 공급망의 취약점을 줄이기 위한 새로운 이니셔티브를 도입해야 한다"고 말했다.

최석영 전 외교부 경제통상대사(법무법인 광장 고문)는 "한국과 미국은 긴밀한 협력을 발표했고 한국 대기업은 대규모 대미 투자도 결정했다"며 "하지만 미국 연방의회가 반도체 인센티브 법과 IRA를 통과시켜 한국의 전기차 업체들은 많은 타격을 받을 수밖에 없다"고 했다. 그러면서 "미국은 각 동맹국의 상황을 고려해야 하며, 한국과 호주, 일본은 모두 미국의 동맹이지만 각 국가가 처한 현실은 다 다르다"고 강조했다.

최 고문은 이어 "한국은 우선 IRA 충격과 반도체법 현안을 WTO에 가서 다루고, 한미 FTA 체제하에서 분쟁을 해결하려는 시도를 해야 하지만 이래서는 단기간에 문제를 풀 수 없다. 결국 미 의회와 적극 소통해야 한다"고 조언했다. 그는 또 "한국이 먼저 국가안보전략의 원칙, 민주주의와 시장경제의 가치를 기반으로 상호 신뢰하는 국가들의 공급망 구축을 추진해야 한다. 포괄적·점진적 환태평양경제동반자협정CPTPP에 조기 가입하는 것도 한 방법"이라고 말했다.

토론의 좌장인 박태호 전 통상교섭본부장(법무법인 광장 국제통상연구원 원장)과 제프리 숏 피터슨 국제경제연구소 선임연구원은 IPEF의 실현가능성에 의문을 제기했다. 박 원장은 "미국과 중국의 공급망 탈동조화와 공급망의 회복탄력을 동시에 달성하는 게 과연 현실성이 있을지 궁금하다"고 했다. 숏 연구원은 "IPEF가 조금 불완전한 부분이 있고, 미국 행정부는 중국과의 공급 관계를 다 단절시켜야 한다는 느낌으로 IPEF에 임하는 듯하다"면서 "아태 지역 국가들은 큰 문제가 될 수 있다. 해당 국가들의 중국에 대한 무역·투자 의존도가 미국보다 높기 때문"이라고 말했다.

숏 연구원은 특히 "IPEF를 통한 공급망 구축이 기업들의 신뢰를 바탕으로 해야 한다"며 "공급망의 회복탄력성을 얘기할 때는 어떻게 하면 공급망을 다변화할지, 시장에 대한 접근부터 통관은 어떻게 변화시킬지 신중하게 검토해야 한다"고 말했다. 그는 "IPEF는 통합적인 지역 접근법이 아니다. IPEF는 발효 가능성은 물론 집행 가능성이 충분히 강화되지 않았다"고 지적했다. 숏 연구원은 "수년에 걸친 여러 협상이 실패로 돌아간 사례가 많다"고 밝혔다. 그는 "IPEF를 통해 보다 회복력 있는 공급망을 구축하려면 민간의 신뢰가 중요하며, 정부가 정책을 손바닥 뒤집듯 바꾸지 않을 것이라는 믿음이 필요하다"고 힘줘 말했다.

버나드 호크만 유럽대학연구소 교수는 IPEF에 북미 태평양, 즉 유럽을 포함시켜야 한다고 제안했다. 그는 "인도 태평양 국가는 물론 유럽까지 국제무역체제와 공급망을 연계해 논의를 추진할 필요가 있고, 이 경우 점차 무역정책의 큰 비중을 차지하는 국가 안보 변수들과 각국의 산업 보호정책을 어떻게 조화시킬지 과제가 생긴다"고 말했다.

호크만 교수는 이와 관련하여 "무역과 비非무역 목표를 연계하는 것도 IPEF 논의 중 중요한 현안"이라고 강조했다. 그는 "유럽연합EU이 공급망에서 강제노동력을 동원해 생산한 제품은 수입이 불가능하다든지, 국제 규정을 위반한 수입품을 금지하는 정책을 편다"며 "기후변화 같은 환경보호 문제도 마찬가지다. 이 모든 이슈가 공급망에 영향을 미친다"고 했다.

호크만 교수는 아태 지역 국가들의 완전한 탈중국화는 불가능하다고 내다봤다. 그는 "IPEF에 숨겨진 큰 오류는 현재 역내 포괄적 경제동반자협정RCEP이 이미 발효됐다는 점이다. 그는 중국 기업이 RCEP을 통해 아시아 공급망에 깊숙이 들어갈 수 있다는 걸 인지하지 못한 것 같다"고 했다. RCEP는 중국이 주도한 세계 최대 규모의 FTA로 한국과 일본, 동남아시아 국가들은 물론 호주와 뉴질랜드까지 참가해 있다. 호크만 교수는 "아태 지역 국가들이 완전히 중국과 디커플링할 수 없다는 점을 충분히 인정하고 IPEF를 추진해야 할 것"이라고 말했다.

일의 미래:
달라지는 직업과 근무 환경

사라 서튼 | 플렉스잡 CEO
찰스 퍼거슨 | 글로벌리제이션 파트너스 아태 지역 총괄
칼 베네딕트 프레이 | 옥스퍼드 마틴스쿨 '일의 미래' 프로그램 디렉터
캐런 만지아 | 세일즈포스 고객·마켓인사이트 부사장
그라시아나 피터슨 | 맥킨지 앤드 컴퍼니 파트너

"업무환경의 변화로 사람들은 업무방식의 '목적'을 찾게 됐다. 출근하고 싶지 않다는 게 아니라 왜 가야 하냐는 것이다."

캐런 만지아 세일즈포스 부사장은 〔일의 미래: 달라지는 직업과 근무 환경〕 세션에서 "정보기술IT이 발달해도 누군가는 대면환경에서 모일 때 기쁨을 느낄 수 있고, 누군가는 카페에서 근무를 해도 생산성 있게 할 수 있기에 왜 특정 방식의 근무가 필요한지 목적이 명확해야 한다"고 말했다. 세일즈포스는 미국의 고객 관계 관리CRM 소프트웨어 전문 기업이다.

세션에 참여한 연사들은 모두 코로나 이전과 달리 대면과 비대면 방식이 양립할 것이라는 것에 동의했다. 칼 베네딕트 프레이 옥스퍼드 마틴스쿨 '일의 미래' 프로그램 디렉터는 "코로나19 이전에 미국

과 유럽지역에서 원격근무는 2~3%에 불과했고, 팬데믹이 진행 중일 때는 60%에 달했다가 지금은 30% 수준"이라면서 "IT기술의 발전으로 정보 전달 비용이 급락하고, 물류 운송 비용도 저렴해졌기에 원격근무가 거의 없던 시절로 돌아가긴 어려워보인다"고 했다.

프레이 디렉터는 "중요한 건 비대면 환경에서 어떻게 생산성을 늘릴 수 있냐는 것"이라면서 "코로나19로 업무환경이 변하면서 전 세계에서 인재를 채용할 수 있는 만큼 조직 내의 다양성을 어떻게 다루는지가 중요하다"고 말했다. 그는 "이제는 인재들을 사무실이 있는 곳에서 50km 밖에 있어도 채용할 수 있다"면서 "이런 인재들을 유치하고 훈련을 시켜 사회와 기업에 혜택이 되게 하는 게 중요하다"고 말했다. 그는 이어 "어느 곳에 살고 있느냐라는 것뿐만 아니라 나이, 성별 등 다양성이 기업 내에 있을 때 서로 상호보완이 되면서 혁신과 창의성이 활성화된다"고 설명했다.

사라 서튼 플렉스잡 최고경영자CEO는 업무방식이 생산성에 중요하다고 주장했다. 그는 "어떤 일은 혼자해야 하고 어떤 일은 면대면으로 해야 효율적"이라면서 "일부 기업들은 아직도 팬데믹에 대한 대응 차원에서만 원격근무를 하고 있지만, 지금이라도 회사의 경영스타일에 따라 원격근무의 장점과 단점을 분석하고 그에 맞는 방식을 적용해야 생산성을 올릴 수 있다"고 말했다. 플렉스잡은 미국의 구인구직 서비스 기업이다.

서튼 CEO는 특히 "생산성을 위해 회사의 문화도 좀 더 열린 소통

자세를 가져야 한다"면서 "온라인 프로그램을 통한 회의와 협업을 좋아하는 사람이 있고, 그런 걸 잘 못하는 사람도 있다"고 꼬집었다. 회사와 사무실에 모여서 꼭 무언가를 하기보다는 서로 간의 열린 소통을 통해 어떤 것을 허용하고 어떤 것은 그렇지 않을지 직원들에게 잘 전달해야 한다는 것이다.

비대면 환경에서 MZ세대의 신입직원을 교육하고 조직 내에 들이기 위한 방법에 대한 논의도 이어졌다. 서튼 CEO는 "MZ세대는 첫 직장 경험 자체가 팬데믹 속에 이뤄졌고 기존 사원과 달리 대면 근무 환경과 비대면 근무 환경에서의 차이에서 오는 부족함이나 아쉬움이 무엇인지조차 모를 수 있다"면서 "젊은 세대는 어떻게 보면 공평한 기회를 갖지 못한 것"이라고 주장했다. 그는 이어 "기업들은 단순히 어려움을 들어주는 정도가 아니라 출근부터 퇴근에 이르기까지 모든 과정을 세세하게 살펴볼 필요가 있다"고 말했다.

프레이 디렉터도 조언을 이어갔다. 그는 "회사에 첫 입사한 신입사원을 떠올려보면 보통 직장을 둘러보고 일 잘하는 사람을 따라하며 배우게 된다"면서 "MZ세대들은 이런 기회가 없었다"고 진단했다. 그는 "최근 옥스포드 대학의 한 졸업생이 영국 런던에 한 번도 방문하지 않고 학위를 받았다"면서 "인터넷에서 충분한 정보를 받을 수 있는 상황에서도 굳이 원격으로 대학을 다니는 이유는 동료를 만나고 함께 새로운 일을 해나갈 파트너를 만나는 것일 수도 있다"고 했다. 그는 "비대면 환경에서 이런 것들을 제공하지 못할 수 있기 때문에 다양한 점을 고려해야 한다"고 말했다.

찰스 퍼거슨 글로벌리제이션 파트너스 아태 지역 총괄은 "새로운 인재를 기업에 들이는 건 가족을 맞이하는 것과 같다"면서 "비대면 환경에서도 굉장히 신중하게 그리고 일관적인 경험을 전달할 수 있어야 한다"고 말했다.

만지아 부사장은 "신입사원의 학습을 위해 온라인과 대면 학습을 적절히 섞어서 제공해 MZ세대들의 부족한 부분을 채워줘야 한다"면서 "온라인 교육프로그램을 효과적으로 설계해 제공할 필요가 있다"고 말했다.

비즈니스 환경 변화와
기업의 성공방정식

밥 모리츠와의 대화:
이해관계자 자본주의와 ESG

밥 모리츠 | PwC 글로벌 회장
강찬영 | 삼일PwC ESG 플랫폼 리더

ESG는 2020년대 들어 기업 경영의 기본으로 자리 잡았다. 하지만 최근의 글로벌 경기 침체 우려와 미국·중국의 무역 전쟁, 우크라이나-러시아 전쟁의 장기화로 ESG의 지속가능성에 의문을 품는 의견도 많다. 세계적인 컨설팅회사 PwC글로벌의 밥 모리츠 회장은 그럼에도 좋은 일을 하기 위해 ESG를 하는 게 아니라 그게 기업의 최고 이익에 부합하기 위함임을 강조했다. 자본주의를 이해관계자 자본주의로 바꿔야한다고도 덧붙였다

모리츠 회장은 1985년 PwC에 입사해 주로 금융 전문가로 활약해왔다. 그는 1995년 파트너로 승진했고 2009년부터는 미국 PwC의 회장을, 2016년부터는 PwC 글로벌의 회장을 맡고 있다. 그는 유니세프뿐 아니라 세계경제포럼WEF · 다보스포럼 이사회 등 다양한 국제

기구에서도 중책을 맡아 청년·환경 분야 현안 해결을 고민하고 있다.

모리츠 회장은 "개도국에서는 총 1억 명의 인구가 빈곤선으로 굴러 떨어질 수 있다고 유엔개발계획UNDP이 최근 밝혔고 세계 경제는 기록적 인플레이션을 겪고 있다"며 "20년간 세계 인구는 30%가 증가했는데 거꾸로 젊은 층의 인구는 15% 감소했다"고 했다. 또 환경 측면에서는 "세계는 탄소 집약도를 당장 지금보다 15% 낮춰야 한다"며, "지난 20여 년간 전 세계가 이뤄낸 탈탄소 성과의 몇 배에 달하는 목표를 달성해야 한다"고 말했다.

ESG와 함께 등장한 이해관계자 자본주의는 기업이 주주의 이익뿐 아니라 고객과 근로자, 지역사회, 글로벌 사회 등 모든 이해관계자를 존중하는 경영을 펼쳐야 한다는 개념이다. 모리츠 회장은 "코로나 19의 해결에는 이해관계자 자본주의가 큰 역할을 했다. 예컨대 3M이 마스크를 만들고 GM은 호흡 지원 의료기기를 만들었으며 정부는 백신 제조를 위해 공급망 문제를 해결했다"며 "그 결과 단기간에 백신을 세계에 공급할 수 있었고 팬데믹을 모두가 함께 해결할 수 있다는 점을 깨닫게 됐다"고 했다. 그러면서 그는 "과거에는 세계 인구의 95%가 빈곤층이었지만 다시 44%까지 줄었고 이제는 9.5% 수준으로 낮아졌다. 이 역시 이해관계자 자본주의가 사회적 현안을 해결한 예"라고 설명했다.

모리츠 회장은 이해관계자들이 이제 기업에 ESG를 요구하기 시작했다고 말한다. 그는 "PwC에서 진행한 설문조사를 보면 소비자들은 ESG와 관련해 긍정적인 이미지의 브랜드를 구매하고 있다. 브랜드의 지속가능성을 이면 불황이 와도 살아남을 가능성을 높여준다는 결과가 나왔다"고 소개했다. 또 "투자자들은 투자한 기업이 환경문제를 해결하기 위해 제대로 행동하지 않을 경우 그 주식을 매도하겠다고 답한 비율이 49%에 달했다. 이제는 투자환경 자체가 변화하고 있고 기업들이 어떻게 행동하는지 대조할 수 있는 ESG 지수를 투자자와 금융기관이 요구하는 중"이라고 모리츠 회장은 말했다.

기업의 ESG를 강조하는 정책 환경도 바뀌는 중이다. EU는 2022년 6월 유럽 의회에서 탄소법안을 통과시켰다. 이는 탄소배출 거래제와 시장 형성, 리파이낸싱을 위한 사회적 기금의 조성을 목표로 한 법령이다. 모리츠 회장은 'EU와 홍콩, 싱가포르, 미국에서는 ESG의 국제적 표준을 정립하고 있으며, 이 국제 표준을 보면 기업의 금융 정보뿐 아니라 비非금융에 관한 기업 활동 정보를 공시자료에 넣으라고 요구하고 있다"고 말했다. 그는 "이제는 정부가 기업이 공정하게 역할을 할 수 있도록, 시민들이 원하는 결과를 기업이 이끌어낼 수 있도록 좀 더 압박하기 시작했다"고 강조했다.

기업 구성원들도 이제는 ESG를 요구하고 있다. 모리츠 회장은 "전 세계 근로자를 상대로 설문해보니 향후 12개월간 이직 의사가 있다고 답한 사람 중에는 '고용주가 올바른 목적을 갖고 일하는 기업', '사회에 긍정적인 영향을 주는 직장'으로 옮기고 싶다는 비율이 대부분이었다"고 말했다. 이어 그는 "인재들이 사회적으로 긍정적인 영향을 주는 기업으로, 사회적 현안을 풀어나가는 기업으로 몰리고 있다는 뜻이며 이는 결국 기업들이 인재를 구하기 위해서 전략을 수정해야 할 때가 왔다는 얘기"라고 말했다.

행동주의 투자자 역시 기업에 행동 변화를 촉구하는 주체들이다. 그는 "금융 행동주의 투자자들의 목소리가 개도국에서도 커지고 있다. 기업들이 이러한 요구에 대응하지 않는다면 결국 이해관계자들로부터 버림을 받는다. 이제는 훌륭한 기업, 선한 기업이 더 많은 투자를 받고, 더 많은 이익을 내는 시대가 올 것"이라고 예측했다. 그는 "이제 새로운 ESG 기대에 부응하는 기업만이 앞으로 수십 년간 지속가능할 것이다. CEO의 보상 체계를 만들 때 기후와 사회 등 여러 분야에서의 성과를 측정해 반영하면 기업의 변화는 더욱 힘 있게, 크게 나타날 것"이라고 했다. 그는 특히 직원들을 위한 기업 문화를 강조했다. 직원들의 다양한 배경과 요구를 존중하는 기업문화를 만들면 직원들이 기업에 번영을 가져올 것이라는 전망이다.

모리츠 회장은 ESG 공시에 대해서도 강조했다. 그는 "지속가능성 보고서는 부차적인 보고 내용이 아니라 재무 상태와 함께 가장 중요한 요소로 공시해야 한다"며 "아직 비재무적 정보 수집이 제대로 정립되지 않은 기업이 많지만 체계적인 공시가 이해관계자들에게 전달될 수 있도록 변화해야 한다"고 말했다.

필립 코틀러와의 대화: 가치 창출 및 제공을 위한 지속가능한 마케팅

필립 코틀러 | 켈로그 경영대학원 국제마케팅 석좌교수
김준범 | 서울대학교 경영대 교수

"제 예측이지만, 기업이 지속가능성을 추구하지 않고 똑같은 사업만 한다면 5년 내 폐업하게 될 것입니다."

'마케팅 구루' 필립 코틀러 노스웨스턴대학교 켈로그 경영대학원 석좌교수는 제23회 세계지식포럼〔필립 코틀러와의 대화:가치 창출 및 제공을 위한 지속가능한 마케팅〕세션에서 이같이 밝혔다.

그는 전 세계가 당면한 기후위기에 대응하기 위해 기업 역시 마케팅 측면에서도 지속가능성을 고려해야 한다고 강조했다. 또 신속한 경제성장을 촉진하는 메시지를 전달하기보다는 조금 더 느린 성장, 심지어는 탈성장을 강조해야 할 시점이라고 밝혔다.

코틀러 교수는 먼저 "마케팅에 대해 통용되는 정의는 상품과 서비스를 굉장히 매력적으로 시장에 내놓고 판매하는 것"이라며 "소비자

들의 선호는 서로 다르다"고 밝혔다.

이어 그는 기존의 상업적 마케팅과 다른 '사회적 마케팅'을 강조했다. 사회적 마케팅은 상품이나 서비스를 만들고 판매하는 것을 넘어서 사회의 이익 마케팅으로 구분하는 것이다.

코틀러 교수는 "그 중에서도 고객의 웰빙을 더욱 증진시키는 데 초점을 맞춰야 한다"고 밝혔다. 이어 "타겟을 만족시키는 것을 넘어서 생각해야 한다. 가령 흡연자에게 담배를 팔면 그는 진정효과를 얻지만, 건강을 해칠 수 있고 간접적으로 다른 사람에게도 피해를 줄 수 있다"며 "자동차도 마찬가지다. 전기차를 사용하면 내연기관차보다 탄소 배출이 줄지만 완벽한 탄소 중립은 아니다. 이들 모두를 빠짐없이 검토하며 접근해야 한다"고 전했다.

'탈성장'을 해야 한다는 이유도 같다. 전 세계 인구가 증가하며 80억 명에 달하고 있는데, 지구에는 이들의 수요를 충족시킬 수 있을 만한 자원이 없다는 것이다. 사람들이 더 많이 소비하도록 만드는 마케팅은 결국 사회에 악영향을 미칠 수 있다는 것이 코틀러 교수의 시각이다.

그는 "사람들이 광고가 없었던 시절보다 훨씬 더 많은 제품을 구입하고 있다. 그게 문제를 초래하고 있다"고 밝혔다. 또 "계절이 바뀔 때마다 새로운 옷을 사야하는 건 아닌데도 고객이 지난해에 입던 옷을 입으면 뒤처지고 있다는 느낌을 주는 메시지가 광고로 나오고 있다"고 설명했다.

과대 포장을 줄이고 제품에서 플라스틱을 줄이는 것, 지방과 설탕·소금을 줄인 제품을 시장에 내는 것 역시 사회적 마케팅의 예시로 제시됐다. 그는 "기업의 생존을 위해서도 지속가능성을 염두에 둬야 한다"며 "이를 통해 수익성도 확보할 수 있고 우수한 인재를 기업으로 데려올 수도 있다"고 지적했다.

코틀러 교수는 "누군가 기업이 진정성 있게 수익을 추구하며 지속가능성을 추구할 수 있는지를 묻는다면, 내 대답은 YES'"라며 "수백만 장의 티셔츠를 새로 만드는 것보다 적극적으로 재활용하는 등 지속가능성을 고려하는 것이 궁극적으로 수익성 개선으로 이어질 수 있다"고 밝혔다.

그는 파타고니아 같은 기업을 예로 들었다. 파타고니아는 의류 제작에 재활용 소재를 적극적으로 사용하고, 고객에게도 옷을 새로 사기보다는 수선해 입도록 권장하는 회사다. 월마트는 공급업체와 협업해 탄소와 폐기물 배출을 줄이는 방향으로 나아가고 있다. 리바이스와 팀버랜드 등도 재활용에 적극적으로 나서는 기업으로 언급됐다.

코틀러 교수는 "일반 기업은 연간 평균 2.4% 성장하는 데 비해, 지속가능성을 실천하는 회사들은 연간 9%씩 성장하고 있다"며 "특히 젊은 세대는 기후변화에 대응하는 움직임을 보이는 기업에서 일하고 싶어 한다고 말했다. 젊은 인재를 확보하기 위해서는 더더욱 지속가능성을 확보해야 한다"고 강조했다.

그는 "마케팅을 할 때는 시장에서의 이미지도 중요하다. 시장에 강력한 증거를 보여줘야 한다. 감성 뿐 아니라 사실도 같이 활용을 해야 한다"며 "사람들이 실체를 인지하고 동참하기를 원하게 하는 것은 마케팅 측면에서 할 수 있는 노력"이라고 전했다.

강연 이후에는 인플레이션 시대의 마케팅, 기술 발전에 발맞춰 중소기업에서 할 수 있는 마케팅 전략에 대한 질문이 이어졌다.

코틀러 교수는 "인플레이션으로 인해 어느 정도 추가 비용이 발생하는지를 먼저 면밀히 파악하고, 과거 대비 동등한 이익을 가져다 줄 수 있는 수준을 판단해야 한다"며 "인상된 비용 이상의 이익을 얻으려는 기업도 있을 수 있지만, 이로 인해 소비자가 피해를 입게 되면 가격 통제 조치 등 정책이 이어질 수 있다"고 밝혔다.

이어 "어느 정도 비용이 인상됐는지, 이로 인해 얼마나 가격을 올리는지를 정직하게 말할 수 있어야 한다"고 강조했다. 중소기업은 '강력한 브랜딩'과 상대적으로 저렴한 기술을 활용해 다량의 데이터를 활용한 대기업의 마케팅 전략에 맞설 수 있을 것으로 내다봤다. 코틀러 교수는 "한국뿐 아니라 여러 국가에서의 이슈"라며 "여력이 있는 기업은 신기술을 도입하고 효율적으로 마케팅을 할 수 있다"고 밝혔다. 이어 "상대적으로 가격이 저렴한 가상현실은 대기업과 중소기업 모두 활용할 수 있다. 저렴한 비용으로 잠재 고객의 반응을 시험해 볼 수 있는 것"이라고 전했다.

그는 또 "여러 대기업은 고객이 어떤 광고를 보고 어떤 제품을 구매하는지, 필요로 하는 것은 무엇인지에 대한 방대한 데이터를 수집하고 있다. 중소기업이 이처럼 소비자의 행동을 데이터에 기반해 모니터링하기는 어려운 면이 있다"면서도 "중소기업에게는 브랜딩이 가장 중요하다. 강력한 브랜드 이미지가 있다면 충분히 고객을 확보할 수 있다"고 전했다.

AI, 데이터 과학, 모바일을 마케팅에 적용하는 전략

아닌디야 고즈 | 뉴욕대 스턴경영대학원 교수

"인공지능AI의 발달로 인간 예측 능력의 가치는 감소하겠지만, 인간 판단력의 가치는 향후 더 증가할 것이다. 따라서 향후 10년간 AI가 인간을 대체하는 일은 일어나지 않을 것이며 기업은 AI의 지능과 인간 지능의 상호 보완성을 더 많이 이끌어낼수록 더 성공적일 것이다."

제23회 세계지식포럼 〔〈NYU Stern MBA〉 AI, 데이터 과학, 모바일을 마케팅에 적용하는 전략〕 세션에서 연사로 나선 뉴욕대 스턴경영대학원 아닌디야 고즈 교수는 이렇게 말했다. 뉴욕대 스턴경영대학원 정보·오퍼레이션·경영과학 및 마케팅 분야 석좌 교수인 그는 2017년 저서 《탭TAP》에 그동안 삼성, 애플, 알리바바, SK, 구글, 페이스북 등 글로벌 기업들과 협업하며 조언해 온 모바일 연구 결과들과 통찰을 담아 큰 반향을 일으킨 전문가다. 세계적인 경영 사상가 순위를 발표하는 '싱커스 50 Thinkers 50'으로부터 향후 조직 관리 및 통솔 방식의 미래를 만들어갈 30인의 경영 사상가 중 한 사람으로 선정되기도 했다.

고즈 교수는 AI와 데이터 과학을 이해하기 위해서는 인간의 강점과 약점에 대한 이해가 필요하다고 말했다. 그는 "인간은 갖고 있는 지식을 전부 말로 표현하기 쉽지 않다. '폴리니의 역설'이라고도 하는데, 이는 인간이 지닌 암묵적 지식의 한계"라고 말했다. 그는 또한 "인간은 AI에 비해 다차원적 사고와 조합적 사고에 어려움이 있다"고 지적했다. 다양한 데이터 세트를 하나의 모형으로 변환시키기 위해서 인간은 많은 훈련이 필요하고 여러 가지 일을 동시에 작업한다는 것은 사실상 불가하지만 AI는 가능하다는 것이다.

고즈 교수에 따르면 역사적으로 기술 혁명에 있어 본질적으로 하나의 목표가 달성돼 왔다. 바로 정보 검색을 위한 비용이 줄어든 것이다. 이런 맥락에서 AI와 머신러닝은 데이터를 계산해 예측을 위한 정보검색 비용을 줄여준다. 그는 4차 산업혁명 이후 더 많은 기업들이 AI와 머신러닝을 도입하면서 예측의 비용이 더 줄어들게 될 것이라고 내다봤다.

다만 그는 이 같이 AI가 인간에 비해 보이는 우월성에도 불구하고 현재 AI가 갖는 한계도 명확하다고 설명했다. 고즈 교수는 "AI는 데이터를 가지고 예측하는 것은 정말 잘한다. 선택지를 제시하는 건 잘

하지만 결정하는 부분은 그렇지 않다. 판단 요소 같은 것은 아직도 인간의 개입이 필요하다"고 말했다. 판단없는 행동이 제대로 된 결과로 이어질 수는 없다. 예측과 판단은 상호 보완적이다. AI 알고리즘에 전적으로 의존하게 되면 옳지 않은 판단을 내릴 가능성이 생긴다. 결국 AI도 실패하는 것이다.

고즈 교수는 AI 기술이 어떻게 활용되는지 구체적 사례를 들어 설명했다. 예컨대, 우리가 와이파이에 접속을 하게 되면 걸어 다니는 이동 경로에 대한 많은 정보를 제공받게 된다. 이것은 상업적인 용도로 다양하게 활용될 수 있다. 쇼핑몰에서 임대료를 책정할 경우 어떤 위치에서 얼마만큼의 이동 트래픽이 측정됐는지를 바탕으로 데이터를 제공할 수 있다. 쇼핑몰뿐만 아니라 공항에서도 승객들이 어떤 게이트를 통해 많이 오고 가는지를 파악해 정보 제공이 가능하다.

실제로 그의 연구팀은 중국 베이징 쇼핑몰에서 이 같은 모바일 타겟팅의 효과를 실험했다. 와이파이에 접속한 고객이 어떤 상점에 들렀나에 대한 궤적 정보를 축적해 해당 고객의 구매의도를 파악하고 요구사항을 정확히 타겟팅 할 수 있었다는 것이다. 이 궤적 데이터를 기반으로 한 타겟팅을 했을 때 고객의 지출은 두 배 가량 늘었다.

궤적 기반 타겟팅은 고객에게도 매우 효율적이다. 자신이 원하는 상품을 찾는 데 시간을 쓸 필요 없이, 바로 원하는 상품을 제안 받을 수 있기 때문이다.

4차 산업혁명 시대, 혹은 그 이후 시대에 기업들이 성공하기 위한 요인들은 무엇이 있을까? 고즈 교수는 AI를 사용한 사업을 시작할 때 반드시 최소 70%의 시간을 데이터 엔지니어링 구축에 할애하라고 조언하며 다섯 가지 핵심 요인을 제시했다.

첫 번째는 양질의 데이터다. 그는 "양질의 데이터가 없으면 AI를 통한 기업 마케팅에 대한 이야기 자체가 성립될 수 없다"고 말했다. 두 번째는 데이터를 수익화할 수 있는 방법이다. 방대한 데이터를 가지고 수익성을 낼 수 있는 무엇을 할 것인가라는 질문에 대한 답이 필요하다는 것이다. 세 번째는 조직 역량이다. 그는 "조직역량이 데이터만큼이나 중요한 이유는 기업문화가 중요하기 때문이다. 기업의 성공 또는 실패를 좌우하는 것은 문화다. 조직의 문화가 후천적이면 전략을 갉아 먹는다"고 지적했다. 구체적으로 그는 "특히 '리더십 문화'가 중요하다. 기업의 리더십이 데이터 기반 문화를 보여줄 수 있어야 하며 리더가 의사 결정을 할 때 데이터에 기반해 의사 결정을 하는 모습을 보여줘야 한다"고 말했다.

고즈 교수는 네 번째로 기술, 특히 올바른 기술에 대한 투자를 언급했다. 그는 "소비자 행동에 대한 이해 없이 어떤 투자를 하더라도 최대의 가치를 추출하지 못한다"며 "그렇기 때문에 향후 10년간 좋은 성과를 내는 회사가 되려면 AI 머신러닝과 데이터 마이닝, 애널리틱스, 통계학 등에 대한 기술력을 갖춘 인재를 확보해야 한다"고 말했다.

마지막 요건으로는 그런 기술에 대한 윤리와 보안이 철저히 지켜져야 한다는 것을 꼽았다. 그는 "데이터 규제 준수, 프라이버시법, 이런 것들을 알고 준수하면서 데이터를 수집할 줄 아는 사람들을 고용해야 한다. 규제 당국에서 원하는 것이 무엇인지를 아는 사람들도 필요하다"며 "기술 누출을 차단할 보안도 필수"라고 덧붙였다.

그는 마지막으로 인간과 AI의 공존 여부는 사람이 얼마나 최적화 시킬 수 있느냐에 달렸다고 강조했다. 그는 "반드시 기억해야 할 점은 미래는 인간과 기계의 공존을 최적화 시키는 사람에게 달려 있다는 것이다. 향후 10년간 AI가 인간을 대체하는 일이 일어나지 않겠지만 AI를 사용할 줄 아는 사람들은 그렇지 않은 사람들을 대체해 나갈 것"이라고 말했다.

MZ세대가 주목하는 새로운 기업문화는? 일하기 좋은 기업의 HR 트렌드 진단

로만 마틀라 | 구글 다양성·형평성 및 포용성(DE&I) 아시아태평양 디렉터
멀리사 다임러 | 유데미 최고학습책임자(CLO)
정명훈 | 여기어때 대표
김태규 | 고려대학교 경영대학 교수

"과거에 일을 쉰 공백기는 채용 평가에서 부정적 요소였지만, 이제는 쉬는 기간 동안 어떤 개인적인 경험을 했느냐에 따라 매력으로 어필될 수 있습니다."

〔MZ세대가 주목하는 새로운 기업문화는? 일하기 좋은 기업의 HR 트렌드 진단〕 세션에서는 공백기도 경쟁력이 될 수 있는 시대가 된 만큼 지원자나 기업에서도 인재 선발의 기준이 바뀌고 있다는 전문가들의 진단이 쏟아졌다.

로만 마틀라 구글 다양성·형평성 및 포용성DE&I 아시아태평양 디렉터는 "MZ세대로 대표되는 젊은 인재들은 정형화된 기준이 아닌 개인의 서사와 유니크함을 무기로 삼아야 한다"며 이렇게 말했다. 독창성과 개별성이 강조되는 최근 채용 트렌드에 맞춰 기업 역시 인재

를 바라보는 시선과 문화가 바뀌었다는 의미다.

이러한 변화는 고용 담당자의 의식과 관념을 뒤바꿨다. 멀리사 다임러 유데미 최고학습책임자는 "문화란 명사보단 동사라고 설명할 수 있을 만큼 항상 바뀌는 것이며 조직문화와 인재상 역시 이와 마찬가지로 진화한다"며 "과거에는 잦은 이직을 부정적으로 보는 경향성이 짙었지만, 이제는 다양한 업무를 풍부한 경험으로 수행할 수 있다는 장점으로 보기도 한다"고 설명했다.

세션에 좌장으로 참석한 김태규 고려대 경영학과 교수 역시 "현재 고용시장에서 활발히 일하는 세대는 전세대와 달리 조직이 개인의 커리어 개발에 얼마나 기여하는지, 조직이 사회에 어떤 영향을 미치는지를 매우 중요하게 여긴다"며 "결국 젊은 세대들이 조직에 기대하는 바가 이전보다 커졌고, 이에 부응하지 못하는 기업들은 좋은 인재를 놓칠 수밖에 없다"고 조언했다. 기업이 인재를 발탁해온 과거와 달리 현대 사회에서는 반대로 인재가 기업을 선택하고 고르는 역선택의 문제가 발생하고 있다는 의미다.

기업과 취업준비생 할 것 없이 전통적으로 기업에서 요구해왔던 정형적인 틀 안에 갇히기보단 개인의 경험과 서사를 자신만의 이야기로 풀 수 있는 스토리텔링에 집중한다면 새로운 기회가 창출된다는 것이다. 이에 대해 정명훈 여기어때 대표는 "현대 사회에서 일이란 단순히 먹고살기 위한 수단이 아니라 회사를 통해 인정을 받고 이를 통해 성취감을 느끼고 삶 자체를 즐기는 목표 그 자체"라고 강조했다. 그는 "이는 사람들이 과거보다 여유가 생겼고 인간의 존엄을 인정받는 욕구가 크게 늘어났다는 것을 의미한다"며 "결국 과거 기업이 직원을 채용하고 월급을 주는 구조였다면 이제는 조직과 개인은 상생하고 동행하는 관계가 됐다는 얘기"라고 말했다.

이에 대해 다임러 최고학습책임자는 "특히 회사와 조직원 모두 사고의 유연성을 갖고 새로운 상황에 맞는 대응과 대처가 필요한 시대가 왔다"며 "코로나19 바이러스 대유행 이후 처음 직장생활을 시작하는 MZ세대와의 조화 역시 이러한 유연성에서부터 시작된다는 점을 놓치지 않아야 한다"고 진단했다.

그렇다면 이러한 인사 채용 트렌드 변화에 맞춰 MZ세대는 어떠한 태도를 취해야 할까? 정 대표는 이에 대해 "이제는 진실한 이야기와 솔직한 목소리가 무기가 되는 시대"라며 "직장 상사와 인사권자 역시 MZ세대의 진솔함을 신뢰하는 만큼 이러한 태도가 결국 조직문화에 적응하고 기업에서 인정받는 주요한 요소가 될 것"이라고 전망했다.

마틀라 디렉터 역시 "신입사원뿐 아니라 직장상사 역시 닫혀 있는 문을 언제나 활짝 열 수 있게 분위기를 조성할 줄 알아야 한다"며 "결국 그 문이 열리고 서로 소통할 때 조직문화는 발전하고 기업의 내적 가치가 더욱 높아질 수밖에 없다"고 강조했다.

PART 4

미래행行 런치패드

Future Launchpad

항공우주와
국방의 새로운 패러다임

미하엘 쇨호른 에어버스 디펜스앤드스페이스 대표

2021년 7월 1일부터 에어버스 디펜스앤드스페이스 최고경영자(CEO)를 맡아 회사를 이끌고 있다. 에어버스 집행위원회 멤버로서 에어버스의 국방, 우주, 무인 항공 서비스 및 관련 정보 활동을 책임지고 있다. 그 전에는 에어버스 최고운영책임자(COO)이자 최고경영위원회 멤버였다. 그는 생산, 품질, 조달, 정보 관리 조직을 이끌며 미래의 생산 시스템을 변화시키고 구축했다.

빅토리아 콜먼 미 공군 수석 과학자

제22대 방위고등연구계획국(DARPA) 국장을 역임하며 첨단기술 R&D를 총괄했다. 현재 미국 공군과 우주군의 수석 자문역을 수행하고 있다. 여성으로서 역대 세 번째로 국장직을 수행한 이후 현재 DARPA의 정보과학기술그룹과 방위과학연구 및 마이크로시스템탐색 이사회 멤버로 활동 중이다. 콜먼 박사는 야후, 노키아, 삼성, 인텔 등 민간 부문은 물론 다양한 기관에서 기술과학 리더로서 30년 이상 활동했다.

조현승 한국군사학회 상임연구이사

현재 사단법인 한국군사학회에서 상임연구이사로 있으며 성균관대학교에서 국가안보와 국정 운영을 가르치고 있다. 미국과 한국의 학계, 군사 연구 및 정책 분석의 교차점에서 연구를 이어가고 있다. 그의 관심 분야는 미중 관계와 한미 동맹이다.

조현승 오늘은 〔항공우주와 국방의 새로운 패러다임〕에 대해서 이야기하는 시간입니다. 어떤 패러다임의 이동이라고 하면 기술의 발전을 통해서 새로운 패러다임이 나올 수 있고요. 어떤 경우에는 지정학적인 권력이 이동하면서 새로운 패러다임이 올 수 있습니다. 그 과정에서 변화의 대치, 충돌 상태가 만들어지는데 가장 최근에 있었던 우크라이나 전쟁이 대표적인 사례입니다. 이번 세션에서 저희는 우크라이나 전쟁이 항공우주기술과 국방에 어떠한 영향을 미쳤는지 이야기를 나누도록 하겠습니다.

저희한테 제한된 시간이 있기 때문에 바로 질문을 드리도록 하겠습니다. 먼저 콜먼 박사님께 질문을 드리고 싶은데요. 수석과학자로서 우크라이나 사태와 관련해 어떤 내용들을 깊이 있게 보셨는지 궁금

제23회 세계지식포럼 〔항공우주와 국방의 새로운 패러다임〕 세션에 참석한 미하엘 쇨호른 에어버스 D&S 대표(좌측 화면)와 조현승 한국군사학회 상임연구이사(가운데), 빅토리아 콜먼 미 공군 수석과학자(오른쪽).

합니다. 그래서 실제로 그런 기술개발에서 앞으로 해야 할 것이 무엇이라고 생각하십니까?

빅토리아 콜먼 지금 저희가 우크라이나를 아주 면밀하게 보고 있습니다. 어떻게 보면 하나의 좋은 실험이라고 이야기할 수 있겠는데요. 이를 통해서 우리가 많은 것을 배울 수 있습니다. 러시아의 여러 시스템과 군사력을 가늠해볼 수 있는 기회가 되고 있습니다.

또 한 가지 우리가 생각해야 할 것은 이 일이 계속해서 진행 중이라는 것입니다. 아직 끝난 충돌이 아니기 때문에 실제로 이 전쟁이 종식해서 우리가 제대로 일어난 일들을 분석을 하는 데까지 많은 시간이 요구될 수밖에 없습니다.

몇 가지 구체적인 분야를 말씀드리면 항상 예기치 못하는 상황에 직면하는 것이 얼마나 중요한지 다시 한번 깨달았습니다. 물론 내부적으로 우리의 군사력이 어떻게 상호 작용할 것인지 준비를 해야 하죠. 동맹 체제에서 이것을 어떻게 적용할 것이고, 나토와 같은 동맹 국가나 나토 회원국이 아닌 동맹과 어떻게 상호 운영을 조율할 것인지에 대해서 많이 고민하고 있습니다. 지금은 이게 최우선이 되어야 한다고 생각합니다.

그리고 우리는 사이버 전쟁에 대해서도 어떤 모습일 것인지 그 양상에 대해서 생각을 해왔고, 특히 다년간 그 경험을 충분히 할 수 있었습니다. 우크라이나 사태가 대표적입니다. 2017년에 사이버 공격이 있었죠. 러시아가 정보전을 개시했고, 그래서 전략들을 알게 되었습니다. 2017년 경험을 바탕으로 해서 우크라이나는 거기에 대해 훨씬 더 많은 준비를 했기에 잘 대응할 수 있었다고 저는 평가합니다.

또한 지금 그 어느 때보다도 복잡한 상황에서 빠르게 작전을 수행할 수 있게끔 하는 게 중요하다고 생각합니다. 하이퍼소닉 미사일과 같은 그런 기술들도 러시아 쪽에서 사용했는데요. 이 기술은 아직 궤도에 오르지 못한 것을 확인을 할 수 있었습니다. 한 가지 흥미로웠던 것은 지금 우크라이나를 향했던 것이 다시 회귀를 해서 러시아에게 피해를 입혔던 사례였습니다.

한 가지 더 말씀드리고 싶은 것은 커뮤니케이션입니다. 저희는 전장에서 커뮤니케이션의 상호 운영성을 잘 유지합니다. 그런데 러시아쪽에서 이 부분을 잘 못한 것이 드러났습니다. 그래서 안전한 커뮤니케이션 인프라가 뒷받침되어야 한다는 것을 보여주었습니다.

다른 한 가지는 민간 기업들의 참여입니다. 이번에 대대적인 충돌이일어나자 일반 기업들도 실제로 참여를 했습니다. 막사라는 회사가정지 이미지 영상을 만드는데 침공이 이루어지기 전부터 그런 변화를 감지해서 우크라이나 쪽에 알려주었고, 미리 대비할 수 있게끔 해줬습니다. 그래서 일반 기업들이 간접적으로나마 참여해서 실제로이런 작전에 투입되는 사례가 됐습니다.

조현승 감사합니다. 상당히 도움이 되는 정보입니다. 언론 기사를 통해서 접할 수 없는 그런 내용이라 더 좋았습니다. 다음은 쇨호른 박사님께 질문을 드리고자 합니다. 박사님께서는 이 업계의 리더로서주요한 역할을 하고 계시는데 방금 콜먼 박사님께서 이야기해주신것에 동의하시는지요? 박사님은 우크라이나 갈등을 통해서 어떤 것들을 느끼고 계시는지요?

미하엘 쇨호른 빅토리아 박사님께서 아주 중요한 점을 이야기해주셨고 저도 동의합니다. 에어버스도 또 다른 다양한 기업들과 함께 디지털화의 중요성을 느끼고 있습니다. 너무나 당연한 이야기죠. 중요한 것은 누가 먼저 빠르게 습득하느냐입니다. 드론의 역할도 간과할 수 없습니다. 그런데 실제 드론으로 전투를 하고, 그 공격과 활용 방식에 학습 곡선이 그려지고 있습니다. 그것을 더 빠르게 학습할 수 있는 자가 이길 가능성이 더 높아지고 있습니다.

우주에 있어서도 빅토리아 박사님이 언급해 주셨는데요. 막사와 유사한 센서를 개발했고요. 저희도 납품한 바 있습니다. 이 센서를 사용했을 경우 이미지의 해상도가 매우 뛰어납니다. 이는 정보·감시·정찰 ISR을 더 효과적으로 할 수 있도록 도움을 주는 이미지 영상입니다. 결국 우주도 전쟁의 영역이 되었습니다.

그리고 저희 에어버스의 경험을 비추어 보면 우리가 중요하다고 느끼고 있는 것이 바로 연결성과 멀티 도메인입니다. 연결성과 멀티 도메인이 실제로 우크라이나에서도 우위를 점할 수 있게 해주는 중요한 경쟁 요소입니다.

그리고 안전에 대한 감시와 감찰을 고려해 모든 유럽 국가들을 생각해 봤을 때 상호 운용성은 이야기해주신 것처럼 매우 중요합니다. 개별 국가들이 가지고 있는 여러 차이점들이 동맹국 간 관계 형성에서 촉매제가 된다는 것을 이번 경험을 통해서 많이 느끼고 있습니다.

이것은 저희가 많이 이야기하고 있는 기술 트렌드와도 긴밀하게 관련이 있습니다. 많은 투자를 지금까지 해왔고요. 특히 미래의 대공 전투 시스템은 저희가 이 전쟁을 통해서 배우는 것들의 핵심과 관련이 돼 있다고 생각을 합니다.

한 가지 더 말씀드리고 싶은 것은 유인 플랫폼입니다. 굉장히 비용이 많이 들고 복잡한 플랫폼은 그 플랫폼의 자체만의 문제라기보다는 전투와 연결됩니다. 민첩하지 않은 플랫폼이 만들어져 있다고 하면 적절하게 대응하는 것이 어려운 것이죠.

조현승 뉴스를 들어보면 유럽이 다시금 부상하고 있고 나토가 방위비 지출을 더 늘리고 있는 상황에서 유럽의 상황은 어떤가요? 전반적인 분위기의 변화가 있습니까? 이런 기술적인 진보와 함께 변화가 이루어지고 있나요?

미하엘 쉴호른 사람들의 태도는 아주 급격하게 변화합니다. 국방과 군사력의 중요도는 당연한 것으로 여기고 있습니다. 특히 독일의 경우 과거에는 순진무구한 생각을 했었죠. 소위 말하는 평화의 할당이라는 개념을 수용했고 그로 인해서 러시아 가스에 상당한 의존도를 가질 수밖에 없었습니다. 그리고 상당한 의존도 때문에 지금 타격을 받고 있는 부분도 있고요.

그리고 이러한 상황에서 독일이 현재 1천억 유로를 설정해 주었고요. 그리고 나머지 유럽 국가들도 방위비에 대한 지출과 예산을 늘리고 있습니다. 우크라이나 전쟁 사태 이후 그러한 추세가 두드러지고 있는데요. 유럽 같은 경우 약 2천억 유로 정도의 예산 규모가 이야기되고 있습니다. 그래서 자체 군사력을 키우기 위한 움직임들이 우크라이나 사태 이후 증가하고 있고요. 나토 동맹도 마찬가지입니다. 과거에 트럼프 전 미국 대통령이 과연 유럽이 공격을 받았을 때 도움을 줄 것이냐에 대한 논쟁들도 있었습니다. 그런데 지금은 과거와는 다르게 투자에 대한 의지가 훨씬 더 강화됐고요. 방위 산업과의 여러 연계, 그리고 또 긴밀한 협조에 대한 부분도 더 강화됐습니다.

조현승 그러면 콜먼 박사님께 질문을 드리도록 하겠습니다. 이렇게 태세 변화 그리고 국방 예산을 더욱더 확대하는 것이 장기적으로 계속 유지될 수 있을 것이라고 보고 있습니까? 아니면 유럽에서 군사 기술에 대해서 투자가 이루어지고 있는데 새로운 궤도에 진입했다고 보고 계십니까?

빅토리아 콜먼 지금 우크라이나 사태는 어떻게 보면 나토에 삶의 활력을 불어넣었다고 생각하고 있습니다. 나토도 대서양 동맹의 근간이 되었고, 협력이 확대되는 상황을 적극 환영하는 입장입니다.
지금 이 우크라이나 사태가 전개된 것을 봤을 때 몇 년 전부터 미국에서는 미래 공군을 만들기 위해서 노력을 했습니다. 공군을 위해 혁신을 계속해왔죠. 그래서 저는 기술적인 차원에서 지금 미국 공군이 가지고 있는 미래 역량들을 정리해보고자 합니다. 미래 공군은 몇 가지를 핵심적인 요소로 두고 있습니다. 우선 항공우주 부문입니다. 지금 현재 항공우주군이 만들어질 정도로 이제는 우주에서도 전쟁이 치러질 수 있다는 것을 미국 공군도 인지하고 있습니다. 항공우주에 대해서 필요한 역량들을 갖추려 하고 있습니다.

다른 한 가지는 전장에서의 상호 운용성입니다. 이것은 미군 내에서뿐만 아니라 동맹군과의 상호 운용성을 의미하기도 합니다. 그 다음이 미국의 미래 전투기 개발입니다. 공군이 차세대까지 지배 역량을 더욱 강화시켜 나가겠다는 차원에서죠. 군사 훈련도 강화해야 합니다. 미국 공군이 강조하는 것은 여러 가지 역할을 다중적으로 수행할 수 있어야 한다는 것입니다. 제가 맡은 부서에서도 조종사들과 같이 일할 수 있는 기회가 있었습니다. 그래서 몇 차례, 제가 비행기를 탔습니다. 비행기 안에 들어가서 보게 되면 실제로 그 조종사들이 현장에서 무엇을 경험하는지를 볼 수 있죠. 마치 엑스맨 같습니다. 정말 전문화된 능력을 가지고 있는 것처럼 보이는데, 최고도로 훈련을 받은 사람들이 있어야만 우리가 기대하는 작전을 펼칠 수 있다고 생각합니다.

조현승 태평양 지역의 작전 계획들을 전개했을 때 다른 지역과 차이가 있나요? 특정적으로 이 지역에 잘 맞을 수 있는 기술개발이 더 필요한가요? 유럽과 우크라이나와 비교해서 보면 어떤가요?

빅토리아 콜먼 우선 태평양 지역에서는 갈등이 없어야겠죠. 현재 우크라이나와 같은 유형의 갈등이 존재하지 않습니다. 계속 그렇게 유지되어야겠죠. 다만 우리가 현재의 갈등 상황에서 배울 수 있는 교훈이 있습니다.

사이버 공격이 그중에 하나입니다. 중국은 사이버 공격에 있어서 전문가라 할 수 있습니다. 허위 정보와 거짓 정보를 파급시키고요. 중국은 디지털 독재주의와 전체주의를 아주 효과적으로 수출하고 확산시키고 있습니다. 단순히 자국 내에서 활용하는 게 아니라 그러한 기술 자체를 해외로 수출하고 있는 것이죠. 그렇기 때문에 우리는 심층적으로 고민하고 생각을 해야 합니다. 그래야 공세적으로 대처할 수 있으니까요.

유사성과 차이점이 또한 있습니다. 태평양에서의 상황은 기본적으로 당사자들이 지역의 안정성을 유지하고자 하는 경향이 있습니다. 그리고 중국이 적극적으로 회색지대를 활용하고 있습니다. 이것은 지난 20년 동안 우리가 알게 된 사실입니다. 특히 2022년 8월 낸시 펠로시 미국 하원의장의 대만 방문을 통해 우리는 회색지대에서의 주도권 다툼을 볼 수 있었습니다. 미국은 이런 것들에 대해 새로운 역량을 구축함으로써 대응력을 키우고자 하고 있고요.

복원력이 높은 병력을 구축하는 것에 대해서도 더 많이 집중하고 있습니다. 그리고 또 한 가지 독특한 점이라고 말씀을 드릴 수 있는 부분이 있는데요. 중국은 본국 기반에서 많은 작전을 수행합니다. 그런데 저희 미국은 그 거리가 굉장히 멀리 떨어져 있죠. 그렇기 때문에 이 지역에서 벌어지는 전투에 승리하기 위해서는 동맹 국가의 지원이 필요합니다. 그래서 다시 한 번 저는 상호 운용성의 개념이 그 어느 지역보다 아태 지역에서 중요하다고 생각합니다.

또 한 가지 생각해볼 수 있는 건 중국 본토 인민해방군PLA의 확장의 속도입니다. 지금 중국의 인민군의 병력이랄지 군사력 증강이 상당한 속도로 이뤄지고 있습니다. 이것은 과거 미국이 지난 전쟁 이후에 보지 못했었던 겁니다. 생산량의 규모도 상당히 높아졌습니다. 그래서 이러한 인민해방군의 성장은 큰 도전으로 받아들이고 있고요. 그렇기 때문에 굉장히 많은 우려를 미국 측에서는 가지고 있습니다.

또 한 가지는 미국과 중국, 그리고 동맹국 간 상호 연결성입니다. 이 국가들은 공급망을 통해서 긴밀하게 상호 연결돼 있습니다. 자본 시장에서도 마찬가지고요. 그렇기 때문에 이 경쟁이 갈등 상황으로 빠지게 된다고 하면 분리해내기 어렵습니다. 우리가 상상하는 세계에서 양국을 완전히 분리해내기는 어렵습니다. 경제 안보와 경제에 미치는 영향 자체가 지대하기 때문입니다. 결론적으로 아시아 지역에서도 우크라이나 상황에서 우리가 볼 수 있는 일들이 펼쳐지고 있습니다.

조현승 좋은 말씀 감사합니다. 쉴호른 박사님이 오랜 시간 기다려주셨는데요. 민간 부분에서는 어떻습니까? 현장에 계신 분으로서 어떤 변화를 감지하고 계시나요?

미하엘 쉴호른 콜먼 박사님이 이야기한 것처럼 관심사에 대한 변화가 있었습니다. 미국에서 유럽과 아시아 쪽으로 이동했죠. 저희는 유럽에 있는 회사로서 아시아와도 긴밀한 관계를 가지고 있습니다. 국방 분야에서는 중국, 호주, 싱가포르, 한국이 있죠. 싱가포르에서는 첨단기술을 도입해서 수송기에 적용하고 있고, 한국과도 여러 가지 기술 도입이 논의되고 있습니다. 이는 앞으로 속도가 가속화될 것이라고 생각합니다.

지금까지 군용 수송기 분야는 아시아가 가장 빠르게 성장하고 있는데, 우크라이나 사태를 계기로 유럽이 그 속도를 따라가고 있는 거죠.

조현승 우크라이나 사태에서 우리가 배운 교훈인 디지털화의 중요성에 대해서는 쉴호른 박사님께서 설명해주시면 좋겠습니다. 위성사진들이 유럽에서는 어떻게 활용이 진행되고 있는지 알고 싶습니다.

미하엘 쉴호른 위성 이미지는 중요합니다. 감찰과 감시 그리고 첩보 정보전에 있어서요. 저희가 적극적으로 이 분야에 참여하고 있습니다. 그래서 저희는 지구에 대한 관찰뿐 아니라 위성 커뮤니케이션에 기반해 상용과 군용 양쪽에서 적극적으로 활동을 하고 있습니다. 그래서 에어버스 쪽은 꽤 오랫동안 다양한 파트너십을 구축하고 있고요. 저희의 신뢰 깊은 파트너십을 앞으로 더 지속적으로 발전시켜나갈 계획입니다. 그래서 이 상호 운용성을 의미하는 멀티 도메인이 아시아에서도 더 많은 발전으로 거듭날 겁니다. 우리의 항공우주 부문에서 육해공 모두 그 연결성을 더 공고히 하는 이유는 앞으로 더더욱 중요해질 것이라 여겨지기 때문입니다.

조현승 감사합니다. 마지막으로 한국에 대한 질문인데요. 쇨호른 박사님께 질문을 드리고 싶습니다. 지금까지 저희가 다뤘던 그런 주제들이 한국에도 유효한지 알고 싶습니다. 아니면 한국만이 준비해야 하는 기술적인 요인들이 있는지 궁금합니다.

미하엘 쇨호른 한국도 예외는 아니라고 생각하고 그 어느 때보다도 중요하다고 생각합니다. 왜냐하면 한국은 지금 많은 디지털 기술들을 가지고 있고 한국의 기업들이 디지털 기술 부분에 있어서는 선도 기업이기도 합니다. 그리고 또 한 가지 제가 같이 이야기하고 싶은 게 있습니다. 저는 독일 사람이기 때문에 분단국가의 상황을 잘 압니다. 그래서 아시다시피 분단 국가만의 준비해야 하는 내용들이 있을 테고요.

제 생각을 말씀드리면 지금 현상 유지는 영원히 될 수 없다는 거죠. 지금 많은 변화가 있고 지난 3년 동안 여러 가지 변화의 흐름이 빠르게 가속화되고 있습니다. 현명한 선택은 준비 태세를 더욱더 강화해 미래를 준비하는 것입니다. 또 한국에서는 우수한 국방 능력을 가지고 있고 미국의 뒷받침도 있습니다. 특히 저희가 한국과 여러 가지 민간 군사 협력체를 가지고 있고 이외에도 한국이 관심을 가질 수 있는 새로운 제품과 서비스들이 있다고 생각합니다.

조현승 말씀 감사합니다. 그러면 콜먼 박사님, 국제무대에서의 한국의 역할에 대한 시각도 나눠주시죠.

빅토리아 콜먼 한국은 지금 국제무대에서 굉장히 중요한 역할을 합니다. 세계 경제 대국 10위죠. 한국은 규모는 작지만 훨씬 더 큰 영향력을 가진 국가입니다. 한국의 국방력은 중요한 포인트입니다. 안보야말로 한 국가의 강점으로 작용합니다. 공세를 취하는 상대방을 막아내고 스스로를 보호할 수 있는 능력을 갖는 것은 매우 중요하죠. 대한민국이 더욱 번성하기 위해서는 한국 자체로든 글로벌 동맹을 통해서든 스스로를 방어할 수 있는 능력을 가지고 있어야 할 것입니다. 북한과의 대립 상황에 대한 균형을 잘 잡는 것 역시 중요합니다. 이 대립상황이 갈등으로 치닫지 않고 혹여 그런 상황이 발생하더라도 국방과 안보를 통해서 잘 헤쳐 나갈 수 있어야 합니다. 그리고 한국은 산업 기반이 매우 견고합니다. 여기서 큰 기회가 있을 거라 생각을 하고요. 그래서 한국은 국가로서 세계 경제와 안보에 기여할 수 있다고 생각합니다.

조현승 1분 정도로 마무리하는 멘트를 연사 분들께 듣도록 하겠습니다. 콜먼 박사님부터 먼저 해주시겠습니다.

빅토리아 콜먼 저는 확신합니다. 우리가 계속 이 팬데믹을 잘 헤쳐 나가면서 세계 경제가 다시 그 어느 때보다도 빠르게 성장할 것을요. 중국도 제대로 일을 해나가기 시작하면 세계 경제에 기여할 수 있을 것이라고 생각합니다.

저는 긍정적인 이야기를 하면서 마무리 하려 합니다. 미국은 확실한 의지를 가지고 태평양 지역 국가와 했던 약속을 이행하고자 합니다. 중국과 경쟁하고 있지만 친밀한 관계를 유지하는 것도 중요하게 생각합니다. 글로벌 전략을 세우는 것과 중국 국민들을 지지하는 것은 구분해야 한다고 생각합니다. 중국 국민들과는 앞으로도 교류할 많은 기회가 있기를 바랍니다. 그들과 함께 성장할 수 있다고 생각합니다.

미하엘 쇨호른 제가 짧게 마무리 발언을 해 보면 초과회복을 통해서든 어떤 방식으로든 코로나 그리고 우크라이나 전쟁 사태를 극복하려다 보면 우리가 배울 수 있는 것이 있습니다. 그중 한 가지 공통분모는 복원력입니다. 회복력이죠. 그리고 무엇이 됐든 너무 과도하게 하나에만 의존하면 안 된다는 거죠. 에너지든 반도체든 의료 장비든 제약이든 광물이든 무엇이 됐든 간에 과도한 의존은 바람직하지 않습니다. 그래야만 우리는 훨씬 더 건전하고 견고한 구조를 가져갈 수 있습니다.

조현승 본 세션을 마무리 지어보려고 합니다. 쇨호른 박사님 그리고 콜먼 박사님 두 분께 진심으로 감사드립니다.

인류의 한계에 도전하는
우주 경제

우주 경제의 미래와
기업가들의 역할

로버트 주브린 | 화성학회 창립자 겸 회장
요한 펠리시에 | 에어버스 디펜스앤드스페이스 아시아태평양 총괄사장
캄 가파리안 | 액시엄스페이스 설립자 겸 회장
한창헌 | 한국항공우주산업주식회사 미래사업부문장
최기혁 | 한국항공우주연구원 책임연구원

광활한 우주를 향해 수많은 기업들이 뛰어들고 있다. 우주산업이 활성화되며 진입 문턱 또한 크게 낮아졌다. 한국은 2022년 한국형 발사체 '누리호'와 달탐사선 '다누리' 프로젝트를 잇따라 성공시키며 '우주 강국' 대열에 합류했다. 그러나 여전히 우주산업 분야 기업의 성장은 더디다는 평가를 받는다. 인류는 밤하늘의 별 사이를 개척해 나가며 무엇을 얻을 수 있을까.

로버트 주브린 화성학회장은 제23회 세계지식포럼 〔우주 경제의 미래와 기업가들의 역할〕 세션에서 "우리의 후손들은 이 시대를 돌아보며 경이롭게 생각할 것"이라고 밝혔다. 이어 지금이 다른 세계로 발을 들이는 시기이기 때문이라고 덧붙였다.

그는 또 "우리는 역사의 출발점에 있고, 인류가 우주의 수천 개 행

성에서 살아가게 된다면 그 곳에서 새로운 문명, 새로운 정부, 새로운 문학 그리고 새로운 영웅이 탄생하게 될 것"이라며 "지금의 젊은 세대에게는 이를 창조해나갈 수 있는 특권이 있다"고 강조했다.

캄 가파리안 액시엄스페이스 회장은 "이 엄청난 우주에서 생명이 우리밖에 없다는 것은 말이 안 된다"라며 "우리 은하에서 다른 은하로 가는 데 원자력 기술을 이용하면 2천 년 정도가 걸릴 것으로 보인다"고 말했다. 이어 "핵융합 기술을 이용하면 이를 백 년으로 줄일 수 있다"며 "인류는 결국 다른 (생명체가 살고 있는) 행성을 찾을 수 있을 것"이라고 전망했다.

한창헌 한국항공우주산업주식회사 미래사업부문장은 "과거에 비해 우주산업에 진입하는 게 용이해졌고 발사체를 재사용할 수 있게 되며 우주 여행 비용이 급격하게 절감됨에 따라 우주경제가 성장할 수 있는 동력을 얻었다"고 밝혔다. 이어 "우주에서 얻게 되는 데이터는 상당히 양질의 데이터이고 믿을 수 있는 데이터"라며 "우주산업의 경제 붐은 이제 막 시작됐으니 경제 상황과 관계없이 우주산업은 성장할 것"이라고 강조했다.

가파리안 회장은 '민간 우주정거장' 프로젝트를 추진하고 있기도 하다. 그는 "2024년 우주정거장이 설치되면 저궤도에서 하나의 산업 생태계가 만들어지게 된다"고 밝혔다. 가령 3D프린터를 우주정거장에 보내면 우주에서 바로 위성을 인쇄해 궤도 위에 올려놓을 수 있게 된다.

지구에서는 하지 못했던 여러 연구가 가능해지는 것도 '우주 개척'이 가져올 수 있는 변화다. 우주의 대부분은 지구와 달리 중력이 매우 약하게 작용하기 때문이다. 가파리안 회장은 "우주에서의 노화 촉진 현상은 암치료제로 사용되는 'T세포'와 관계가 있을 수 있고, 중력이 적은 상태에서의 연구로 암치료제를 개발할 가능성이 있는 것"이라고 설명했다.

이어 "극미중력 상태에서 인간의 장기를 3D프린터로 프린팅할 수도 있다"면서 "광학연구와 줄기세포 연구 등에도 새로운 차원이 열릴 것"이라고 전망했다. 그는 "다시 지구로 가져오는 비용이 줄어들면 본격적으로 사업 기회가 생긴다"고 전했다.

요한 펠리시에 에어버스 디펜스앤드스페이스 아시아태평양 총괄사장은 "에어버스는 하루에 두 개씩 위성을 만드는 도전적인 과제를 완수했고, 위성을 대량 생산해 위성군을 만들 수 있게 됐다"라며 "대량생산을 통해 위성 가격을 낮출 수 있으니 시장 전체의 판도를 바꿔놓고 있는 것"이라고 밝혔다.

펠리시에 총괄사장은 "한국에게도 우주로 진출할 수 있는 기회가 충분히 남아있다"고 강조했다. 그는 "과거에는 우주가 특정 국가의 전유물이었다면, 현재는 진입장벽이 낮아지면서 어느 나라든지 뛰어들어 우주 생태계를 만들 수 있게 됐다"고 전했다. 특히 국가가 아닌 기업이 적극적으로 우주산업에 뛰어들 때라는 지적도 나왔다. 주브린 회장은 "한국도 역동적인 기업가정신에 기반해 우주산업을 발전시켜야 하고, 정부에만 의존해선 안 된다"며 "미국도 나사에서만 혁신을 하려 했다면 많은 기업들이 협력하는 지금에 비해 충분히 혁신하지 못했을 것"이라고 밝혔다. 이어 "한국보다 경제규모가 훨씬 작은 뉴질랜드 기업도 위성을 궤도에 올렸다"며 뉴질랜드도 우주탐사를 시작했다면 한국도 충분히 할 수 있다고 설명했다.

한창헌 한국항공우주산업주식회사 미래사업부문장은 "후발주자들이 앞서 우주 선진국들이 겪은 어려움을 똑같이 겪지 않기 위해 발사체와 위성 등의 표준이 만들어지면 좋겠다"는 희망을 밝혔다. 이어 "선진국이 다져놓은 기술을 후발주자가 잘 활용하면 전체 우주산업 시장이 더욱 커지는 결과로 이어질 수 있을 것"이라고 덧붙였다.

우주 탐사에 기여하고자 하는 개인에게도 여러 기회가 열려 있다. 주브린 화성학회장은 "인류의 미래를 찾고자 하는 개인에게도 다양한 방법이 있다"며 "엔지니어가 될 수도 있고, 새로운 우주 벤처를 설립하거나 벤처에 투자할 수도 있으며, 예술적인 능력이 있다면 영화를 만들어 비전을 확산시킬 수도 있다"고 설명했다.

인류가 우주로 진출하면 전쟁과 갈등이 사라질 것이라는 '장밋빛 전망'도 나왔다. 주브린 회장은 "20세기에는 대규모 전쟁이라는 글로벌 대재앙이 일어났다. 모든 사람들에게 돌아갈 자원이 부족했고, 다른 사람의 것을 가져와야 한다고 생각했기 때문"이라며 "이러한 생각이 이어지는 한 21세기에도 재앙과 같은 전쟁이 일어날 수 있다"고 지적했다. 이어 "우주에는 모든 사람들이 누릴 수 있는 충분한 자원이 있고, 하늘은 개방돼 있으니 인류가 서로 싸울 필요가 없다"며 "잠재력이 무한한 우주로 진출하게 된다면 전쟁이 없어지고 국방에 대해 우려할 필요가 없어지는 것"이라고 전했다.

스페이스 테크:
우주로 향하는 최고의 방법을 찾아

로버트 주브린 | 화성학회 창립자 겸 회장
아누셰흐 안사리 | 엑스프라이즈재단 CEO
정동수 | 스트라이커 자산운용 부회장

"인류의 미래는 우주 산업을 지속가능하게 구축하는 데 달려 있습니다. 기업은 정부와 달리 투자에 따른 리스크를 고려해야 합니다. 달이나 화성에 간다고 하더라도 사업이 장기적으로 유지 가능해야 합니다. 그렇기 때문에 기술이 발전할수록 우주로 가는 비용은 점점 저렴해질 것입니다."

아누셰흐 안사리 엑스프라이즈재단 CEO는 [스페이스 테크: 우주로 향하는 최고의 방법을 찾아] 세션에서 이같이 밝혔다. 그는 여성 최초의 민간 우주탐험가다. 그는 "지금처럼 발사체를 이용해 우주로 가겠지만, 앞으로 추진시스템 등 다른 부분을 지속 가능하고 효율적으로 만들 수 있을 것"이라고 전망했다. 이어 "스페이스 엘리베이터라는 개념도 제시되고 있고, 재사용 가능한 발사체가 나오며 비용이 크게 줄어 아직 비용이 줄어들 여지는 더 많다"고 전했다. 우주여행뿐 아니라 기술에 대한 접근성도 낮아졌다는 게 안사리 CEO의 설명이다. 한국 역시 '우주 후발주자'지만, 빠르게 선진국들을 따라잡을 수 있는 환경이 조성돼 있다는 의미다. 그는 "대학생이나 고등학생조차 큐브 위성을 만들고 있고, 기회는 정말 많다"며 "한국은 기술이 많이 발달한 국가다. 많은 혁신가와 기업가가 있을 것"이라고 밝혔다. 또 "궁극적으로는 화성에 저희 생태계 자체를 옮기고자 한다. 특히 데이터센터의 경우 세계적으로 많은 에너지와 공간을 필요로 한다"고 설명했다.

로버트 주브린 화성학회장은 "화성 유인탐사 얘기는 1969년부터 나왔다. 당시에도 실제 성공할 수 있는 역량이 있었지만 사회가 바뀌고 정권이 바뀌며 추진되지 못했다"라며 "이젠 정말 10년 후엔 화성에 갈 수 있다. 2~3년 내에는 결정을 내릴 시점이 올 것"이라고 강조했다. 그는 "인류가 우주와 화성으로 가는 것은 특히 사회 젊은층에 긍정적인 영향을 미친다. 그들이 새로운 세계를 탐험할 수 있게 되기 때문"이라고 설명했다. 이어 "그러면 엔지니어와 의사, 혁신가, 기업가들이 크게 늘어날 수 있다"고 설명했다.

일각에선 인류가 화성에 가는 것을 부정적으로 보기도 한다. 자연 상태의 화성을 연구하는 데 문제가 생길 수도 있기 때문이다. 그러나 주브린 회장은 이를 기우라고 봤다. 그는 "우리가 가장 잘 아는 행성은 지구다. 마찬가지로 화성에 가야 화성을 더 잘 알게 된다"며 "물의

혼적을 찾든 화성 표면 아래 뭐가 있는지를 보든, 생명체가 있는지를 확인하기 위해서라도 화성에 가야 한다"고 전했다. 그 역시 기업의 역할이 향후 인류가 우주를 개척하는 데 중요할 것으로 내다봤다. 지금은 생각하지 못한 분야라도, 우주 개척에 따라 수요가 생길 수 있는 부분은 기업들이 연구를 통해 해결할 수 있다는 것이다. 특히 한국에도 기회가 있을 거라고 설명했다.

인류의 삶을 바꾸는
기술 혁명

로봇과 레스토랑, 외식업계 혁명

사로시 미스트리 | 소덱소 북미지역 회장
펠리페 차베스 | 키위봇 CEO
하정우 | 베어로보틱스 대표
이민구 | 클리블랜드 애비뉴 기술 투자 대표

"로봇은 인간을 대체하고자 하는 것이 아니다. 여전히 로봇과 인간은 공존하며 삶의 질을 개선하기 위해 헌신하고 있다."

〔로봇과 레스토랑, 외식업계 혁명〕 세션에서는 로봇과 AI기술 발전이 바꿔놓을 식품업계의 미래에 대한 전문가들의 갑론을박이 벌어졌다. 특히 로봇기술의 발전으로 사람의 일이 줄어들고 역할이 사라지는 것에 대해 너무 걱정하지 말라는 의견이 주목받았다.

사로시 미스트리 소덱소 북미지역 회장은 "여전히 인적 자원은 우리가 하고자 하는 모든 일의 중요한 부분이다"라며 "로보틱스를 통해서 식품을 보다 편한 곳에서 보다 더 합리적인 가격에 이용할 수 있을 것이고 이를 통해 직원들도 보다 더 고객들과 대면하는 일에 집중할 수 있다"고 설명했다. 제품 생산이나 제조 등의 일에 로봇기술이 적용되는 만큼 커뮤니케이션과 소통이 필요한 일에 있어서는 인적요소의 활용이 더욱 효율적으로 이루어질 수 있다는 의미다. 이러한 업무양태의 변화는 결국 고객경험의 개선으로 이어질 수 있다. 말 그대로 뒷단의 단순하고 반복적인 일을 로봇들이 대신 해주기 때문이다.

특히 코로나19 팬데믹으로 심각해진 노동력 부족 사태에도 이러한 로봇기술의 발전이 큰 도움이 되고 있다. 하정우 베어로보틱스 대표는 "전미레스토랑에서 코로나19 이전에도 노동력 부족 이슈가 큰 문제가 됐는데 코로나19로 인해 더욱 심각한 문제로 발전했다"며 "극심한 수준의 노동부족을 해결할 핵심 열쇠가 바로 로보틱스 기술인 이유"라고 강조했다. 그는 "공항만 해도 인력부족으로 공항 서비스의 절반을 중단했는데 사람이 없다는 건 그만큼 서비스를 제공할 수 없다는 뜻"이라며 "결국 누군가는 즐겁지 않은 일을 해야 하는데 그 일자리가 공석인 것보단 로봇이 대체해주면서 자연스레 그런 문제들이 해결될 수 있다"고 설명했다. 이는 일의 책임과 성과로도 이어진다. 기존 레스토랑에서 이러한 단순노동은 정규직보다는 파트타이머, 즉 아르바이트생들이 하다 보니 이러한 업무를 하는 직원들의 충성도가 올라가고 효율화되는 데는 한계가 있다는 것이다. 같은 시간을 일하더라도 보다 즐겁고 생산적이며 효율적인 일을 하기 위해서라도 이러한 로보틱스 기술이 주요한 역할을 할 수 있다는 의미다.

미스트리 회장 역시 "미국에서 2만 5천명을 고용하고 있고 1천

500만 명의 소비자들이 서비스를 이용 중인데 이 안에서 고객들의 기대수준을 충족시키며 일의 재미를 찾기란 쉽지가 않다"며 "고객 경험의 입장에서 제대로 된 인적 자원을 갖춰야 노동자와 서비스 이용자가 모두 만족할 수 있는 윈윈Win-Win 전략을 만들 수 있다"고 덧붙였다. 이는 기술발전을 통해 인적자원의 효율화가 달성된다면 자연스레 고객만족으로 이어지는 선순환 고리가 완성된다는 뜻이다. 그는 "이 간극을 해결하는 것이 바로 로봇 기술이고 인공지능 기술이라고 업계에서는 기대를 모으고 있다"며 "뿐만 아니라 양질의 음식을 제공하기 위해 신선한 재료를 바로바로 쓰고 재고를 관리하는 기술에도 로보틱스 기술이 접목돼 음식의 질 자체의 발전에도 큰 기여를 한다"고 설명했다.

로봇이 우리가 살고 있는 세상의 비전을 제시할 것이란 미래전망도 나왔다. 펠리페 차베스 키위봇 CEO는 "미래에는 로봇과 첨단기술이 인간과 같이 일하며 사람들의 노동시간을 줄여주고 근무 스케줄도 유연하게 해주는 혜택을 줄 것"이라며 "너무 낙관적이란 비판도 있지만 기술이 그런 방향으로 진화할 것이고, 로봇은 좋은 역할을 수행할 수밖에 없도록 기술 발전이 이뤄질 것으로 기대한다"고 밝혔다. 특히 키위봇은 50개 도시와 협력해 이를 수행할 수 있는 로봇 개발에 매진하고 있다. 그는 "키위봇은 육지와 해상, 그리고 공중까지 모두 다니는 배달 시스템을 꿈꾸는 만큼 배달 시간을 줄이는 것뿐 아니라 사람이 배달했을 때 생길 수 있는 안전 문제도 해소하는 식으로 발전할 것"이라며 "ATM 기기가 개발됐을 때 은행의 창구 직원들이 모두 사라질 것이라 예측했지만 개인고객 특화형 서비스가 새롭게 생겨났고 더 많은 일자리가 생겨난 것처럼 레스토랑에서도 비슷한 결과가 나올 것으로 기대한다"고 청사진을 그렸다.

또한 로봇기술의 발전이 차별을 없애고 모두를 평등하게 만드는 이상적 사회질서를 재편하는 데도 큰 역할을 할 수 있을 것이란 의견도 나왔다. 모더레이터로 참여한 이민구 클리블랜드 애비뉴 기술 투자 대표는 "모든 사람들이 위계질서 없이 평등한 삶을 살아갈 수 있는 그런 세상을 만들어낼 수 있다"며 "그것이 바로 기술의 핵심이고 기술이 지향해야 하는 핵심가치가 될 것으로 기대한다"고 의견을 냈다.

결국 이러한 이상을 만드는 핵심은 생태계와 시스템이란 조언 역시 빠지지 않았다. 하 대표는 "성장시기에는 수많은 기업들이 경쟁적으로 서비스를 출시하고 치열한 전쟁을 벌이겠지만 시스템이 완비되고 생태계가 구축된다면 하나의 통일된 플랫폼에서 모두가 행복할 수 있는 음식문화가 정착할 것"이라며 "서비스의 비용이 낮아지고 더욱 효율적으로 자동화되면 이용자 입장에서도 편리하게 쓸 수 있는 통합된 서비스로 발전할 것"이라고 내다봤다.

UAM:
한국에서의 항공 승차 공유

에릭 앨리슨 | 조비 에비에이션 제품 책임자

"도심항공교통UAM은 택시 비용으로 서울서 인천공항까지 18분만에 주파하는 경험을 선사할 것이다."

에릭 엘리슨 조비 에비에이션 제품책임자는 〔UAM : 한국에서의 항공 승차 공유〕 세션 연사로 나서 "고밀화된 건물로 한정된 땅의 효율을 높인 것처럼 교통수단 역시 3차원적 발전을 통해 효율을 높이고, 이를 통해 교통 체증을 해결할 수 있다"며 UAM의 청사진을 제시했다.

서울은 전 세계적으로 손꼽히는 메가시티다. 1천만 인구가 거주하는 서울에서 교통체증은 일상이다. 출퇴근시간엔 10km를 가는데도 1시간이 훌쩍 넘게 걸린다. 일상이라 생각했던 이러한 교통대란은 발상의 전환으로 해결할 수 있다. 특히 자율주행기술과 AI의 발전은

'탈 것'의 진화를 이끌고 있다. 첨단기술이 탑재된 자동차는 더 이상 이동수단이 아닌 하나의 공간으로 재탄생했다. 고가도로를 만들고 지하도를 건설하는 전통적 방법이 아닌, 영화 속에서나 가능했던 '하늘의 도로'로 현실화시키고 있다. 이 같은 변화는 모두 '효율성의 극대화'를 위해 추진됐다는 게 엘리슨 책임자 설명이다. 그는 "미국에서는 매년 460억 시간이 출퇴근 시간으로 낭비되고 있다"며 "이를 비용으로 환산하면 1마일(1.6km)당 2억 5천만 달러가 들고 이산화탄소 등 환경비용까지 계산한다면 손실 규모를 헤아릴 수 없을 정도"라고 상황을 진단했다.

엘리슨 책임자는 "UAM 기술의 도입은 이러한 사회적 낭비비용을 최소화하고 전 세계의 효율성 증진에 직접적으로 기여한다"고 강조했다. 엘리슨 책임자는 "한국을 예로 들면 서울에서 인천공항까지 차량을 이용할 경우 70분 정도가 소요되는데 이를 UAM을 이용한다면 18~20분으로 단축할 수 있다"며 "뉴욕·서울과 같은 거대 도시일수록 이러한 시간적·비용적 낭비를 최소화하는 강력한 수단으로 UAM이 주목받을 수밖에 없다"고 강조했다.

UAM의 가장 큰 걸림돌은 비용이다. 상용화 역시 합리적인 비용 책정이 가능한지에 달렸다. 엘리슨 책임자는 "몇 년간 가격책정을 위한 소비자 설문조사와 논의를 진행중"이라며 "최종 출시가 될 때 다시 논의되겠지만 현재로선 미국의 우버 블랙 가격정도에 이용이 가능할 것으로 보인다"고 설명했다. 한국으로 치면 프리미엄 택시 비용 정도면 UAM을 이용해 꽉 막힌 교통 체증을 피해갈 수 있다는 의미다. 그는 "UAM 기술이 고도화되고 효율화될수록 이러한 비용 감축은 가파르게 될 수 있는 만큼 궁극적으로는 현재 서비스되는 교통 서비스 비용에 수렴하는 방향으로 갈 것"이라고 조심스레 예견했다.

미국의 공유승차 서비스 우버와 인수합병을 체결한 조비는 국내에서 SK텔레콤과 손을 잡았다. 국내 역시 현대차, 롯데, 카카오 등 대기업들이 이합집산하며 UAM 시장 주도권을 잡기 위한 치열한 경쟁을 펼치고 있다.

엘리슨 책임자는 "UAM은 산업 특성상 특정 기업이 사업을 독점하기 어렵다"며 "IT경쟁력이 뛰어난 한국 역시 UAM이 활성화될 대표적 국가로 손꼽히는 만큼 향후 다양한 한국 기업과 협력해 빠른 시일 내 상용화할 수 있도록 하겠다"고 밝혔다. 무엇보다 디지털 기술 발전 속도가 빠르고 이용률이 높은 한국의 경우 이러한 최첨단 기술의 테스트베드가 되기에 최적의 장소로 볼 수 있다. 광활한 미국의 경우 주마다 규제가 다르고 도심별로 이런 기술을 적용하기엔 디지털 기술 격차가 현격히 벌어져 있다.

엘리슨 책임자는 "한국이야말로 언제나 디지털 신기술을 선도하고 있을 뿐 아니라 최첨단 기술의 시험장이다"며 "스마트폰 보급률이 세계 최상위인데다 서울이라는 메가시티의 경쟁력은 향후 아시아뿐 아니라 글로벌 시장에서 UAM 기술을 이끌어갈 핵심이 될 것"이라고 밝혔다.

무인 자율주행기술이 빠르게 확산되고 있는 자동차와 마찬가지로 UAM 산업에서도 조종사가 없는 무인 운행에 대한 호기심도 커지고 있다. 하지만 자율주행기술과 관련된 사고가 빈번히 발생하면서 무인기술 이전에 자율주행기술에 대한 전반적인 점검이 필요하다는 지적도 나온다.

반면 비용 효율성에 대한 측면에서 무인화하고 자동화하는 시스템이 구축돼야 가격 하락을 가져오고 이용편의성 증대로 이어질 수 있다는 반론도 나온다. 엘리슨 책임자는 "핵심은 규제이며, 규제 측면에서 무인 기술 도입은 현재로선 요원한 이야기임을 부인할 수 없다"며 "일단 규제 부문에서의 혁신이 일어나기 전까지는 유인 자율주행기술을 중심으로 진보를 이뤄내는 것이 가장 중요할 것"이라고 밝혔다. 이어 그는 "규제 측면에서 살펴보면 항공이 지상보다 더 쉬운 게 사실이다"며 "UAM 산업이 본격화되면 관련된 규제 혁파가 일어날 것이고 그때가 오면 이를 주도할 수 있는 준비를 하는 것이 가장 중요하다"고 덧붙였다.

무인기와 드론:
미래 하늘을 장악하는 기술

권진회 | 경상국립대 항공우주공학부 교수
요한 펠리시에 | 에어버스 디펜스앤드스페이스 아시아태평양 총괄사장
한창헌 | 한국항공우주산업주식회사 미래사업부문장
할루크 바이락타르 | 바이카르 테크놀로지 CEO
김덕기 | 해군사관학교 교수

"우크라이나전을 통해 배운 가장 중요한 교훈은 무인 전투기UCAV
와 드론이 미래 전쟁을 변화시키는 중요한 자산이 될 것이라는 점입
니다."

제23회 세계지식포럼 〔무인기와 드론: 미래 하늘을 장악하는 기
술〕 세션의 좌장을 맡은 김덕기 해군사관학교 교수는 "군사용 드론의
가치가 이번에 제대로 인식됐다"며 "우크라이나전에서 러시아 군대
를 직접 공격한 드론을 만든 튀르키예의 기업 '바이카르 테크놀로지'
를 주목해야 한다"며 이 같이 밝혔다.

실제로 우크라이나전에서 압도적인 활약으로 공중전의 양상을 뒤
바꾼 무인기는 바이카르사가 만든 '바이락타르 TB2'였다. 이 무인기
는 전장에서 러시아 탱크를 연이어 파괴하며 지상전의 가장 핵심 무

기였던 탱크의 효용 가치에 근본적인 의심을 품게 했다.

방위산업에서 그간 명함도 내밀지 못했던 튀르키예의 압도적인 선전에는 TB2 개발을 주도한 바이카르의 최고경영자인 할룩 바이락타르의 역할이 컸다. 바이락타르는 2000년대부터 무인기 개발에 뛰어든 이 분야 전문가로, 2014년에 처음으로 자신이 개발한 무인기를 튀르키예군에 대량 배치했다. 이후 TB2를 2019년 시리아·리비아 내전, 2020년 에티오피아 내전 등에 투입하며 꾸준히 관련 기술을 고도화해왔다.

바이락타르는 튀르키예가 방산 기술 자급자족을 결정한 이후 TB2의 핵심 기술을 개발하게 됐다고 운을 뗐다. 그는 "튀르키예는 전 국가적 차원의 방산 프로그램을 진행해왔다"며 "그 결과 바이락타르 TB2는 800기 이상 개발했고, 지난 6년간 50만 비행시간으로 플랫폼의 안정성을 더하고 있다"고 설명했다. 그는 군사용과 함께 민간용으로도 드론을 활용하기 위한 기술 고도화 작업이 더 필요하다고 했다. 바이락타르는 "드론은 기본적으로 주·야간 비행이 가능해야 하고, 위험 환경에서도 운용할 수 있어야 한다"며 "광섬유 네트워크를 통해 원격으로 통신이 돼야 하고, 지상에서 통제하기 위해 위성통신 시스템도 갖춰야 한다"고 말했다. 전투용으로 이용하기 위해서는 한층 더 복합적인 능력이 요구된다. 그는 "지대공 임무뿐 아니라 공대공으로 적기와도 전투를 할 수 있어야 한다"면서 "인공지능이 탑재될 수 있다면 지상 통제소의 의사결정 일부분을 스스로 해내면서 통제소의 업무량도 줄여주는 효과를 만들게 될 것"이라고 내다봤다.

한편, 유럽의 대표 방산업체 에어버스는 '미래 전투 항공 시스템 FCAS' 안에서의 차세대 전투기NGF가 유럽 국방 프로그램의 중추가 될 것으로 관측했다.

에어버스의 아태 지역 총괄사장인 요한 펠리시에는 "에어버스는 전투기부터 공중이동항공기, 무인항공기UAS, 우주 애플리케이션까지 모두 가지고 있다"면서 "이들은 서로 공중 전투 클라우드를 통해 즉각 조율되고 실시간으로 분석된 전투 상황을 클라우드로 공유받게 된다"고 설명했다. 클라우드를 통해 실시간으로 수집된 풍부한 정보로 지휘소에서는 효과적으로 작전을 수행할 수 있다는 얘기다. 이 같은 시스템을 안정적으로 구축하기 위해서는 유럽 내 다른 산업과의 협업이 가장 중요하다고 강조했다. 펠리시에는 "유럽에서는 에어버스가 관련 기술의 선두 기업이기는 하지만 유럽 내 다른 산업들과 같이 협업하고 있다"며 'FCAS 시스템에는 프랑스, 독일, 스페인 등 3개국이 주도적으로 참여하고 있다"고 말했다.

한편, 경상국립대학교 항공우주공학부의 권진회 교수는 현재까지의 무인기 논의가 '공격'에만 치우쳐 있고, '방어' 차원에서의 고민이 이뤄지지 않고 있다고 일갈하기도 했다. 권 교수는 "최근의 군사용 무인기 논의는 1970년대 냉전 시대의 핵무기 개발과 비슷한 것 같다"며 "무인기를 막는 데는 신경 쓰지 않고 상대를 공격하는 것, 즉 서로를 부수는 것에만 관심을 쏟고 있다"고 지적했다. 권 교수는 이어 "무인기 개발에만 집중할 게 아니라, 공격으로부터 우리가 어떻게 회피할 것이냐의 문제와 무인기 공격은 어떻게 막을 것이냐의 문제에 관심이 필요하다"고 강조했다. 미래전의 승자는 상대국의 무인기를 막는 전략을 제대로 세우는 것이 중요해질 것이라는 얘기다.

예측 불가능하다는 점에서는 소형 무인기의 위력이 더 크다고 우려했다. 권 교수는 "대형 무장을 장착할 수 있는 중고도 이상의 무인기는 위험하지만, 어느 정도는 탐지해서 막을 수 있다. 다만 소형 무인기는 예측 불가능하다"고 꼬집었다.

그는 "서울 지역에서 테러분자들이 악의적으로 소형 무인기로 공격할 때 우리가 가진 레이더 방어 기술로 다 막아내기 어렵다"라며 "우크라이나전을 반면교사로 소규모 드론을 이용한 공격이 이뤄질 때 효과적으로 막아낼 작전 계획 수립을 이제는 시작할 때가 되지 않았나 생각한다"고 말을 맺었다.

디지털 세계의
새로운 지도

레전드의 탄생:
웹3.0 게임의 미래

세바스티앵 보르제 | 더 샌드박스 공동창업자
장현국 | 위메이드 대표
제이슨 브링크 | 갈라게임스 블록체인 회장
필립 로즈데일 | 린든랩 창시자
이요한 | 더 샌드박스 사업개발총괄

"웹3.0은 독점과 불공정으로 대표되는 웹2.0 시대를 깨부수고 있다."

〔레전드의 탄생 : 웹3.0 게임의 미래〕 세션에서는 현재 IT업계의 뜨거운 감자인 블록체인과 대체불가능토큰NFT, 그리고 메타버스의 현재와 미래에 대한 열띤 토론이 벌어졌다.

메타버스의 창시자로 불리는 필립 로즈데일 린든랩 설립자는 웹3.0의 핵심가치에 대해 "구글과 페이스북(현 메타)이 이끌어온 웹2.0 시대를 빠르게 막 내리게 하는 데 그 힘이 있다"고 정리했다. 전 세계 정보를 쥐락펴락해온 글로벌 IT기업의 독점적 구조를 단순히 무너뜨리는데 그치는 것이 아니라, 인터넷을 중심으로 더 큰 번영과 공생의 길로 향하는 길이 바로 웹3.0이란 의미다.

웹3.0은 읽고 쓰는 것이 주된 기능이었던 웹2.0에 개인 맞춤형 정보와 디지털 데이터의 이용자 소유 개념을 추가한 것이다. 그동안 디지털 정보는 이를 제공하고 유통하는 기업의 것이었다. 하지만 웹3.0에선 데이터를 생산하고 직접 소비하는 이용자에게 소유권을 쥐어주는 것이 무엇보다 중요하다.

특히 소유권을 공인해주는 기술적 방법으로 블록체인과 NFT 기술이 빠르게 성장 중이다. 세바스티앵 보르제 더 샌드박스 공동창업자는 "오프라인과 달리 온라인 소유권을 확인하는 것은 단순한 문제가 아니었는데 소유권을 명확하게 보장하는 기술이 생겨난 것이 웹3.0 시대를 탄생시켰다고 봐도 무방하다"며 "디지털 데이터에 대한 실질적 소유권이 명확해지면서 온라인에서만 존재하고 유통되던 가상의 정보들이 경제적 가치가 있는 진짜 정보로의 기능을 할 수 있게 됐다"고 강조했다. 몇 년 사이 급속도로 성장 중인 NFT 기술이 더뎠던 웹3.0 기술에 날개를 달아주며 빠른 성장을 견인하고 있는 것이다.

장현국 위메이드 대표 역시 "기존 온라인 게임에서 게임 캐릭터와 아이템은 전부 개발사와 게임제작사의 소유였다면, 웹3.0 게임에선 게임 캐릭터가 실제 유저의 것이고 게임 중 갖게 되는 장비나 아이템도 이용자 소유의 것이 된다는 의미"라며 "이는 향후 가상현실의 데이터를 다른 게임이나 또 다른 온라인 플랫폼으로 확장시키게 될 것이고 이게 바로 메타버스의 개념"이라고 덧붙였다. 실질적 소유권이 보장되는 디지털 데이터는 경계를 넘어 오프라인으로 활동 반경이 확대된다는 뜻이다.

다만 실질적인 소유권을 부여한 것만으론 부족하단 지적도 나온다. 암호화폐 역시 탈중앙화를 기반한 기술 경쟁력으로 개별 소유에 대한 인증은 가능하지만, 실물화폐로 역할하기엔 여전히 한계가 많다. 즉 게임과 게임, 플랫폼과 플랫폼, 온라인과 오프라인 간 '상호 운용'이 원활하게 이뤄져야 이러한 소유권에 기반한 경제적 가치로서의 활용이 가능하기 때문이다.

제이슨 브링크 갈라게임스 블록체인부문 회장은 디지털 데이터를 비롯한 지적재산권을 바라보는 시각이 달라져야 이 문제가 해결가능하다고 설명했다. 그는 "게임에서 쓰는 게임 캐릭터가 NFT 기술로 개인 소유물이 되더라도 이를 다른 게임이나 플랫폼에서 쓰기 위해선 개발자들의 코딩이나 권한 부여, 세계관 변화가 불가피하다"며 "결국 상호 운용성을 보장하기 위해선 그러한 수고를 감안하더라도 손해가 아닌 이익이 발생할 수 있는 생태계적 구조 변화 내지는 지적재산권에 대한 양보와 이해가 필수불가결하다"고 설명했다. 로즈데일 설립자 역시 "게임을 제작하거나 플랫폼을 만들 때 누구나 그 자체로 완벽하고 빈틈없는 개발을 하려 하기 때문에 새로운 객체의 등장과 개입은 피로도를 발생시킬 수 밖에 없다"며 "이러한 상호 운용성의 한계를 해결하는 게 지금 웹3.0이 한 단계 더 퀀텀점프를 하기 위한 가장 큰 숙제다"고 강조했다. 장 대표는 아예 이러한 상호 운용의 복잡성을 한데 모아서 해결하고, 각 게임과 플랫폼을 연결시키는 것이 바로 메타버스라고 정의하기도 했다.

웹3.0의 보급으로 뜨거운 감자가 된 '플레이투언(놀면서 돈벌기·P2E)'에 대한 논쟁도 있었다. 제이슨 회장은 "돈을 버는 행위는 결국 노동이고 노동은 즐기는 것이 아니다"며 "게임은 그 자체로 재미를 추구하는데 그쳐야지 이를 통해 돈을 버는 행위가 주가 되는 주객전도가 일어나선 안 된다"는 입장을 밝혔다.

반면 로즈데일 설립자는 "P2E는 결국 게임 시스템 안에서 얼마나 많은 가치를 창출할 수 있느냐 여부에 따라 가치판단이 달라질 수 있다"며 "만약 20달러를 투자해 그대로 20달러가 재분배되는데 그친다면 의미가 없지만, 개발자나 이용자가 만들어낸 창작물이 더 큰 가치를 부여받고 비싼 가격에 팔릴 수 있다면 이러한 가치 창출만큼은 긍정적으로 평가할 수 있다"고 반박했다. 선진국과 달리 개발도상국의 경우 작은 돈이라도 생계에 직접적으로 영향을 미칠 수 있기 때문에 소득수준과 개인 사정에 따라선 P2E 자체로서도 의미가 있다는 의견도 나왔다.

글로벌 실물경제의 위기로 함께 어려운 상황에 처해 있는 암호화폐에 대한 전망도 곁들여졌다. 암호화폐에 대한 우려를 표명한 바 있던 로즈데일 설립자는 "현재 암호화폐의 가장 큰 문제는 일부 소수에게 부가 일방적으로 축적되고 있다는 것"이라며 "탈중앙화와 공정성을 기치로 내세운 디지털 화폐가 부의 불평등 문제를 해결하지 못한다면 앞으로도 계속 어려울 수 있다"고 밝혔다.

제이슨 회장은 이러한 부의 쏠림 현상을 해결하는 것 역시 기술의 힘이 필요하다고 덧붙였다. 그는 "도움을 위한 기부를 하면 그 돈의 일부는 제대로 전달되지만 상당한 돈은 중간과정에서 쓰이거나 증발한다"며 "이러한 문제를 블록체인 기술을 활용한 투명성 개선 등의 방법으로 해결할 수 있는 만큼 다양한 분야에서 기술이 해결책이 될 수 있다"고 강조했다.

왜 커뮤니티는
웹3.0에서 핵심인가?

아담 베나윤 | 콜라이더 벤처스 창립파트너
제이슨 마 | OP3N 공동대표
호창성 | 커뮤니티 얼라이언스 네트워크 공동창립자
이신혜 | GBIC 파트너

"〈오징어게임〉은 초기에 받은 1억 달러 외에 어떤 수익도 못 받았다. 넷플릭스는 〈오징어게임〉으로 10억 달러를 넘게 벌었을 것이다. 이런 관행을 바꿀 것이 웹3.0이다."

제이슨 마 OP3N 공동대표

커뮤니티에서 글을 쓰고 댓글을 달기만 해도 수익을 지불받는 사회가 올까. 블록체인 기술에 기반한 웹3.0을 지지하는 사람들은 가능하다고 주장한다. 현재 사회와 달리 창작자에게 장기적이고 지속적인 보상이 주어질 거라는 기대도 내놓는다.

제23회 세계지식포럼〔왜 커뮤니티는 웹3.0에서 핵심인가〕세션에서는 웹3.0과 커뮤니티에 관한 논의가 열렸다.

웹3.0이란 현재의 인터넷 생태계와 달리 독점이 무너지고 인공지능에 의해 자동화가 구현된 체제를 지칭한다. 블록체인 같은 탈중앙화 기술을 바탕으로 구글·메타·애플 같은 대규모 독점기업이 사라질 것이라는 기대를 받고 있다.

이날 좌장을 맡은 이신혜 GBIC 파트너는 "웹3.0은 블록체인에 기반해 탈중앙화된 인터넷으로, 활동을 통해 소득을 얻는(P2E·Play to Earn) 시스템"이라고 소개했다. 연사로 참여한 호창성 커뮤니티 얼라이언스 네트워크 공동창립자는 "웹3.0 시대에는 커뮤니티에서의 활동에 대한 보상이 활발해질 것"이라며 "가령 과거에는 자발적으로 자막을 만든 사람에게 보상이 제공되지 못했지만 웹3.0에서는 이런 활동이 쉬워질 수 있다"고 내다봤다.

블록체인 전문 투자 펀드인 이스라엘의 콜라이더벤처스의 아담 베나윤 창립 파트너는 "과거 웹1.0은 일방적 전달에 그치던 것을 웹2.0에 와서는 상호 교류가 가능하게 바뀌었다"면서도 "웹2.0은 중앙집권화라는 단점이 있는데 이를 해결한 것이 웹3.0"이라고 소개했다.

반면 웹3.0 서비스를 제공하는 업체들 자체가 플랫폼을 독점할 수 있다는 우려가 있으며, 기존의 웹2.0에서도 이미 인공지능에 의한 자동화가 이뤄졌다는 반론도 있다. 유튜브는 영상 업로드에 대한 보상을 제공하고 있으며, 기존 플랫폼 기업들이 콘텐츠 기여에 대한 보상을 강화하는 것도 대안이다.

좌장을 맡은 이 파트너는 "호 대표와 마 대표 모두 웹2.0에서 회사를 창업하지 않았나"라고 물었다. 호 대표는 과거 자막 제공 솔루션인 '비키'나 커뮤니티 서비스 '빙글'도 창업한 경험을 갖고 있다. 호 대표는 "과거 번역가들을 초빙해 무료로 자막 번역 서비스를 제공했고 이를 통해 한국, 일본, 아시아 콘텐츠를 미국에 소개할 수 있었다"면서도 "그러나 결국 자막을 생산하고 유통한 뒤 추가로 활용할 때 번역가들에게 충분한 보상을 제공하지 못했다"고 했다.

가령 웹2.0에 기반한 페이스북에서는 이를 운영하는 '메타'가 사용자 정보를 마케팅 툴로 활용하지만 개별 사용자에게는 보상이 주어지지 않는다. 웹3.0에서는 사용자의 정보 제공에 대한 보상이 강화될 수 있다는 것이 이들의 의견이다.

이런 '웹3.0'이 보편화되면 대규모 콘텐츠 제작 관행에도 큰 변화를 줄 수 있다는 전망도 나왔다. 마 대표는 "〈오징어게임〉 제작진은 제작 초기에 받은 1억 달러 외에 다른 수익을 얻지 못했다"며 "넷플릭스는 〈오징어게임〉으로 10억 달러 이상 수익을 얻었으면서 이를 제작진과는 공유하지 않은 것"이라고 했다. 그는 이어 "웹3.0에서는 콘텐츠의 아이디어부터 제작, 구매, 거래, 현금화 및 커뮤니티까지 통합적으로 소유하는 일이 가능해질 것이다. 창작자에게 더 많은 수익이 돌아갈 수 있다는 것"이라고 덧붙였다.

웹3.0 시대가 정착하기 위한 핵심으로는 '커뮤니티'가 꼽혔다. 마 대표는 "웹2.0에서는 콘텐츠 제작자가 별도의 판로와 마케팅, 광고비에 대한 고민을 해야 했지만 웹3.0에서는 다를 것"이라며 "커뮤니티에 기반해 공동 소유, 협업이 가능한 새로운 시대가 올 것"이라고 했다.

호 대표는 "웹2.0에서는 서비스 이용자들의 평판은 있지만, 이들에게는 일종의 '통화(돈)'가 부재했다"고 했다. 금전적인 보상이 없던 만큼 통화도 없었다는 것이다. 그는 이어 "웹3.0에서는 정보든 콘텐츠든 소유가 가능해지기 때문에 새로운 통화정책이 있는 사회가 될 것"이라며 "즉 돈, 자산, 자본주의가 있는 사회가 될 수 있다는 것"이라고 설명했다.

마 대표는 개인적인 경험도 공유했다. 그는 "NFT가 일반 유저에게 어떤 혜택을 줄 수 있는지 흥미를 느껴 다큐를 촬영했다"며 "이 과정에서 소유권을 공유하는 방식으로 4백~5백만 이더리움을 조달하는 데 성공했다"고 밝혔다. 그는 〈이더리움 : 무한의 정원〉이라는 다큐를 제작한 바 있다. 그는 이어 "반면 한 틱톡 크리에이터는 5억회가 넘는 조회수를 기록하고도 고작 1천 달러에도 못 미치는 보상만을 틱톡에게서 받았다"며 "이런 일이 웹3.0 세상에서는 사라질 수 있다"고 강조했다.

호 대표는 "향후 웹3.0 서비스를 직접 구축하는 데 어려움을 겪는다면 노코드 웹디자인 솔루션을 활용하는 것도 방법"이라고 조언했다. 해당 분야 전문 디자인 업체에 외주를 주는 것이 대안일 수 있다는 것이다.

두 세계 속에서의 삶: 메타버스와 실제 사이

마티 코하비 | 코치AI 기술&미디어 연쇄창업가
윤진수 | 캘리포니아 주 상원의원 후보

삼각대 위에 고정시킨 휴대전화 앞에 선 사용자 모습이 가상공간에 구현됐다. 이스라엘과 독일에 본사를 둔 스타트업인 '코치AI Coach-AI'의 'AI 엔진'을 기반으로 하는 스마트폰 애플리케이션(앱)이 사용자의 전신을 스캔하는 데 걸린 시간은 불과 몇 초였다. 실시간 '디지털 트윈(Digital Twin·물리적 세계와 같은 디지털 쌍둥이 공간을 만드는 기술)'을 통해 사용자의 미세한 손발 움직임 하나하나까지 '메타버스(Metaverse·Meta+Universe·가상세계)'에 그대로 나타났다.

마티 코하비 코치AI 창립자는 제23회 세계지식포럼 〔두 세계 속에서의 삶: 메타버스와 실제 사이〕 세션에서 이 같이 자사의 'AI 엔진'을 직접 시연해 참석자들의 관심을 한 몸에 받았다.

그는 장충아레나에 설치된 거대한 스크린을 둘로 분할해 청중 눈

앞에서 '혼합 현실Mixed Reality'을 직접 펼쳐 보였다. 여기서 말하는 '엔진'이란 앱 개발자 등 스타트업 창업자들이 응용·활용할 수 있는 일종의 '원천 기술'이다.

코치AI는 휴대전화, 활동성, 제작 속도 등 세 가지 측면에서 기존 메타버스 기술과 차별성을 띤다. 코하비 창립자는 "언제 어디서나 가상공간을 만들 수 있어야 한다. 그러려면 가상공간을 만드는 도구로 별도의 AI 디바이스가 아닌, 누구나 갖고 있는 모바일이 사용돼야 한다"고 말했다. 메타버스가 범용성과 확장성을 지니려면 모든 게 휴대전화 화면 속에서 이뤄져야 한다는 것이다. 그는 "가상공간을 만들고자 하는 기관들은 그것을 물리적 공간인 회사·대학 등의 근처에 만들길 원한다"고 덧붙였다. 이와 관련해 그가 '스텔로 스토리스Stelo Stories'라는 스타트업 공동창립자라는 점을 주목할 만하다. 스텔로 스토리스는 휴대폰으로 촬영한 '세로 영화' 제작사다.

코하비 창립자는 코치AI의 엔진을 기반으로 개발 중인 세 가지 종류의 가상현실 소프트웨어를 직접 시연해 보였다. 첫 번째는 어린 학생들을 위한 '방과 후 활동'이다. 수업을 마친 뒤 본인이 원하는 아바타로 변신한 아이는 숲속으로 들어가 나비 등을 만지면서 논다. 물론 현실에 있는 집의 자기 방에 삼각대를 설치하고 그 위에 스마트폰을 얹었을 뿐이다. 지루해지면 피아노를 치면 된다. 취향에 따라 기타나 드럼 등으로 악기를 바꿀 수도 있다. 소음을 일으키거나 집안 공간을 잡아먹을 걱정은 처음부터 할 필요가 없다. 그림을 그리는 것도 가능하다. 기왕이면 새로운 영감을 주는 공간에서 그림을 그리고 싶다면 네덜란드 화가인 빈센트 반 고흐의 방을 그대로 구현한 방으로 가면 된다. 방과 후 활동에 게임이 빠질 수 없다. 광선검을 휘두르며 포인트를 얻는 게임부터 용이 돼 하늘을 날아다니는 게임까지 없는 게 없다.

두 번째는 스포츠다. 테니스를 배우러 테니스 코트에 갈 필요가 없다. 테니스 시합도 앱으로 연결된 상대와 얼마든지 할 수 있다. 인조잔디·클레이(흙)·하드 등 코트도 선택할 수 있다. 롤랑가로스(프랑스)·윔블던(영국) 무대에 서는 것도 가상현실에선 몇 초 안에 이뤄질 일이다.

'숨도 안 찰 텐데 그게 무슨 운동이냐'고 반문할 수 있다. 하지만 얼마나 섬세하게 가상현실을 구현하는지에 따라 얘기가 달라질 수 있다. 직접 뛰어다니며 테니스를 치는 것과는 차이가 날 수 있지만, 즐거움을 느끼면서 실력과 감각을 가다듬는다는 점에선 분명 도움이 될 수 있다. AI 기술이 전혀 적용되지 않은 스크린골프가 실제 필드에서 치는 골프를 위한 훈련의 성격을 갖고 있는 것처럼 말이다.

그가 마지막으로 선보인 건 현재 이스라엘 슈나이더아동의료센터와 프로젝트 협력이 이뤄지고 있는 가상의 아동병원이었다. 질병의 종류에 따라 다르겠지만, 아동병원의 불문율 중 하나가 바로 '아이는 병원에 오래 있으면 안 된다'이다. 만약 집 안에 가상의 병원 재활센터를 세울 수 있다면 아이의 입원 기간은 훨씬 줄어들 것이다. 코하비 창립자는 "슈나이더아동의료센터 의사들이 직접 치료에 필요한

150여 개 활동을 만들었다"고 소개했다.

방과 후 활동, 스포츠, 아동병원. 이 세 가지 서비스에는 공통점이 있다. 아이들이다. 그는 "아동과 청소년은 국가의 미래이자 인류의 미래"라며 "이들에게 집중해야 더 나은 세상을 만들 수 있다. 그러려면 AI 엔진도 세상의 이로움을 위해 존재해야 한다"고 강조했다.

코치AI 엔진의 최대 강점 중 하나인 사용자 맞춤형 메타버스의 제작 속도와 관련해 코하비 창립자는 "엔진 위에 새로운 경험과 서비스를 얹는 형태로 제품을 빠르게 만들 수 있다"며 "내가 말하는 빠름이란 1년이 아닌 일주일을 말한다"고 강조했다. 그러면서 그는 "앞으로 10년 안에 모든 기업이 아주 강력하고 효과적인 가상공간을 확보하게 될 것"이라고 전망했다.

AI의 미래

에릭 싱 | 무함마드 빈 자이드 AI 전문대학원(MBZUAI) 총장 겸 교수
에릭 다임러 | 코넥서스 AI 공동창립자 겸 대표
음병찬 | 투 플랫폼 아시아태평양 총괄

"현재 AI는 사람들에게 질문을 받고 학습한 데이터를 바탕으로 대답하는 정도이지만, 앞으로는 기계가 스스로 배우고 사람들에게 가르치는 '머신 티칭'까지 발전할 것입니다."

에릭 싱 무함마드 빈 자이드 AI 전문대학원MBZUAI 총장은 [KDB 넥스트라운드 스케일업 기조강연: AI의 미래] 세션에서 미래의 AI는 인간과 같은 복잡한 추론 능력을 갖게 될 것이라고 강조했다.

싱 총장은 지난 10년간 AI의 성취에 대해 "매우 복합적이고 광범위한 기술 발전이 이뤄졌기 때문에 한 가지만을 말하기 어렵다"며 "다양한 알고리즘을 포함한 언어 모델과 맞춤화된 추천, 게임에 관련된 AI가 특히 대중에게 유용했다"고 말했다. 이어 "대중에게 공개되지 않은 기술 중에서도 대규모 모델을 지원하는 AI, 방대한 데이터를

체계적으로 관리하는 AI 등이 발전했다"고 말했다.

싱 총장이 이끄는 MBZUAI는 중동에서 처음으로 설립된 AI 전문 대학원이다. 2019년 아랍에미리트연합UAE의 수도 아부다비 마스다르시의 스마트시티와 혁신클러스터에 설립됐다. UAE는 적극적인 AI 산업 육성을 위해 2017년 정부 내 AI 업무를 총괄하는 장관급 자리를 신설하기도 했다.

에릭 다임러 코넥서스AI 공동창립자 겸 대표는 "과거 10년 전만 해도 수학이라는 학문은 범주론에 따라서 발전해왔는데, AI의 등장으로 더 정확한 수학을 디지털 환경에서 사용할 수 있게 됐다"며 "이로 인해 새로운 분야가 많이 생겼고, AI는 향후 10년간 큰 도움이 될 기술이라고 생각한다"고 말했다.

한편 현재 AI 기술로는 주어진 데이터를 활용한 단순 기능만 수행할 수 있다는 점이 한계로 지적됐다. 전문가들은 AI가 스스로 학습하고 복합적인 추론을 하는 모델을 발전시켜야 한다고 주장했다.

싱 총장은 "사람들에게 질문하고 대답하는 AI 언어 프로그램이나 사물을 인식하는 비전 AI 이외에 아직 적용되는 분야가 많다고 생각하진 않는다"고 말했다. 그는 "예를 들어 '존 F 케네디 전 미국 대통령이 여전히 살아 있다면 어땠을까'라는 질문과 같이 일어나지 않은 일에 대해서도 대답할 수 있는 AI가 필요하다"며 "배경지식으로부터 확장할 수 있는 복잡한 추론을 배워야 하는 것"이라고 설명했다.

그러면서 머신러닝을 넘어선 '머신티칭'이란 개념을 소개했다. 싱 총장은 "머신러닝은 지식을 받아들이고 학습하는 일이지만, 머신티칭은 이를 기반으로 다른 사람에게 다시 설명하는 일"이라며 "AI가 서로를 가르치고 심지어 선생님처럼 사람을 가르칠 수 있는 역할을 하게될 것"이라고 전망했다.

다임러 코넥서스AI 대표는 '오픈AI'를 예로 들며 다양한 데이터의 중요성과 추론 능력의 중요성을 강조했다. 오픈AI는 일론 머스크 테슬라 최고경영자(CEO) 등이 설립한 세계 최고 수준의 AI 연구업체다. 다임러 대표는 "오픈AI는 언어 생성 등에 있어서 많은 언론의 관심을 받고 있지만 한편으론 데이터의 대부분이 영어이기 때문에 다른 언어나 표현들은 예측하지 못한다"고 말했다.

전문가들은 AI를 활용해 다양한 사회적 문제를 해결하기 위해선 의사 결정자로서 사람의 역할이 중요하다고 봤다. 싱 총장은 "더 많은 정보를 가질수록 더 좋은 결정을 내릴 수 있을 것"이라며 "기후변화, 공급망 차질 등 여러 문제에 AI를 접목해 안전한 의사 결정을 내릴 수 있을 것"이라고 말했다.

다임러 대표는 "데이터가 방대하다고 해서 무조건 잘 될 것이란 건 잘못된 인식이고 오히려 정보가 너무 많아 도움이 되지 않는 지점에 도달하게 된다"라며 "데이터를 어떻게 활용할 수 있을지가 더 중요한 부분"이라고 강조했다. 그러면서 "제조업체나 정유소 같은 경우 재설계 과정에서 사람의 실수를 막을 수 있도록 증강현실AR이나 AI 기술을 접목해 시스템을 미리 구현해볼 수 있다"고 덧붙였다.

또 표준 모델 개발의 중요성도 강조했다. 싱 총장은 "하나의 표준을 개발하고 적용해야 연구자들 사이에서 의사소통이 쉬워진다"며 "사람이 몰려있는 곳에선 목표가 무엇인지에 대한 명확성을 잃기 쉽기 때문"이라고 설명했다. 다임러 대표는 "많은 사람들이 개발과 엔지니어링을 공부하지만 전 세계 모두가 컴퓨터 언어를 이해할 순 없다"며 "미래를 구성하는 지식이 자동화될 수 있기 때문에 교육을 통해 컴퓨터 언어를 익히게끔 하는 것도 좋은 방법"이라고 말했다.

세상을 바꿀
노코드 AI

김성훈 | 업스테이지 대표

"AI는 게임의 판도를 완전히 뒤집는 것입니다. 더 이상 우리가 코드를 작성할 필요가 없습니다. AI가 스스로 소프트웨어를 그릴 것이기 때문입니다."

김성훈 업스테이지 대표는 제23회 세계지식포럼 〔세상을 바꿀 노코드 AI〕 세션에서 AI의 발전 현황과 그것이 가져올 미래 변화를 소개하며 이같이 강조했다. AI는 이미 창의성을 발휘해 미술작품을 출품하고, 노래하는 가수의 입술 모양을 완벽히 재현해내 실제와 분간이 어려운 가짜 얼굴을 만들어낼 수 있을 정도로 크게 고도화됐다.

영화 〈마이너리티 리포트〉처럼 특정 지역에서 어떤 종류의 범죄가 발생하는지 사전에 예측하는 일도 가능해졌다. 김 대표는 "사전 범죄 예측 정확도가 90%에 달해 더 많은 경찰과 폐쇄회로CCTV를 효율적으로 설치할 수 있다"고 설명했다.

AI가 인간처럼 소통하기도 한다. 구글이 올해 공개한 AI 언어모델 '람다LaMDA 2'가 대표적이다. 김 대표는 "람다 2는 질문에 답을 하고 답에 대한 논리적 배경을 설명할 수 있다"며 "가령 정원을 가꾸고 있다면 꼭 해야 할 일을 목록으로 알려주고 이들 각각을 어떻게 하면 잘할 수 있을지 제안할 수도 있다"고 말했다.

AI가 인류의 난제를 해결하기도 한다. 구글 딥마인드는 2021년 지구상에 거의 모든 단백질 구조를 예측할 수 있는 AI 플랫폼 '알파폴드'를 공개했다. 의약품이나 백신 개발에 있어 단백질 구조를 이해하는 것은 매우 중요하다. 문제는 어떤 순서의 아미노산이 어떤 단백질을 만들어낼 수 있는지 명확한 규칙이 없다는 데 있었다.

이에 지금까지는 엑스레이 같은 기기로 관찰한 단백질을 인간이 하나하나 손으로 구조를 그려왔다. 하지만 이제 AI를 통해 규칙 없는 단백질 형태에 대한 높은 정확도를 예측할 수 있게 됐다. 김 대표는 "새로운 의약품이나 백신을 만들 때 이들이 어떻게 인체에 작용하고 어떤 효능을 보일지 AI를 통해 미리 알 수 있게 된 것"이라며 "바이오 업계에선 가히 혁명적"이라고 짚었다.

무엇보다 AI 시대에는 더 이상 사람이 직접 코드를 작성하고 프로그램을 만들 필요가 없어졌다. 김 대표는 "노동집약적이었던 농업이 자동화를 통해 생산성을 100배 이상 늘렸듯 소프트웨어 영역에서도 자동화가 이뤄지면 많은 것이 변할 것"이라고 강조했다. 그는 사진을 가지고 고양이와 개를 구분하는 작업을 예로 들었다. 김 대표는 "이전까지 사람이 일일이 데이터 마킹을 할 때 정확도가 60~70% 수준이었다면, 눈과 모발의 색상, 귀 크기 같은 여러 특징으로 개체를 구분하도록 기계학습(머신러닝)을 설계할 경우 정확도가 80~90%까지 올라가게 된다"고 말했다.

이때 방대한 데이터를 입력하면 스스로 학습하는 심층학습(딥러닝)을 적용할 경우 AI가 사진을 픽셀 단위로 분석해 RGB 색상을 구분하고 어떤 데이터가 중요하고 덜 중요한지를 자동으로 분류할 수 있게 된다는 설명이다. 이 경우 정확도는 99%까지 올라간다고 한다. 김 대표는 "AI 모델의 변수를 10개에서 1천 개 단위로 크게 확장하면 이게 고양이인지 개인지 질문하거나 사자의 모습을 띤 고양이를 찾아달라는 명령을 해도 AI가 답을 줄 수 있다"며 "이처럼 코드를 전혀 사용하지 않아도 알아서 데이터를 학습하며 똑똑해지는 것이 '노코드 AI'의 핵심"이라고 말했다.

노코드 AI는 이미 우리 일상을 파고든 상황이다. 김 대표는 "이사를 하는데 집 매물을 찾고 싶다면 AI에게 구글에서 집을 찾아오라고 명령어를 주면 자동으로 데이터를 수집하고 가격이나 지역별로 필터링한 뒤 결과를 이용자에게 보고할 수 있다"고 전했다. 이어 "전자상거래에 많이 사용되는 추천 엔진에도 노코드 AI가 많이 적용돼 있다"고 덧붙였다.

노코드 AI가 적용된 문서 인텔리전스를 통해 시스템을 개선할 수도 있다. 문서 이미지에서 중요한 정보를 추출하려면 이전까지는 직접 엑셀이나 데이터베이스DB에 일일이 수백 페이지씩 데이터를 입력하며 데이터를 정리해야 했다. 이를 소프트웨어로 프로그래밍할 경우 작성 과정을 자동화할 수 있게 됐다. 여기서 더 나아가 노코드 AI를 활용하면 이미지만 던져주고 정보를 추출하라고 명령하면 AI가 알아서 작업할 수 있게 되는 것이다. 김 대표는 "오류가 있으면 수정하면 된다"며 "이 수정사항을 AI가 꾸준히 학습하면서 시스템이 탄탄해질 수 있다"고 말했다.

즉, 노코드 AI는 무엇이 중요한지 어떤 데이터를 사용하기를 원하는지만 알려주면 자동으로 이를 토대로 사용자가 원하는 결과를 제공할 수 있다. 이때 사용자가 피드백을 제공함에 따라 지속적인 개선이 이뤄지며 모델은 더욱 똑똑해진다. 김 대표는 "텍스트만 있으면 노코드 AI로 어떤 과제든 처리할 수 있다"며 "노코드 AI를 어디에 적용할지 그 사용 분야에는 제한이 없다"고 강조했다.

모리스 레비 특별강연:
경제 불확실성 속에서의 테크 기업

모리스 레비 | 퍼블리시스 그룹 감독위원회 회장

인플레이션과 공급망 교란, 우크라이나 전쟁 등으로 글로벌 경제는 불확실성에 직면하고 있다. 앞으로 세계 경제가 침체기로 접어들 것이라는 전망도 나온다. 이에 스타트업을 비롯한 테크 기업들에 대한 투자도 위축될 수 있다는 시각도 있다. 경제 불확실성 속에서 기술투자가 지속될 수 있는 이유는 무엇일까?

"혁신적 아이디어만 있다면 언제 어디서든 투자를 받는 게 가능하다. 자금은 늘 혁신을 향해 흘러들기 마련이기 때문이다."

제23회 세계지식포럼 〔경제 불확실성 속에서의 테크 기업〕 특별세션에서 연사로 나선 모리스 레비 퍼블리시스 그룹 감독위원회 회장은 세션 내내 '혁신'을 강조했다. 그는 "인류사 발전을 추동해온 것이 무엇이었는지 반추해보면, 언제나 과학과 기술이었고, 과학과 기

술의 발전은 혁신으로 이뤄진다"며 "혁신에 불을 지피는 건 바로 인간의 상상력"이라고 덧붙였다.

레비 회장은 이번 세계지식포럼의 주제인 코로나19 팬데믹 이후 초과회복과 관련해서도 의견을 내놓았다. 그는 "초과 회복이라는 단어가 테크기업들에게는 역설적으로 들린다. 팬데믹으로 많은 기업들이 타격을 받았지만 테크 기업들의 경우 팬데믹 시국에서 더 강해졌고 또 누구보다 성공적으로 회복했기 때문"이라고 말했다. 실제로 팬데믹 기간 동안 각국의 방역조치로 인해 글로벌 이커머스, 배달, 스트리밍 회사들의 실적은 급증했다.

다만 레비 회장은 이들 기업들의 미래가 향후에도 밝을 것인지에 대해서는 신중한 반응을 보였다. 그는 "테크 기업들에게도 겨울이 다가오고 있다. 인플레이션에 경기 침체까지 겹친 상황에서 어쨌건 단계적으로 어려움을 겪게 될 것이다. 예컨대 넷플릭스의 경우 북미 지역에서 2분기 연속 가입자가 줄어들었다. 업계 1위 선두주자라도 안전지대란 없고 당연한 얘기지만 그 누구도 영구적 선도 입지를 구축할 순 없다. 선도적 입지를 유지하려면 앞서 강조했듯이 끝없는 혁신밖에 없다"고 말했다. 이어 "위기도 있었고 업계 과열에 대한 논쟁도 있었지만 자본이 계속해서 유입됐다. 테크 기업의 혁신은 정말 강력한 자석처럼 막대한 투자를 가져올 수 있다"고 부연했다.

현재 테크 분야는 예전에 비해 가상화폐, NFT 등 많은 스타트업이 시장에 들어오며 시장 상황이 한층 복잡해졌다. 유니콘 기업 숫자도 급증했다. 2014년 무렵 유니콘이라는 말이 처음 쓰이기 시작할 때 유니콘에 해당하는 기업은 전 세계적으로 40여 개에 불과했지만 9년도 안 된 지금은 1천 개를 넘어서는 등 놀라운 성장세를 보이고 있다.

이 같은 배경에서 레비 회장은 테크 기업들이 향후 2가지 주요 전략에 집중해야 한다고 말했다.

첫째는 인재 확보다. 최고의 인재들을 확보해야 한다는 것이다. 그는 "테크 기업들이 최고의 인재를 확보해야 하며 동시에 인건비를 줄여야 한다"고 말했다. 결국 양 대신 질적으로 인재풀을 슬림화해야 한다는 의미다. 실제로 스냅은 최근 20% 인력 감축안을 발표했으며 마크 저커버그 메타 CEO도 사내 질의응답 시간에 인력 운용과 관련해 비슷한 취지의 이야기를 한 적이 있다.

그는 두 번째 전략으로 테크 기업들이 불확실성 시대에 맞춰 자금 조달에 있어 효과적인 전략을 세울 것을 주문했다. 그는 "민간과 공공 자금이 더 이상 무료가 아니다. 스타트업은 그 동안 성장에만 배팅해 왔다면 이제 그런 전략을 재고해야 한다. 불확실성의 시대에 맞춰 전략을 바꿀 줄 알아야 한다. 성장 뿐 아니라 속도에 집중하고 극적인 변화의 시대에 따라 확장 가능성을 봐야 한다"고 조언했다.

테크 기업의 가능성은 위기에 더 빛을 발한다고 일컬어진다. 코카콜라와 맥도날드는 대공황 시절 탄생했다. 레비 회장은 성공적인 기업들이 위기와 불확실성 속에 태어났다는 점도 강조했다.

그는 "카레이서가 날씨가 좋을 때는 15대를 추월할 수 없지만 비오는 날에는 가능하다. 기업들에게도 위기는 기회가 되며 위기적인 기회는 기업이 어떻게 하느냐에 따라 지속 가능하다"며 "특히 테크 회사들의 생태계는 불확실성을 기반으로 성장해왔다"고 말했다. 실제로 닷컴 버블 이후 구글이 등장했으며 애플은 실패 후 다시 태어났다. 전 세계 3대 시가 총액 톱 기업 애플, 마이크로소프트, 알파벳은 모두 위기 속에서 등장했다.

그는 "새로운 것이 등장하면 새로운 투자와 역량을 흡수한다. 늘 그래왔다. 철도의 탄생 시점에도 그랬고 전기와 석유, 자동차, 항공기 등 수많은 사례가 있다. 그리고 지금은 모두가 에너지에 주목한다. 확실히 말하지만 무조건적으로 에너지로 투자가 흘러들어갈 것이다. 또 다른 분야는 우주탐사다. 스페이스 X, 블루오리진, 아르테미스 미션은 화성을 목표로 하고 있다. 가능성은 정말 무궁무진하다. 이 과정에서 기계적으로 투자하는 레거시 기업 대신 테크 기업으로 자금이 흘러들어갈 것이다. 다만 테크 기업은 계속 도전해야 하고 위험을 수해야 하며 혁신을 이어나가야만 한다. 그리고 이러한 기민성은 지금의 경제적 역풍 속에 엄청난 자산이 될 것"이라고 말했다.

PART 5

녹색 전환 &
C-테크 레이스

Green Shift & C-Tech Race

기후행동을 위한 의지

프레데리크 안드레 헨리크 크리스티안 덴마크 왕세자

마르그레테 2세 덴마크 여왕과 부군 헨리크의 장남으로, 여왕이 외국 방문 시 덴마크를 섭정하는 왕위 계승 서열 1위다. 왕세자는 2008년에 설립된 덴마크의 비영리 민관 파트너십인 '스테이트 오브 그린(State of Green)'의 후견인(patron)이다. 스테이트 오브 그린은 자원 효율성이 높은 저탄소 사회로의 글로벌 전환을 주도하기 위해 노력하는 덴마크의 주요 기업, 기관, 협회를 해외 파트너들과 연결해주는 원스톱 창구 역할을 하고 있다. 왕세자는 전 세계에 덴마크의 친환경 솔루션을 알리는 데 기여하고 있다.

프레데리크 안드레 헨리크 크리스티안 내외 귀빈 여러분, 각계 귀빈 여러분, 신사 숙녀 여러분 초대해 주셔서 감사합니다. 코로나19는 기후변화와 유사한 도전 과제라고 생각이 되며 많은 특성들을 공유하고 있습니다. 코로나19도 기후 변화도 공히 우리의 삶의 방식을 파괴하고 생계를 위협합니다. 그 영향력의 범위가 넓으며 우리 사회 모든 면에 장단기적인 영향을 미칩니다. 이 두 도전 과제는 글로벌 규모의 과제로 단일 국가가 해결할 수 없다는 공통점도 있습니다.

다행히 팬데믹에 맞서는 과정에서 중요한 교훈들을 얻게 되었습니다. 민관이 유례 없이 신속하게 함께 배우고 혁신하고 지식을 공유하고 협력한 덕에 글로벌 위기에 빠르게 효율적인 방식으로 대응할 수 있었습니다.

제23회 세계지식포럼에서 [기후행동을 위한 의지]를 주제로 연설하고 있는 프레데리크 안드레 헨리크 크리스티안 덴마크 왕세자

같은 접근법은 기후변화 저감을 위해서도 적용될 수 있습니다. 친환경이라는 것은 더 이상 선택이 아닌 필수임을 기억해야 합니다. 저는 덴마크의 녹색 솔루션과 경험을 공유하며 전 세계 친환경화를 위해 노력하는 스테이트 오브 그린의 홍보대사 자격으로도 오늘 이렇게 함께하고 있습니다.

덴마크는 늘 그 규모에 비해 더 많은 일을 해내며 세계 재생에너지 분야의 강국이 되었습니다. 필요에 의해 시작된 보다 푸르른 내일을 위한 덴마크의 여정이 이제는 영감이 되어줄 수 있다고 생각합니다. 1970년대 석유 파동 당시 덴마크는 에너지 체계를 전환해 보다 독립적이고 지속 가능하게 변화시킬 필요를 깨닫고 견고한 정치적 리더십과 새로운 기회로 도전 과제를 달성해나가려는 목표를 세웠습니다. 기업들이 힘을 합한 덕분에 덴마크는 해상 풍력을 성공적으로 상용화한 최초의 국가가 되었고 산업의 친환경화를 선도하며 새로운 세계 시장을 창출해냈습니다.

덴마크는 이산화탄소 배출과 경제 성장을 이원화할 수 있었고 1980년대부터 에너지 소비는 거의 그대로 유지한 채 GDP는 2배로 성장했습니다. 평균적으로 덴마크의 일상적 전기 사용의 절반가량이 풍력으로 충당되고 있습니다. 강풍이 부는 날에는 풍력으로 생산된 전기를 이웃나라로 수출하기도 합니다. 총 7만 3천 명 이상이 녹색 경제에서 일하고 있고 녹색 기술은 전체 수출의 7%를 차지하고 있습니다. 숫자만 보더라도 친환경은 단순히 환경과 에너지 안보를 위한 옳은 일일 뿐만 아니라 경제적 성과도 있다는 것을 볼 수 있습니다.

러시아의 우크라이나에 대한 침공으로 발생한 글로벌 위기로 많은 국가들이 덴마크가 1970~80년대에 겪었던 어려움을 현재 겪고 있습니다. 해결책도 같을 수밖에 없습니다. 바로 청정, 녹색, 재생에너지입니다. 하지만 기후 기술은 급격히 진화하고 있고 지금 현재에도 발전하고 있기 때문에 지금 시작한다면 덴마크보다 빠르게 그 결과를 누리게 될 것입니다.

덴마크 모델의 핵심에는 협력이 있습니다. 금융, 기업, 기술, 정치, 학계, 시민사회가 모두 그 역할을 해야만 합니다. 기후 변화는 단일 국가가 해결할 수 없습니다. 파리기후협약의 야심찬 목표를 달성하기 위해서는 모두 함께 모범 사례, 경험, 기술을 공유해야 합니다. 오늘 서울에서 개최되는 세계지식포럼은 바로 이 점을 논하기 위한 자리입니다. 우리 모두는 기업, 산업, 체제 그리고 사회가 어떻게 보다 나은 미래를 위해 지식을 공유할지를 논의하기 위해 모였습니다.

기후 변화 대책은 우리 생애 최대 과제 중 하나가 될 것입니다. 팬데믹으로 인한 후퇴를 만회할 책임은 우리 모두에게 있습니다. 그러면서 그 누구도 소외되지 않아야 할 것입니다. 거대한 과제입니다. 동시에 기회입니다. 우리의 지식을 공유하며 지속 가능한 미래를 함께 만들 기반을 마련할 수 있습니다. 제23회 세계지식포럼을 통해 우리 모두가 귀중한 영감을 얻어가기를 기대합니다. 감사합니다.

세계는 이미 녹색 경쟁 중

새로운 에너지의 미래

김희집 | 에너아이디어 CEO
예스퍼 홀스트 | 코펜하겐오프쇼어파트너스 부회장
조너선 콜 | 코리오제너레이션 CEO
알리 이자디 | 블룸버그NEF 아시아 총괄

　기후변화에 대응하기 위해 탄소중립을 달성해야 한다는 주장은 이제 익숙하다 못해 진부한 말이 됐다. 서두르지 않으면 기후위기로 큰 피해를 입을 수 있다는 사실은 이미 국내에 잘 알려져 있으며, 이제 사람들이 요구하는 것은 '기후변화 대응의 중요성'을 잘 설명하는 일이 아니라, '어떻게 기후변화를 막을지'를 담은 구체적인 제안이다.

　제23회 세계지식포럼 〔새로운 에너지의 미래〕 세션에서는 국내에 적용할 수 있는 제언이 나왔다. 조너선 콜 코리오제너레이션 대표는 "한국은 매년 전체 수입액의 약 25%를 에너지 분야에 쏟아 붓고 있다"며 "원전을 비롯해 다양한 발전원을 통해 에너지 자립을 추구하는 일이 몹시 중요해졌다"고 했다. 특히 러시아의 우크라이나 침공 이후 수입 연료에 의존하는 에너지 구조의 불안정성에 대한 경고가 이어

지고 있으며, 이로 인해 에너지 자립을 위해서도 신재생에너지 발전 확대를 위한 논의가 활발하게 진행되고 있다. 콜 대표는 이어 "한국은 막대한 양의 에너지를 수입하는 만큼 에너지 섹터를 자주적으로 통제하고 있다고 보기 힘들다"며 "에너지를 공급할 수 있는 사업자에게 중요한 역할을 부여해 에너지 공급 프로세스를 개선해야 한다"고 했다. 한국 내에서 자체적으로 조달 가능한 에너지원을 선정한 뒤 이 분야를 집중적으로 육성해야 한다는 얘기다.

에너지 자립 수단으로는 해상풍력을 강화하는 방안이 거론됐다. 예스퍼 홀스트 코펜하겐오프쇼어파트너스 부회장은 "한국은 LS전선을 비롯해 해상풍력 기술력을 확보한 우수한 기업이 많다"며 "부유식 해상풍력은 신재생에너지를 대량으로 확보하기 위한 좋은 수단이 될 수 있다"고 제안했다. 홀스트 부회장은 이어 "케이블, 타워 등 다양한 경쟁력을 갖춘 기업이 한국에 많아 코펜하겐오프쇼어파트너스에게도 한국은 중요한 파트너"라고 덧붙였다. 다만 아직 부유식 해상풍력은 대규모로 착공된 사례가 세계적으로 부재한 상태다. 홀스트 부회장은 "한국은 사용할 수 있는 토지 면적이 제한적인 동시에 수심이 낮은 바다를 갖고 있어 해상풍력을 풍부하게 늘릴 기회를 갖고 있다"고 했다.

행정 역량도 장점으로 꼽혔다. 콜 대표는 "한국 정부는 행정적인 지원도 잘 갖춰져 있고 참여하고자 하는 '플레이어'도 많다"며 "해상풍력을 개발하려는 다른 국가보다 더 나은 여건을 갖추고 있는 만큼 향후 산업을 육성하기에 좋은 기회가 한국에 있다"고 했다. 에너지컨설팅기업 에너아이디어의 김희집 대표는 "신재생에너지 발전량을 늘리는 일도 중요하지만 한전이 그리드(전력망)를 빠르게 확대하는 일도 필수적"이라고 봤다. 콜 대표도 "신재생에너지의 발전량이 들쭉날쭉 하기 때문에 에너지저장장치ESS를 확대해야 한다"고 조언했다. 홀스트 부회장은 "특히 한국 남서부에는 지방정부가 8기가와트GW규모의 신재생에너지 발전 사업을 벌이고 있지만 전력망 인프라 투자는 부족하다"고 지적했다. 가령 전남 해상풍력이 본격 개발되면 육지에서 50~70킬로미터km 떨어진 곳에서 생산한 전기를 연결해야 공급이 가능한데, 이 과정에서 전력망이 부하를 견딜 수 있도록 시설 확충이 필요하다는 것이다.

망을 빠르게 보급하기 위해 민간 참여를 확대해야 한다는 의견도 나왔다. 좌장을 맡은 블룸버그NEF의 알리 이자디 리서치 총괄은 "한국에서는 전력망을 한국전력공사(한전)가 독점해 보급하고 있지만 독일 등에서는 민간 투자시장을 열었다"며 "이런 개방이 한국 전력시장에 필요하다고 보는가"라고 연사들에 물었다.

홀스트 부회장은 "한전이 민간 기업과 파트너십을 추진해 망 구축을 서둘러야 한다"며 "한전의 재정 상태를 고려하면 민간 투자에 문을 여는 것이 하나의 솔루션이 될 수 있다"고 했다. 한국전력은 국내에서 가장 많은 부채를 지고 있어 2022년 2분기 기준 부채가 165조 8천억 원에 달한다. 올해도 30조 원대 중반에 달하는 영업적자가 날 전망이라 한전의 여력이 부족하면 신재생에너지의 빠른 보급을 위해 전력망 개발을 민간에 개방해야 한다는 의견이다. 이 같은 주장은 국내서는 힘을 받기 쉽지 않다. 한국전력은 국내에서 전력의 안정적 공급을 위해 일종의 산업 독점을 하고 있는데, 외부 사업자가 들어올 경우 전력 공급의 공공성이 떨어지고 가격을 오르게 할 수 있기 때문이다. 이에 관해 콜 대표는 "민간이 참여하면 오히려 낮은 가격에 전력망을 구축할 가능성도 있다"고 했다. 콜 대표는 이어 "국가적인 전력망 보급 계획을 세운 뒤 일부는 민영화를 통해 매각하면 경제성을 챙길 수 있을 것"이라고 했다.

김희집 대표는 "전력망 보급이 지연됨에 따라 막대한 신재생에너지 보급 프로젝트도 늦어지고 있다"며 "한국의 전력 수요는 서울과 인천 등 수도권에 집중된 반면 재생에너지는 지역에서 발전되는 만큼 송변전 설비를 빠르게 보충해야 한다"고 했다. 이 과정에서 ESS 등을 얼마나 활용할지, 전력 수요는 얼마나 지방으로 옮길 수 있을지 등 대단위 전력 계획이 필요하다고 지적했다.

여러 문제가 한국에서의 신재생에너지 보급을 가로막고 있지만, 우선 파일럿 사업을 벌이는 것이 중요하다는 제안도 나왔다. 홀스트 부회장은 "우선 50메가와트MW 규모로 에너지 전력망이나 시설의 사업성을 평가해봐야 장래 사업성을 가늠할 수 있다"고 했다. 콜 대표도 "부유식 해상풍력과 관련해 주요 기술은 이미 개발돼 있다. 이를 실제로 구축하기 위한 물류나 인프라스트럭쳐가 잘 갖춰져 있는지 판단하기 위해 파일럿 실증 시험을 추진해야 한다"고 했다. 한국 정부는 울산 인근에서 부유식 해상풍력 실험을 벌이고 있으며, 울산 지역은 전력 수요가 많아 상대적으로 경제성도 높을 것으로 전망되고 있다. 이와 관련해 김희집 대표는 "LS전선이나 삼강엠앤티는 인프라를 제공할 역량이 뛰어나며, 이 과정에서 소요될 철강은 한국의 포스코가 제공할 수 있다"며 "향후 정부가 에너지공급기본계획을 업데이트하는 과정에서 신재생에너지 보급 목표가 상향될 전망인 만큼 해상풍력의 역할도 커질 것"이라고 내다봤다.

니드 포 스피드(Need for Speed): 아태 지역의 녹색에너지 전환 가속화

페어 마이너 크리스텐센 | 오스테드 아시아·태평양 대표
알리 이자디 | 블룸버그NEF 아시아 총괄

"극심한 가뭄, 산불, 심각한 홍수가 세계에서 동시다발적으로 발생하고 있다. 이제는 시급하게 기후변화에 대응해야 할 필요가 있다. 이제는 전적으로 청정 녹색에너지로 전환해야 할 필요성이 긴급해졌다."

글로벌 해상풍력 기업인 오스테드의 페어 마이너 크리스텐센 아시아·태평양 대표는 "더 속도를 내서 녹색에너지로 전환해야하는 시대"라고 역설했다. 제23회 세계지식포럼 〔니드 포 스피드: 아태 지역의 녹색에너지 전환 가속화〕 세션에서 그는 정부와 기업이 힘을 합쳐 녹색에너지로 움직이는 세상을 구현하는 방법을 논의했다.

러시아의 우크라이나 침공으로 초래된 유럽의 에너지 위기는 에너지 다각화와 에너지 자립이 함께 연관돼 있음을 보여준다. 소비자

에너지 가격이 치솟으면서 풍력과 태양열 같은 그 지역에서 직접 만들어지는 에너지들이 수입 의존도를 낮추고 있다. 특히 석유와 천연가스 등 에너지 수입 비중이 높은 아시아·태평양은 기후변화 전쟁의 성패를 좌우하는 지역이다. 아태 지역 여러 나라가 증가하는 에너지 수요를 충족시키는 녹색 전환을 위해 탈탄소화 목표를 수립하고 있다. 크리스텐센 대표는 "아태 지역에서도 녹색에너지가 가파르게 성장할 것"이라면서 "에너지 산업 분야에서 해상풍력, 녹색에너지의 필요성에 대해서 많은 사람들이 공감하고 있기 때문"이라고 강조했다.

오스테드는 아태 지역의 청정 에너지 전환에 중대한 역할을 하고 있다. 전 세계 해상풍력 발전소의 4곳 중 하나를 설치했고 현재 운영 중인 발전 용량은 7.6GW이며 3천 명 이상의 직원이 활동하고 있다. 아시아 국가 간의 녹색에너지 전환 경쟁은 치열하다. 오스테드는 아태 지역 최초의 대규모 해상풍력발전소를 대만에서 짓고 있고 2023년에 가동된다. 900MW의 용량으로 111개의 터빈이 건설되고 있다.

한국에서도 해상풍력발전소 건설이 진행 중이다. 2030년까지 해상풍력 발전 용량 목표는 30GW에 달한다. 크리스텐센 대표는 "지금 현재 속도라면 이 목표량을 무난히 달성할 수 있을 것 같다. 한국 같은 경우에는 현재 1.6GW짜리 프로젝트를 하고 있다. 머지않아 운영 가능하리라고 생각하고 있다"라고 말했다.

오스테드는 원래 석유·가스·원자력을 아우르는 종합 에너지 기업이었다. 10년 전에 야심찬 계획을 세워 완전히 친환경에너지 기업으로 전환을 결정했다. 크리스텐센 대표는 "4년 연속 전 세계에서 가장 친환경적인 에너지 기업이라는 평가를 받고 있다. 이것이 매우 중요한 이유는 녹색 전환을 가속화하려는 여러 사람들에게 영감을 주고 있기 때문이다"라고 말했다. 고무적인 사실은 녹색에너지 전환 비용이 해마다 줄어들고 있는 점이다. 크리스텐센 대표는 "처음에 여정을 시작했을 때는 터빈이 아주 작았다. 친환경에너지 비중이 높았고 많은 보조금이 필요했다. 파트너사와 계속 협력해서 기술을 발전시켰고 지금은 대규모의 12MW 풍력 터빈까지 도달했다. 이제는 경쟁력 있는 에너지가 되었다"고 설명했다.

아태 지역의 미래 에너지 전망은 어떨까. 그는 특히 한국의 해상풍력 발전 경쟁력을 매우 높게 평가했다. 크리스텐센 대표는 "대표적인 해상풍력 발전 사업을 인천에서 하고 있다. 아태 지역 최대 규모의 해상풍력 발전소로 완공시 총 설치 용량은 6.1GW에 달한다. 하지만 이것 시작에 불과하다"라고 말했다. 이어 "이 사업을 통해서 한국이 아태 지역의 리더 국가가 될 수 있다. 한국은 우선 해안선도 아주 길게 형성되어 있고 그리고 해안가의 산업 단지도 상당하고 그리드 연결 정도도 아주 높다. 한국의 철강, 부품, 재료 설비를 해상풍력 사업에 사용해왔고 2조 3천억 원에 달하는 계약을 따내서 여러 파트너사와 함께해 왔다"고 덧붙였다.

그는 한국·일본·대만이 경쟁하고 있는 해상풍력 발전소 구축에 있어서 가장 중요한 요소는 '규모의 경제'라고 조언했다. 그는 "특정

규모 이상의 스케일을 갖추어야 비용 절감 효과가 발생한다"고 말했다. 또한 베트남의 경쟁력에도 주목했다. 그는 "베트남 같은 경우에는 지켜보고 있는 시장인데 3천km 이상의 굉장히 긴 해안가를 가지고 있다. 해상풍력 하기 좋은 조건이다"라고 말했다.

풍력발전도 앞으로 혁신의 가능성은 충분히 있다. 크리스텐센 대표는 "앞으로 우리가 기술 발전을 통해 예전에 시도하지 않았던 영역도 시도해 볼 수 있다. 이제 해상풍력 기술도 성숙 단계에 들어가고 있다. 오프쇼어 윈드폼을 많이 건설하고 있지만 부유식 윈드폼도 등장하리라 생각한다"고 말했다.

오스테드는 바이오 에너지 발전을 비롯해 수소 연료 산업도 병행하고 있다. 다양한 영역의 재생에너지 산업을 연구하고 있는 이들은 에너지의 다각화의 중요성을 강조했다. 크리스텐센 대표는 "이퓨얼e-fuel은 수송이나 운송에 적합하고 중공업에도 어울린다. 수소도 많은 산업적인 활용이 가능하다. 항공기 운송이나 교통, 수송에서는 그린 수소의 사용이 좋은 대안이 될 수 있다"라고 설명했다.

강연의 말미에 에너지 빈국인 한국에게 제안할 정책을 물었다. 크리스텐센 대표의 대답은 명확했다. 그는 "우선 원스톱 식으로 인허가 등의 절차를 간소화하는 게 좋다. 그리고 두 번째는 국산화 비중을 두는 게 물론 좋지만 경쟁력을 고려해 조율을 해야 한다"고 말했다.

탄소중립 게임체인저, 이산화탄소 제거기술CDR과 지속가능한 항공 연료SAF

남기태 | 서울대학교 재료공학부 교수
더그 레이 | 카본엔지니어링 부사장
제이 데시 | 브레이크스루에너지 디렉터
케리 청 | 미국 에너지부 한국 대표
김상협 | 대통령 소속 탄소중립녹색성장위원회 민간위원장

인간은 의심할 여지없이 탄생 이후 지구를 가장 많이 바꾼 단일 종의 생명체다. 종의 생존과 번식을 위해 많은 자원을 활용해왔으며, 이로 인해 땅 속에 묻혀있거나 바다 속에 매장돼 있던 온실가스를 공기 중에 다량 배출했다. 그 결과 인류는 전례 없는 기후위기에 처했으며, 비가 오지 않던 곳에 폭우가 내리는가 하면 섬나라는 물에 잠길 위기에 처했다. 인간은 스스로 불러온 재앙을 해결하기 위해 기술 개발에 박차를 가하고 있다. 탄소 배출이 많은 석유화학제품이나 철강을 만들 때 온실가스 배출을 최소화하는 것은 물론이고, 공기 중에 날아다니는 탄소를 포집하는 기술 등이 많은 혁신기업들을 통해 개발되고 있다.

〔기후 기술 혁신: 탄소중립 게임체인저로서 이산화탄소 제거기술

CDR과 지속가능한 항공 연료SAF의 역할〕 세션에서는 탄소중립을 달성하기 위해 필요한 기술 시장에서의 치열한 경쟁도 엿볼 수 있었다. 직접 공기 중에서 탄소를 포집하는 '직접공기포집(DAC·Direct Air Capture)' 분야의 선두주자로 꼽히는 카본엔지니어링의 더그 레이 부사장은 "에어버스 같은 글로벌 기업들이 DAC를 통해 탄소 감축분을 구매하고 있다"며 "옥시덴탈페트롤륨 같은 기업과 협업해 지층 깊숙한 곳에 탄소를 저장하는 기술도 실용화했다"고 소개했다. DAC는 아직 다른 기술에 비해 톤당 탄소 포집 가격이 비싼 것이 단점이지만, 향후 기술 혁신이 이어지면 탄소중립의 핵심 기술이 될 수 있다는 기대를 받고 있다. 카본엔지니어링에는 빌 게이츠가 창립 투자자로 참여해 화제가 되기도 했다. 레이 부사장은 "최근 미국이 도입한 IRA 덕분에 탄소 감축 사업은 큰 활기를 띠고 있다"며 "미래에는 50억~100억톤t의 탄소를 흡수할 경제성 있는 기술이 도입될 것"이라고 강조했다.

좌장을 맡은 김상협 탄소중립녹색성장위원회 민간위원장은 "여전히 탄소 흡수 기술은 매우 고가라는 비판도 있다"고 했다. 이에 관해 레이 부사장은 "풍력발전이나 태양광 발전도 처음 나온 것은 30~40년 전"이라며 "시간이 지날수록 발전 효율이 늘어난 것처럼 DAC 기술도 향후 경제성 있는 수준에 도달할 수 있다고 본다"고 답했다. 현재 카본엔지니어링은 대기 중의 탄소를 포집해 땅 속에 묻는 사업을 미국 텍사스주에서 벌이고 있다. 기존 석유 시추나 액화천연가스LNG

개발 사업에 비해 오히려 주민 반발이 적은 것도 장점으로 소개했다.

마찬가지로 빌 게이츠가 투자한 벤처캐피털vc인 브레이크스루에너지의 제이 데시 디렉터도 세션에 연사로 나섰다. 데시 디렉터는 "기후 기술은 미래 필수적인 만큼 경쟁력 있는 기술이 경제성을 갖게 될 것"이라며 "이를 돕기 위해 20억 달러 규모의 자금을 투자하고 있다"고 소개했다. 브레이크스루에너지는 특히 연구실에서 막 파일럿 테스트(선행연구)에 나서는 기술에 많은 투자를 집행하는 것으로 유명하다. 데시 디렉터는 "브레이크스루에너지는 신재생에너지뿐만 아니라 원자력 발전의 청정성에도 주목하고 있다"며 "투자한 기업인 테라파워는 소형모듈원자로SMR을 개발해 탄소중립에 기여하는 것을 목표로 하고 있다"고 설명했다.

케리 청 미국 에너지부 한국 대표(에너지 수석담당관)는 "미국은 수소 허브 구축에 2천억 달러, DAC 기술 개발에 3천억 달러를 편성할 계획"이라며 "인플레 감축법 등으로 기후변화 대응을 강화하고 있다"고 소개했다. 김 위원장은 "IRA는 미국 외 다른 국가들은 어떻게 참여할 수 있나"라고 물었고, 청 대표는 "미국 내에서 개발되기만 하면 지원을 받을 수 있다"고 했다. 그는 이어 "시멘트 생산 분야에서 탄소포집 기술에는 미국 정부가 관심이 매우 많다"며 "한국 정부도 민간을 독려해 탄소중립을 위한 기술개발에 협력을 강화하면 좋겠다"고 했다. 미국은 국토가 넓어 국내 이동에서도 항공 탑승이 필수적인데, 이로 인해 항공유 부문에서 탄소중립 달성을 추구하고 있다. 청 대표는 "미국은 2050년까지 탄소중립 항공유를 보급하겠다는 계획을 세웠다"며 "지속가능한 항공연료가 개발된다면 다른 부문에서 화석 에너지 대체가 더 쉬워질 것"이라고 했다.

탄소중립을 추진하기에 한국이 상대적으로 어려운 여건에 처해있다는 분석도 나왔다. 남기태 서울대학교 재료공학부 교수는 "한국은 제조업 비중이 높아 이산화탄소 배출을 줄이기 굉장히 어려운 여건에 처해 있다"며 "이를 해결하기 위해 탄소 포집 기술을 개발하고 있지만, 포집한 뒤 이를 어디에 보관할지도 큰 고민"이라고 말했다. 그는 이어 "포집한 탄소를 활용해 지속가능한 항공연료를 만든다면 이는 탄소의 좋은 활용처가 될 수 있다"고 덧붙였다. 이산화탄소와 수소를 결합하면 탄화수소가 생겨나는데, 이를 활용하면 추가 탄소배출이 없는 항공연료를 만들 수 있다는 것이다. 대기 중에서 포집한 이산화탄소로 항공유를 만드는 만큼 땅 속에서 화석연료를 캐내어 연료를 만드는 것과는 근본적으로 다른 방식의 연료 생산이 가능할 수 있다. 다른 분야에서의 활용도 연구되고 있다. 남 교수는 "국내에서는 칼슘과 이산화탄소를 결합해 만든 탄화칼슘을 건설 자재로 사용하는 방안이 연구되고 있다"고 소개했다. 이에 관해 레이 부사장은 "이런 기술이 상용화되기 위해 가장 중요한 것은 정부의 적극적인 지원"이라고 강조했다.

저탄소 사회 이행과정에서의 기업의 역할

마리 크리스틴 쿠아스네 로케트 | 소네파르 그룹 회장
마크 스틴 | 코닝 지속가능성 및 기후 이니셔티브 부사장
카르미네 디 노이아 | OECD 재무국장
신진영 | 자본시장연구원장

세계는 가뭄과 무더위를 경험하는 동시에 폭우 그리고 평소 겪을 수 없던 추위와 싸우고 있다. 이 모든 변화의 배경에는 지구 온난화가 있다는 것이 중론이다. 이러한 지구 온난화를 유발하는 것은 탄소를 비롯한 온실가스다.

그렇다면 온실가스 배출을 줄이고, 인간의 활동으로 인해 지구의 평균 기온이 올라가는 일을 막기 위해 가장 중요한 경제 주체는 누구일까? 일상생활 속에서 탄소를 내뿜는 개인, 제도를 설계해 전체적인 변화를 이끄는 정부는 물론 중요하다. 그러나 가장 중요한 주체는 결국 기업이라는 의견이 많다. 단순히 기업이 경제 활동을 통해 다량의 온실가스를 내뿜기 때문만이 아니라, 많은 온실가스를 내뿜는 만큼 가장 큰 변화를 이끌 수 있는 잠재력도 기업이 갖고 있기 때문이다.

2022년 세계지식포럼 사무국은 OECD 공동으로 [저탄소 사회 이행과정에서의 기업의 역할] 세션에서 이러한 고민을 담았다. 이 과정에서 강조된 것은 OECD를 비롯한 국제기구의 제도적 변화지만, 실질적으로 기업들이 해낼 수 있는 역할에 대한 고민도 깊게 거론됐다.

카르미네 디 노이아 OECD 재무국 국장은 "기후변화를 예방하기 위해서는 기업들이 기후변화와 관련된 정보를 공시하는 일이 중요하다"며 "자본시장에 재무제표를 제공하듯 기후제표를 제공하는 시대가 올 것"이라고 내다봤다.

디 노이아 국장은 30년 이상 금융 분야 경험을 통해 기업의 흐름을 이해하고 있으며, OECD의 표준 설정이나 정책 업무를 이끌고 있다. 디 노이아 국장은 "국제에너지기구IEA 연구에 따르면 2030년까지 5조 달러의 투자가 있어야 2050년 넷제로 달성이 가능하다고 한다"며 "어마어마한 투자 규모를 봤을 때, 기업과 자본시장의 역할은 무엇보다 중요하다"고 강조했다.

그는 이어 "기후변화는 금융적·재무적으로 기업의 리스크가 될 수밖에 없다"며 "기업 이해당사자들이 참여해 기후변화에 대응해야만 하는 것도 이 이유 때문"이라고 설명했다. 이를 위해 OECD는 '공시'가 주요한 제도적 지원체계로 떠오를 것으로 보고 있다. 디 노이아 국장은 "기업들은 기후 관련 정보를 공시해야할 것"이라며 "투자자도 지속가능한 기업에 자본을 투입할 것인 만큼 명확하고, 일관적이며, 비교가능한 정보가 공시되는 것은 몹시 중요하다"고 했다.

마크 스틴 코닝 지속가능성·기후이니셔티브 부사장은 평범한 시민의 일상 속에 기업 제품이 얼마나 많은 역할을 하는지 주목했다. 스틴 부사장은 "여러분은 아침에 일어나서 최소한 3개의 코닝 제품을 사용했을 겁니다"라고 말문을 열었다. 코닝은 강화유리 기술로 유명한 글로벌 유리기판 1위 기업이다. 아침에 일어나서 휴대전화를 사용하고, 컴퓨터 모니터를 봤다면 이미 코닝의 디스플레이를 사용했다는 것이다. 추가로 인터넷에 사용되는 광섬유도 코닝의 제품이니 이미 코닝 제품으로 둘러쌓인 생활을 했을 거라는 것이 그의 설명이었다.

스틴 부사장은 "코닝의 기술은 나노미터급 반도체를 만드는 데 쓰이고 종이처럼 얇은 세라믹 기술로 수소 연료의 이송에도 기여하고 있다"며 "앞으로 여러분이 생활 속에서 사용할 모든 기술은 탄소 발자국과 탄소 손자국*을 고려해야할 것"이라고 밝혔다.

다만 탄소중립과 관련한 부담도 언급됐다. 프랑스 에너지 기업인 토탈에너지스의 이사를 맡고 있는 마리크리스틴 쿠아스네 로케트 소네파르그룹 회장은 "2030년까지 감축해야 하는 온실가스 목표는 너무 급진적이고 달성 가능한 목표가 아니"라며 "화석연료를 전혀 쓰지 않는 혁명적인 변화와 같은 급진적인 변화는 기업뿐만 아니라 국민들에게도 큰 고통을 줄 수 있다"고 했다.

● 단순히 제품이나 서비스를 생산하면서 배출한 탄소배출량(탄소 발자국) 개념을 넘어 제품이나 서비스의 간접적인 영향력으로 얼마나 탄소배출을 줄일 수 있었는가를 의미하는 지표다.

쿠아스네 로케트 회장은 "공시와 관련해서도 기업들이 너무 많은 부담을 느끼고 있다"며 "너무 많은 요구를 하기 보다는 오히려 기업들이 몇몇 중요한 분야에 관한 공시에 집중할 수 있게 하는 것이 효율적일 수 있다"고 제안했다. 특히 기업마다 특성이 다른데 획일적인 기준을 적용하는 것은 문제가 될 수 있다고 봤다. 쿠아스네 로케트 회장은 "토탈에너지스는 에너지 판매 기업이라 상대적으로 탄소배출을 줄이기 용이할 수 있지만 코닝은 제조기업이라 탄소 배출을 줄이는 데 불리할 수 있다"며 "이런 기업들과 같은 기준을 적용하기는 쉽지 않다"고 했다.

공시와 관련해 스틴 부사장은 "공시는 기업에 부담이 될 수도 있지만 온실가스 배출량을 줄이기 위한 실행 계획이 같이 제안된다면 기업의 동력도 강화될 수 있다"며 "한 기업이 노하우를 쌓으면 이를 다른 기업들에 제공해 탄소중립 관련 역량을 제고할 수도 있을 것"이라고 말했다.

디 노이아 국장은 "G20 회의에서도 지속가능성과 관련한 공시 강화는 논의되고 있다"며 "OECD가 권고하는 바가 각 국의 실제 규제로 도입되기 전에 자율 규제를 도입해 실행하는 것이 기업의 비용을 낮추는 방안이 될 수 있다"고 역제안을 했다. 스틴 부사장은 "지속가능성의 핵심은 우리 모두가, 즉 모든 이해관계자들이 균형을 맞춰야 가능하다"며 "탄소중립은 부담일 수 있지만 모두의 이익을 위해서도 추구하지 않을 수 없는 목표"라고 했다.

에너지 전환과 지속가능한 기업 경영

박경아 | 테마섹 ESG 투자운용 대표이사
앙리 드브랑슈 | JP모건 아태 지역 ESG 총괄이사
이용진 | 맥킨지앤드컴퍼니 시니어 파트너
지예영 | 베이커휴스 코리아 대표
가우탐 쿠라 | 맥킨지앤드컴퍼니 아시아 회장

지속가능성의 중요성이 그 어느 때보다도 커지고 있다. 이것이 기업 경영의 핵심 동력으로 부상하고 있는 만큼 재생 가능한 에너지원의 기여도를 재조정해 재생에너지의 속도와 수위를 조절하는 것이 시급한 우선순위다. 따라서 탄소 배출량을 줄이고 에너지 안보를 달성하는 동시에 가격을 안정화시키고 성장의 지속가능성을 확보하는 것이 하나의 해법으로 제시되고 있다. 한국의 현 정부는 에너지 안보를 강화하는 목표에 초점을 맞추는 등 화석연료에 대한 의존도를 줄이고 석유 및 천연가스 비축량을 늘리는 방안을 마련하기 위해 새로운 에너지 계획을 공개한 바 있다. 또한 ESG가 투자의 핵심 요소로 부상하고 있다. ESG에 맞춰 조직 전략을 구상하는 테마섹과 JP모건, 베이커휴즈의 전문가들은 제23회 세계지식포럼에 모여 깊이 있는 통

찰력을 공유했다.

2022년 전 세계에는 근래 보기 힘든 이상기후가 속출했다. 한반도에는 20년 만에 가장 강력한 태풍인 '힌남노'가 남부지방을 덮쳤고 호남 지역에서는 여름 가뭄을 겪었다. 유럽은 역대급 가뭄과 더위가 닥쳤으나 미국의 데스밸리 사막에는 느닷없는 폭우가 쏟아졌다.

제23회 세계지식포럼〔에너지 전환과 지속가능한 기업 경영〕세션에서는 탈탄소라는 기회에 올라타야 한다는 조언이 나왔다. 세계지식포럼에 참석한 연사들은 입을 모아 기후위기에 대한 대응의 중요성을 강조하고 나섰다. 동시에 이들은 기후위기에 대한 대응이 새로운 기술 혁신을 불러일으키고, 거대한 기회의 장이 될 거라고 조언했다. 특히 아직은 경제성이 떨어진다는 평가를 받는 기술조차도 각국의 막대한 지출로 급격히 발전할 수 있다는 전망을 내놨다.

좌장을 맡은 가우탐 쿰라 맥킨지앤드컴퍼니 아시아 회장은 "탄소중립을 달성하기 위해 전 세계 국가들은 매년 10조 달러씩 지출해야 할 것"이라며 "이 분야에서 이미 50여 개 유니콘이 탄생했다. 녹색성장은 비용이 아닌 투자 기회"라고 말했다.

앙리 드브랑슈 JP모건 아태 지역 ESG총괄이사도 이 같은 시각에 동의했다. 드브랑슈 이사는 "모든 기업들이 지속가능성을 목표로 삼고 도전해야 하는 시대가 왔다"며 "녹색채권(그린 본드·Green Bond)을 비롯한 시장도 커지고 있어 기업에겐 새로운 기회일 것"이라고 했다. 녹색채권은 탄소중립이나 에너지효율처럼 친환경적인 분야에만 상대적으로 저금리에 발행하는 채권을 의미한다. 지속가능성을 챙기면 자금조달 금리를 인하할 수 있다는 의미다.

함께 연사로 참여한 박경아 테마섹 ESG투자운용 대표이사는 "러시아의 우크라이나 침공으로 인해 화석 연료 기반 에너지의 중요성이 강조되고 있지만 중요한 것은 장기적인 목표"라며 "결국 재생에너지로 옮겨가지 않으면 '땅 속에 머리만 파묻는 꼴'이 될 수 있다"고 경고했다. 단기적으로 전 세계에서는 탄소중립보다 에너지 안보가 강조되고 있지만, 결국 한 번 발생한 친환경 에너지로의 전환 흐름을 거스르기는 어려울 것이라는 전망이다. 테마섹은 약 390조 원에 달하는 규모의 자산을 운용하는 싱가포르 국영 연기금이다.

박 대표는 이어 "탄소배출 가격은 톤당 50~100달러까지 올라 큰 부가가치가 생길 것"이라며 "항공, 해운 등 탄소집약 기업들은 탄소 감축 기술에 큰 관심을 갖고 있다"고 했다. 국내와 EU 등에서 운영 중인 탄소배출권거래제를 활용하면, 탄소 배출량을 목표보다 더 성공적으로 감축한 기업은 배출할당량을 다른 기업에 판매할 수 있다. 연간 배출량이 수백만t에 달하는 기업들이 탄소 감축에 실패하면 수천억 원 비용 부담이 생기는 만큼 탄소감축이 중요해지고, 성공적으로 줄인 기업들은 배출권을 다른 기업에 판매해 수익을 올릴 기회도 생긴다는 것이다.

테마섹은 항공처럼 탄소배출이 많은 산업에도 투자하고 있다. 박 대표는 "탄소집약적인 산업에 투자하고 있는 만큼 이제는 테마섹이 탄소배출을 줄이는 영역에 대한 투자를 크게 늘리고 있다"며 "기존에 투자한 기업들에도 탄소 배출을 감축하라고 요구하고 있다"고 설명했다. 에너지 관련 컨설팅 기업인 베이커휴즈코리아의 지예영 대표는 "베이커휴즈는 2021년 이미 전년 대비 23%의 온실가스 감축에 성공했다"며 "고객사에게도 이러한 비결을 공유하기 위해 노력하고 있다"고 했다. 베이커휴즈는 석유 시추, 지층 평가, 생산 등 전반 단계에 포괄적인 컨설팅을 제공한다. 이용진 맥킨지앤드컴퍼니 파트너는 "과자를 판매할 때 칼로리를 표기하는 일이 당연해진 것처럼 나중에는 제품 포장에 탄소배출량을 표기하는 시대가 올 것"이라고 했다. 쿰라 회장은 "지금부터 2050년까지 매년 9조 5천억 달러의 자금 펀딩이 필요할 것"이라고 봤다. 드브랑슈 이사는 "다양한 투자자들은 탄소중립 관련 분야에 투자할 여력을 확보하기 위해 노력해야 할 것"이라고 덧붙였다.

넷제로: 위기를 기회로

기후 인프라 –
글로벌 넷제로 투자 기회

데이비드 **지오다노** | 블랙록 글로벌 기후인프라팀 대표

"넷제로의 전환은 역사적인 투자 기회이며 그 중심에는 기후 인프라 시설이 있다. 신재생에너지 발전용량을 추가하는 것뿐만 아니라 다양한 다른 부문의 탈탄소화를 돕고 새로운 기후 관련 기술에 투자해야 한다."

데이비드 지오다노 블랙록 글로벌 기후인프라팀 대표는 제23회 세계지식포럼 〔기후 인프라–글로벌 넷제로 투자 기회〕 세션에서 재생에너지 사용 확대를 위한 인프라 투자의 중요성을 강조했다. 블랙록 기후인프라팀은 90억 달러 이상의 자산을 관리하고 있고, 투자자 2백여 명이 6개 펀드, 3백여 개 신재생에너지 프로젝트에 투자하고 있다. 현재까지 4개 대륙과 10개국에 걸쳐 투자를 이어오고 있다. 넷제로는 탄소중립과 같은 의미로 개인이나 회사, 단체가 배

출한 만큼의 온실가스를 다시 흡수해 실질 배출량을 '0'으로 만드는 것을 말한다.

그는 특히 미래를 이끌 신재생에너지로 전기와 수소를 주목했다. 지오다노 대표는 "앞으로 에너지 믹스(혼합)는 전기 쪽으로 이동할 것으로 예상된다"며 "2050년이 되면 전기와 수소는 에너지 믹스의 50%를 차지할 수 있다"고 내다봤다. 이어 "안정적인 에너지 공급을 지원하기 위해서 수력 발전 등과 같은 전기 시스템에 유연성과 효율성을 향상시켜야 한다"며 "2050년까지 넷제로에 도달하려면 사용 가능한 기술을 더욱 신속하게 배포하고 아직 시장에 출시되지 않은 기술들을 광범위하게 사용할 수 있어야 한다"고 덧붙였다.

신재생에너지 발전뿐만 아니라 전체적인 에너지 배출량을 줄여야 한다고도 주장했다. 그는 "지금까지 세계는 탈탄소화를 주도하는 핵심 분야로서 풍력과 태양열 발전에 집중해 왔다"며 "발전뿐만 아니라 농업, 제조, 운송 분야의 탄소 배출량도 줄이는 것이 중요하다"고 말했다. 그러면서 아시아 지역의 넷제로 움직임에 주목했다. 지오다노 대표는 "한국은 최근에 2050년까지 넷제로를 의무화하는 법안을 통과시켰고, 일본은 지난 몇 년 동안 대규모 태양열 발전으로 일본 전력의 10분의 1을 생산했다고 밝혔다"며 "중국의 경우 풍력, 태양열 및 수력 발전이 거의 10배 성장하면서 지난 몇 년 동안 '청정 혁명'을 겪고 있다"고 말했다. 또 인플레이션 시기에도 기후 인프라 투자를 통해 자산을 효과적으로 방어할 수 있다고 강조했다. 지오다노 대표는 "인프라 투자는 인플레이션 환경에서 효과적으로 작동하는 경향이 있다"며 "역사적으로 높은 인플레이션 기간에도 인프라는 기존 자산군보다 우수한 성과를 보였기 때문에 포트폴리오에 추가할 경우 분산 투자라는 이점을 제공할 수 있다"고 밝혔다.

전 세계 넷제로 전환을 위해 가장 중요한 기술은 전기 배터리와 첨단 바이오, 공기 포집이라고 봤다. 그는 "이 세 가지 기술 영역이 모두 함께 이산화탄소 배출량 감소에 중요한 기여를 할 것"이라며 "미래엔 대부분의 자동차가 전기 또는 연료로 작동하게 될 것이고 비행기는 첨단 바이오 및 합성 연료로 사용할 것이며, 산업 플랫폼은 전 세계적으로 공기 포집 또는 수소를 사용할 것"이라고 전망했다. 한편 러시아와 우크라이나 전쟁으로 인해 유럽 지역의 에너지 전환이 더욱 빨라지고 있다고 분석했다. 지오다노 대표는 "가장 큰 피해를 입은 곳은 유럽"이라며 "수입 에너지에 대한 의존도가 높고 특히 러시아 가스 공급에 의지해 왔기 때문"이라고 했다. 이어 "유럽은 러시아 가스 의존도를 줄이기 위해 노력하고 있다"며 "중장기적으론 정책 입안자들과 에너지 기업들의 노력을 통해 에너지 전환이 엄청나게 빨라지고 에너지 공급원도 다변화되고 있다"고 덧붙였다.

또 "미국의 경우 향후 몇 년간 조금 다른 에너지 전환의 길을 갈 것"이라며 "국내 에너지 회복 탄력성에 초점을 두고 수출 발전량을 늘리는 동시에 재생에너지, 재생 천연가스 및 수소 부문을 성장시킬 것"이라고 전망했다.

뿐만 아니라 높은 에너지 가격 탓에 친환경 에너지로의 전환이 더욱 가속화될 것이란 예측이 나온다. 지오다노 대표는 "에너지 가격이 치솟으면서 청정 기술의 '그린 프리미엄' 비용이 줄거나 이미 없어진 경우도 있다"며 "이는 재생에너지, 전기차와 기타 청정 기술의 경쟁력을 모든 지역에서 키우면서 에너지 전환을 가속화시킬 것"이라고 말했다. 다만 이를 위한 인프라는 여전히 부족하다고 분석했다. 지오다노 대표에 따르면 대기 오염의 주범인 도로 운송 부문에서 탈탄소화를 달성하기 위해선 판매 차량의 60%가 2030년에 탄소 배출을 하지 않아야 한다. 그는 "이 정도의 전기차 보급을 지원하기 위해서는 급속 충전 인프라가 필요하고 블룸버그 뉴에너지 파이낸스에 따르면 여기엔 2천600억 달러가 필요하다"며 "가장 큰 장애물은 신뢰할 수 있고 사용이 쉬운 급속 충전소가 대도시나 수도권 밖에는 부족하다는 것"이라고 지적했다. 그는 인프라 투자자들을 향해 저탄소 인프라에 투자해 직접 배출을 예방하라고 조언했다. 지오다노 대표는 "더 많은 투자가 있어야 파리기후협약에서 제시한 1.5도 기온 상승 시나리오를 달성할 수 있을 것"이라고 했다. 또 전기를 활용한 인프라에 투자해 모든 부문을 탈탄소화하는 것이 중요하다고 봤다. 그는 "전력 생산이 점점 청정화되면서 많은 부문의 전기화가 이루어지고 운송, 제조, 농업 등의 전력화가 탄소 배출 감축의 핵심이 될 것"이라며 "이는 전기차와 같은 큰 투자 기회를 만들어낼 것"이라고 했다.

마지막으로 새로운 기후 기술에 투자하라고 강조했다. 그는 "특히 배출 저감이 어려운 부문들은 신기술을 개발해야 한다"며 "새로운 기후 기술인 배터리, 수소, 그리드 인프라 등에 투자해 안정적인 전력 공급을 확보하는 것은 전 세계 에너지 전환 가속화에 매우 중요하게 작용할 것"이라고 내다봤다. 이어 "다가올 10년은 기반을 다지는 시간"이라며 "친환경 청정 에너지를 에너지 믹스의 핵심이 되게 해야 한다"고 강조했다.

지속가능한 금융: 기후위기를 성장 기회로 전환하기

조너선 드루 | HSBC 아시아·태평양 지역 글로벌 뱅킹 지속가능경영 총괄

"한국 기업의 역할은 기업 자신의 탄소배출을 줄이는 데에만 있는 것이 아니라 글로벌 노력을 지원하는 상품과 서비스를 수출해야 하는 데 있다. 이는 국제 사회에서 대단히 중요한 역할을 할 것이다."

글로벌 금융회사인 HSBC의 조너선 드루 아시아태평양 지역 지속가능경영 총괄은 제23회 세계지식포럼 [지속가능한 금융: 기후위기를 성장 기회로 전환하기] 세션에서 한국 기업의 역할을 강조했다. 기술적으로 뛰어난 한국의 기업들이 자사의 탄소배출을 줄이는 것뿐 아니라 국제사회에 기여할 수 있는 상품과 서비스를 제공해야 한다는 것이다. 그는 "중대한 산업활동을 넷제로로 만드는 것이 핵심이기 때문에 한국 기업에는 기회가 될 수 있다"고 말했다.

한국 정부는 2050년까지 넷제로를 선언했고 2030년까지 2018년

대비 탄소배출량을 40% 감축한다는 목표를 발표했다. 다양한 산업 분야에서의 저탄소 전환이 예견되는 가운데 드루 총괄이 주목한 산업 부문은 한국이 글로벌 선두를 달리는 조선업이다. 그는 "한국의 전환 기회는 조선업을 빼고는 논할 수 없다. 한국 조선업은 새로운 선박을 디자인하는 데 중요한 역할을 할 것"이라며 "그린 암모니아 형태로 운송되는 그린 수소는 선박으로 에너지가 남는 곳에서 부족한 곳으로 운송될 수 있다. 에너지 운송 측면에서 한국의 기업들이 중요한 역할을 할 수 있다"고 강조했다.

한국 기업의 역할은 조선업에 국한되지는 않는다는 게 그의 설명이다. 드루 총괄은 "소재산업에서 한국이 이미 큰 역할을 하고 있고 탈탄소에 필요한 기술개발에도 많은 투자를 하고 있다"며 "녹색 전환에 성공하기 위해서는 창의성과 더불어 친환경 디자인이나 응용이 필요한 사고과정을 갖춰야 하는데 한국 기업들은 이런 역량을 확실하게 보여주고 있다"고 했다. 드루 총괄은 이 같은 '넷제로 전환'이 기업의 혁신을 일으킬 수 있다며 이를 지원하는 것이 금융의 역할이라고 짚었다. 그는 "대기업이 사업모델을 혁신하는 데 투자하기 때문에 기업의 혁신을 유도하는 효과가 있다"며 "기업은 대단히 중요한 역할을 하고 있으며 금융은 이 같은 혁신기업을 지원하기 위해 사업을 이해하고 실천가능한 전환 계획을 기업이 갖고 있는지 확인해야 한다"고 말했다. 그러면서 "금융회사는 여러 방식으로 기업에 인센티브를 제공할 수 있다. HSBC도 지속가능성에 대한 인센티브를 제공하기 위해 노력하고 있다"고 덧붙였다. 드루 총괄은 기후위기 측면에서 금융이 얼마나 중요한지에 대해 연구를 오랜 기간 진행해왔다. 기후 문제를 해결하기 위해서는 서둘러 행동에 나서야 하고, 이 같은 변화를 유도하는 데 금융이 중요한 역할을 하게 된다는 것이 그의 결론이다. 그는 "인간의 활동이 기후위기를 만들었기에 인간이 조치를 취해야 한다. 이미 한계선을 넘어섰고 다른 한계선에 근접하고 있기 때문에 상황이 시급하다"며 "경제활동과 기업의 운영방식을 바꿀 수 있도록 행동에 나서야 하며 이 같은 변화를 일으키는 데 금융이 중요한 역할을 하게 될 것"이라고 밝혔다.

기후위기 대응에 있어 아시아가 중요한 역할을 할 것이라는 게 그의 시각이다. 드루 총괄은 "아시아에는 두 가지 큰 난관이 있다. 첫 번째는 아시아의 경제 활동으로 인해 상대적으로 많은 탄소가 배출된다는 것"이라며 "에너지 섹터에서 전력 생산의 많은 부분을 화석연료에 의존하기 때문에 저탄소 재생에너지 전환이 시급한 과제"라고 설명했다. 그는 "두 번째 난관은 경제성장"이라며 "개발도상국가의 지역사회와 국민들은 선진국이 누리는 높은 수준의 소득과 복지를 누리지 못하기에 아시아로서는 경제성장이 중요한 문제이며 아시아는 탄소배출을 줄이는 동시에 경제성장도 이뤄야 하는 과제를 안고 있다"고 진단했다.

전력생산 측면에서의 탈탄소화를 위해서는 에너지원을 전기화해야 하는 문제가 남는다. 화석연료의 이용을 중단하는 동시에 대체에너지원을 도입해 시장의 전력수요에 대응해야 한다. 그는 "그린 수소와 같은 새로운 에너지의 역할이 필요하다"고 말했다. 드루 총괄은 "대형 원자력발전소뿐 아니라 소형모듈원자로SMR을 활성화할 필요가 있으며 수소 연료의 이용도 확산해야 한다"며 "넷제로 전환에 대해 알아야 할 것은 그 전환이 역동적일 것이라는 점이다. 세계 어느 나라나 마찬가지이며 아시아만의 문제가 아니다. 많은 기업이 이미 자금을 투자해 친환경 상품과 서비스를 개발하고 있다"고 덧붙였다.

드루 총괄은 넷제로를 위한 '저탄소 시장'이 건실하게 발전하려면 세 가지가 필요하다고 꼽았다. 첫 번째는 규제다. 유럽 의회는 녹색 부문에 대한 새로운 자본가중치를 발표했고 기업이 유리하게 자금을 조달하기 위해서는 탄소배출을 줄이는 것이 필요하다. 그는 "탄소 국경세도 곧 실행될 것으로 예상된다. 이 규제는 유럽에 적용되지만 아시아 상품이 유럽에 수출된다면 탄소세가 부과되기 때문에 아시아 기업에도 영향을 미칠 수 있다"고 말했다. 발행사가 자금을 조달할 때 ESG 공시 요건에 맞춰 공시를 해야 한다는 점이 두 번째다. 그는 "진정성이 있는 저탄소 전환 계획을 세운 후 대외적으로 공개해야 하며, 계획 실행을 위한 데이터도 공개해야 할 것"이라고 설명했다.

마지막 중요한 점은 금융의 역할이다. 그는 "금융회사는 중간 매개역할을 하기 때문에 고객의 넷제로 전환을 돕기 위해 고객과 협력하는 것이 중요하다. 고객의 사업계획을 정확하게 이해해야 하고 때로는 계획에 의문을 제기해야 한다"고 강조했다.

SMR 시장의 새로운 기회

캄 가파리안 | 액시엄 스페이스 설립자 겸 회장
강홍규 | 두산에너빌리티 원자력 영업 상무
김용희 | 한국과학기술원 교수
박동일 | 산업통상자원부 원전산업정책관
이창윤 | 과학기술정보통신부 연구개발정책실장
이상일 | 현대엔지니어링 원자력사업실 실장
임채영 | 한국원자력연구원 혁신원자력시스템연구소장

"세계 에너지 수요는 2050년까지 50% 이상 폭증할 전망입니
다. 탄소 배출이 없고 24시간 운영 가능한 소형 모듈 원자로SMR
가 유일한 솔루션입니다."

캄 가파리안 액시엄 스페이스 회장

2022년은 기후위기에 대응을 강조하던 각국의 태도에 온도차가
생긴 해다. 에너지의 안정적인 공급이 상수로 여겨지던 시대는 러시
아의 우크라이나 침공 이후 끝났다. 기본적인 생활을 영위하기 위해
화석연료의 안정적 공급 확보가 다시 강조되는 한편, 원자력 발전이
다시 중요한 에너지원으로 급부상했다.

원전은 안전성에 관한 논란이 끊이지 않지만 탄소중립 시대에 가

장 적합한 에너지원이기도 하다. 제23회 세계지식포럼 〔SMR 시장의 새로운 기회〕 세션에는 국내외 원자력 업계 전문가가 대거 포진했다. 이날 세션에서는 특히 SMR의 잠재력에 대한 관심이 쏟아졌다. SMR 분야에서 세계적인 경쟁력을 자랑하는 액시엄 스페이스의 설립자 겸 회장인 캄 가파리안은 "SMR을 네 가지로 표현하면 깨끗하고, 안전하고, 안정적이며, 비용이 저렴한 에너지원"이라며 "탄소배출을 줄이기 위해 원전은 신재생에너지와 달리 안정적인 전력 생산이 가능해 빼놓을 수 없는 발전원"이라고 말했다.

태양광이나 풍력 등 발전은 발전 과정에서 추가적인 탄소 배출이 없는 장점이 있지만, 계절이나 날씨에 따라 전력 생산이 들쭉날쭉한 '간헐성'이 단점이다. 가파리안 회장은 "SMR은 오염물질 배출이 없으며, 상용화되면 발전 단가도 신재생에너지나 천연가스보다 훨씬 낮게 된다"며 "기존 원전보다 공사기간을 크게 줄이고 안전성도 크게 높일 것"이라고 밝혔다.

액시엄 스페이스는 원전의 소형화와 모듈화를 통해 공사 기간을 기존 10년에서 3~4년으로 단축하는 한편, '턴키' 방식으로 수주해 전 세계에 SMR을 수출한다는 계획을 세우고 있다. 소형화한 덕분에 기존 원전처럼 냉각을 위해 바닷가에 위치해야 하는 한계도 사라지고, 멜트다운(노심용융)에 대한 우려도 사실상 '제로' 수준으로 낮아진다는 관측이다. 가파리안 회장은 "심지어 비행기가 날아와 들이박더라도 체르노빌 같은 멜트다운이 일어나지 않을 안전한 기술을 만들고 있다고 자부한다"고 말했다. 그는 "공룡은 멸종을 피할 수 없었지만 인류는 생존할 수 있는 방법을 갖고 있다"며 "SMR은 인터넷보다 더 큰 규모의 기술혁명이 될 것"이라고 자부했다. 가파리안 회장은 "전 세계 에너지 소비의 25%가 산업 분야인데, SMR이 이들 분야에 큰 변화를 만들 것"이라고 했다.

강홍규 두산에너빌리티 상무는 "국내에서도 화학공업 산업단지 등에서 SMR을 언제 지어줄 수 있냐는 문의가 들어올 정도"라며 "향후 전력 수요가 큰 곳이나 도시 인근, 기존 석탄 화력발전소 등 자리에 SMR 건설이 검토될 수 있을 것"이라고 했다. 두산에너빌리티는 이미 대형 원자로 124개를 공급한 세계적인 원전설비 및 건설 전문 기업이다. 지난 2017년부터 미국 기업인 '뉴스케일'과 협력해 SMR을 개발하고 있으며, 지금은 실제 설비 제작을 진행 중이다. 강 상무는 "내년에는 실제 SMR 제작을 시작한다"며 "전 세계에는 70여 곳의 SMR 설계회사가 각축을 벌이고 있지만, 실제 상용화를 위해서는 제작 가능한 설계인지 검토를 포함해 실제 제작 전문성을 가진 두산 같은 기업의 참여가 필수적"이라고 봤다.

이상일 현대엔지니어링 실장은 "국내 기술로 만든 '스마트' SMR의 경우 상용화를 거치면 한 대당 7천~8천억 원에 건설이 가능할 것"이라며 "국내 기업들의 더 많은 원전 수출 기회가 될 것으로 본다"고 했다. 현대엔지니어링은 2011년부터 SMR 연구를 진행해왔다. 이 실장은 "과거 2012~2013년만 해도 SMR은 이론적 개념에 불과했고 많은 기업이 관심을 보이지 않았다"며 "반면 지금은 매달 1~2번씩 SMR과 관련한 출장을 나가고 있다"고 했다. 특히 SMR은 섭씨 500~600도까지 고온의 에너지를 공급할 수도 있어 화학공학 분야 공장에서 큰 수요가 있을 것으로 전망된다.

김용희 KAIST 교수는 "러시아의 우크라이나 침공 이후 원자력의 역할이 매우 커졌다"며 "특히 향후 산업분야 수요 증대에 맞춰 수소 생산을 위한 원전 보급도 필요하다"고 했다. 가파리안 회장도 "4세대 SMR의 경우 수소 생산에 큰 기여를 할 수 있다"며 "단순히 전력 분야에서 기여하는 것을 넘어 석유화학이나 철강 등 기존 산업계에서도 수요가 크게 늘 것"이라고 했다. 가령 포스코 한 기업에서만 2040년 수소 3백만t의 수요가 발생할 전망인데, 비용 문제로 원전 수소 외에는 대안이 없는 상황이다.

이창윤 과학기술정보통신부 연구개발정책실장은 "한국 정부는 1997년부터 SMR 기술에 투자해왔으며 경쟁력 있는 다양한 노형을 개발하기 위해 지원을 아끼지 않을 것"이라고 밝혔다. 과학기술정보통신부는 이미 5천억 원 이상의 연구비를 투자해왔으며 국내 기업들과 협력해 미래형 SMR의 개발을 서두르고 있다. 박동일 산업통상자원부 원전산업정책관도 "2022년 중 1조 원 이상 발주를 통해 원전 산업 생태계 활력을 제고할 계획"이라며 "원전 노형 수출에 성공해 세계 시장에 '한국이 돌아왔다'고 알릴 수 있도록 열심히 돕겠다"고 했다.

지난 정부의 탈원전 정책에 관해서도 언급했다. 그는 "여러분이 잘 아시다시피 기존 정책방향은 소위 '탈원전'으로 불리는 방향이었다"며 "지난 5년간 생태계가 위축되고 경영상의 어려움을 겪었지만 SMR을 발전시켜야 미래 원전 경쟁력이 확보된다는 것은 확실하다"고 했다. 그는 이어 "이를 위해 원전 생태계에 일거리를 공급하고 신한울 3·4호기의 건설을 서두르겠다"고 했다.

다만 사용 후 핵연료 처리 기술 확보와 안전 문제는 여전히 남은 걸림돌이다. 김 교수는 "10년 안에 상용화를 목표로 잡더라도 아직 기술적으로 해결해야 할 문제가 크다"며 "사용 후 핵 연료 처리 기술 분야는 아무리 강조해도 부족할 정도이며, 확실한 안전을 보장할 수 있어야 보급이 가능할 것"이라고 했다.

PART 6

자유의 함수

Algebra of Freedom

언론의 자유와 소셜미디어

마리아 레사 래플러 CEO

온라인 탐사보도 매체 '래플러(Rappler)'를 통해 가짜뉴스와의 싸움에 적극적으로 나섰다. 두테르테 필리핀 대통령에 대한 비판을 서슴지 않은 레사는 2019년 기업인 윌프레도 켕에 대한 허위 보도를 했다는 이유로 구속·기소되기도 했다. 이 같은 용기 있는 행보는 민주주의와 항구적인 평화를 위한 전제조건인 '표현의 자유'를 지키기 위한 노력으로 인정받았고 그 결과 그녀는 2021년 노벨 평화상을 수상한다. 이외에도 2018년 타임지 선정 '올해의 인물'과 2019년 '가장 영향력 있는 100인'에 선정된 바 있다.

손지애 이화여대 국제대학원 초빙교수

CNN 서울지국 지국장을 비롯해 뉴욕타임스 서울사무소 취재기자로서 한반도와 관련된 다양한 보도를 했다. 국제방송교류재단 사장, 청와대 대통령실 해외홍보 비서관, 서울 G20 정상회의 준비위원회 대변인 등을 역임했다.

손지애 여러분, 안녕하십니까? 먼저 마리아 레사와의 특별한 대화 시간에 오신 여러분을 환영합니다. 마리아 레사와 저는 모두 CNN에서 함께 일을 했습니다. 1995년부터였던 것 같은데요.

마리아 레사 저는 1988년도에 처음 CNN에서 일을 하기 시작했습니다.

손지애 선배님이시군요. 꽤 오래되셨군요. CNN에서 함께 일을 했는데 마리아 레사 님은 필리핀에 계셨고 저는 서울에 있었습니다.

마리아 레사 그 당시에는 위성방송이 없었던 것으로 기억합니다. 굉장히 비쌌습니다. 10분당 1만 불 정도 됐던 것으로 기억하는데 어느 정

제23회 세계지식포럼에서 언론의 자유와 소셜미디어를 주제로 대담하고 있는 마리아 레사 노벨평화상 수
상자와 손지애 이화여대 교수

도 경력이 됐을 때는 400불 정도였던 것 같습니다. 나중에 무료로
위성방송이 가능해졌을 때는 거의 실시간으로 우리가 보도를 했었
습니다.

손지애 저는 마리아 레사님과는 많은 공감대를 쌓은 굉장히 오래된
친구입니다. 우리는 당시 저널리스트로서 굉장히 흥미로운 일들을
해왔죠. 특히 노벨평화상을 수상하신 분이기 때문에 자랑스럽습니
다. 그런데 마리아 레사 님, 노벨평화상을 수상하신 뒤에 삶이 어떻게
바뀌셨나요?

마리아 레사 어떻게 대답을 드려야 할지 고민이 되는데 2021년 10월 8일 이전에는 제가 필리핀을 떠날 수 없었습니다. 여행 허가가 나오지 않았어요. 2년 만에 10개 이상의 구속 소송들이 있었습니다. 제가 100년까지도 형을 살 수 있다는 얘기도 있었죠. 그러다가 제가 노벨상을 수상한 다음에는 국가를 떠날 수 있게 되었습니다. 그래서 한국에도 올 수 있었고 오늘 밤에 저는 UN총회에 참여를 하기 위해서 미국으로 갑니다.

또 두 번째로는 두테르테 정부 하에서 그 당시에 두테르테 대통령께서 저를 포함한 많은 기자가 대통령궁 근처에 오는 것을 금지시켰습니다. 우리가 굉장한 위험인물이라고 생각하셨나 봐요.

어떻게 보면 큰 존재론적 변화를 겪고 있는 것 같습니다. 전 세계적으로 많은 국가에서 자유의 후퇴가 있었습니다. 15년 전으로 돌아갔다는 평도 나오고 있습니다. 그런데 실제 데이터를 보면 언론인에 대한 공격 사례도 늘어나고 있고 감옥에 수감되거나 사망하는 경우도 늘어나고 있기 때문에 저의 경우는 굉장히 운이 좋은 편이지요.

노벨상 연설을 하기 36시간 전에 제 친구 저널리스트의 죽음을 전해 듣기도 했습니다. 그래서 그 어느 때보다도 민주주의는 저널리즘, 저널리스트를 필요로 하는 시기라고 생각합니다.

손지애 마리아 레사님의 노벨평화상 수상 사실을 처음 들었을 때 노벨위원회가 민주적인 언론인을 보호하지 않으면 큰 문제가 있다는

것을 전 세계적으로 알리려는 것 아닌가라고 생각했습니다. 바로 레
사 님과 같은 분을 지키려고 했던 것이 아닌가 생각하는데요.

마리아 레사 아마 전 세계의 언론인들도 그렇게 느끼지 않았을까 생각
합니다. 우리가 봤던 것은 바로 사실이 무너져 내리는 그런 모습이
아닐까 생각합니다. 저의 고국과 같은 국가들 중에서도 보면 언론사
들이 제1의 타깃이 되었습니다. 여기에서의 목적은 바로 모든 것을
다 차단하려고 했던 것이겠죠. 러시아에서도 끊임 없는 거짓 정보들
이 만들어지고 있습니다.

미국도 예외는 아닙니다. 소셜 미디어로 우리가 다 연결된 상황에서
미국 기업들은 언론의 자유를 훼손하는 모습을 보이고 있습니다. 여
성 언론인들이 목표 대상이 됐던 경우가 많은데요. 제가 시간당 받는
메시지 중 90% 이상이 헤이트 메시지Hate Message 입니다. CNN 때 생
각해보면 언론사가 앞단에 있었고 저희는 뒷단에 있었죠. 그런데 저
는 지금 매일 이런 증오의 메시지를 받게 됩니다.

우크라이나의 각종 전쟁 관련해서도 보면 엄청난 거짓 정보가 가득
합니다. 온라인상에서의 폭력은 실생활에서의 폭력과 마찬가지입니
다. 온라인에서의 면책이라고 생각할 수 있겠지만 오프라인에서도
이어지는 경우가 많고요. 그래서 노벨위원회에서는 이런 것들에 대
해 경종을 울리려고 했던 것이 아닌가 생각합니다.

저는 쇼킹하다고 여전히 생각하고 있는데요. 뭉크의 작품이 생각납

니다. 정말로 충격을 받았던 이유가 많은데요. 최소한 노벨위원회에서는 언론인들이 얼마나 많이 희생을 하고 있는가를 깨달았던 게 아닌가 생각합니다.

손지애 그렇다면 언론인의 역할에 대해서 우리가 이야기해볼 수 있을 것 같은데, 그전에 오늘 오전 한국 언론인들을 만났다고 들었습니다. 질의응답 시간도 가지셨는데 어떤 내용들이 특히 흥미로운 대화 내용이었다고 보시는지요?

마리아 레사 미디어의 미래가 결국 어떻게 될 것인지에 대한 내용이었습니다. 광고 중심의 기존 미디어 비즈니스 모델이 와해되고 있습니다. 미디어에도 기술이 가장 중요해졌습니다. 한국은 네이버가 선두로 달리고 있다는 이야기를 들었습니다. 우리의 소중한 청중을 테크기업과 같은 다른 사람들에게 넘기고 있다는 것을 언론인들이 깨닫지 못했던 것 같습니다.

손지애 처음에는 이 테크라는 것이 미디어의 일부라고만 생각했지 전체 미디어를 장악할 것이라고는 생각하지 못했던 것 같습니다.

마리아 레사 맞습니다. 저는 10명의 노벨상 수상자들과 모여 2022년 9월 초에 10개의 액션 포인트라는 것을 마련했습니다. 우리는 비즈니스모델을 새로 개발해야 합니다. 기술 부문의 경우 권력에 대한 감시라는 큰 원칙을 제시하고 있습니다. 가령 넷플릭스와 유튜브, 스포티파이 등은 여러분이 스마트폰에서 사용할 때마다 머신러닝을 활용해 사용자에 대한 모델을 만들어갑니다.

어떻게 보면 이 모델은 여러분 자신에 대해서 훨씬 더 잘 알고 있습니다. 일종의 클로닝이 발생하는 것이죠. 머신러닝이 당신의 취향을 클로닝 하고, 그다음에 인공지능이 들어와서 이것을 데이터베이스에 저장합니다. 데이터베이스에 모인 사람들의 클론들을 통해 마이크로 타깃팅 작업이 이뤄지는 것이죠.

광고업계에서 보면 사실 우리가 같은 광고를 과거에 봤다면 이제 새로운 세상에서는 맞춤화된 광고를 우리가 보게 됩니다.

그런데 여러분께서 그러면 여기에 어떻게 대응해야 하는가, 특히 언론인들이 어떻게 대응해야 하는가 고민할 수밖에 없게 되겠지요. 그런데 그런 역할이 이제는 언론인들의 손을 떠났는데 우리가 그것을 어떻게 다시 되찾아올 수 있을까요? 과거로 완전히 돌아갈 수는 없다고 생각합니다.

과거에는 언론매체에서 저널리즘을 만들어냈습니다. 그래서 제작한 내용을 우리가 소유하고 있었습니다. 그러다가 배급 시스템에 테크 기업이 들어오게 되면서 우리의 감성과 감정은 이용 대상이 되었습니다. 결국에는 여러분께서 계속 특정 사이트에서 스크롤링을 하도록 만드는 것이 목적이 됐죠. 스크롤링을 오래 하면 할수록 이들이 돈을 더 많이 벌 수 있는 구조이기 때문입니다. 테크 플랫폼도 같은 목표를 가지고 있습니다.

개개인이 받게 되는 영향을 살펴봐야 합니다. 우리는 지금 관심 경제 속에 살고 있습니다. 여러분께서 이렇게 시간을 보내시면 무엇을 얻을 수 있을까요? 사실 우리는 삶의 의미를 찾기 위해 사는 것인데 이 관심경제 안에서는 인생의 의미를 찾을 수 없습니다. 이 플랫폼 구조를 보면 혐오와 같은 인간의 가장 안 좋은 본질, 본성들만 키우기 때문입니다. 매사추세츠공과대학MIT에서 조사를 실시했는데 사실보다는 가짜, 허위 정보가 훨씬 더 빠르게 이러한 혐오를 퍼트린다고 합니다.

지정학적인 상황 또한 또 제가 경각심을 가지고 있는 일입니다. 전 세계 주요 국가에서 2022년 32개의 선거가 있을 예정입니다. 필리핀 같은 경우에는 대선이 2022년 5월에 있었습니다. 당시 마르코스*라는 이름이 정보 소셜미디어상 정보전의 대상이었습니다. 그 과정에서 마르코스가 1980년대에 국가의 부를 빼앗아간 사람에서 이제는 필리핀의 미래의 황금 시기를 가져올 사람으로 의미가 달라졌죠. 정보전의 결과라는 것입니다.

이런 상황에서 중요한 것은 우리가 투표할 때 실제로 우리의 주권을

- 필리핀의 제10대 대통령이자 독재자다. 당시 대선 후보였던 페르디난드 마르코스 주니어의 아버지이기도 하다.

제대로 행사할 수 있는가입니다. 2023년에는 나이지리아에서 선거가 있고, 튀르키예에서도 선거가 있습니다. 2024년도에는 인도네시아와 인도, 미국이 선거를 치를 예정이죠. 아무런 조치를 취하지 않고, 지금의 정보 생태계를 바꾸지 않는다면 민주주의는 2024년까지 쇠퇴의 길을 걸을 것입니다.

손지애 그러면 래플러와 같은 곳들이 앞으로 많은 영향력을 행사하지 못하는 상황이 될까요? 공정하고 균형 잡힌 저널리즘이 위협받을 수 있을 것 같은데요.

마리아 레사 우리는 사실을 보도하기 위해 노력하지만 허위 정보는 6배 더 빠르게 퍼지기 때문에 경쟁상대가 되지 않습니다. 더구나 플랫폼은 돈을 더 많이 벌 수 있는 정보를 원하기 때문에 이런 상황을 더 부추기고 있습니다. 정보 생태계 인센티브 구조 자체가 왜곡돼 있는 셈이죠.

사실 없이는 진실이 없고, 진실 없이는 신뢰가 없습니다. 신뢰 없이는 민주주의가 가능하지 않고, 거버넌스 문제도 해결할 수 없습니다. 코로나19 대응과 기후변화 문제도 해결할 수 없죠. 그래서 지금은 거의 절벽에서 떨어지고 있는 상황과 같습니다. 모두가 피해를 입게 되는 상황이죠.

손지애 어떻게 해결해야 할까요?

마리아 레사 일단 첫 번째로 수익을 위한 감시활동을 멈추도록 하는 것입니다. 나의 복제된 자화상을 왜 다른 사람이 봐야 하는 것인가. 나의 동의 없이는 말이 안 되는 것이지요.

그리고 또 우리가 이것을 대처할 수 있는 세 가지 방법에 대해서 말씀드리고자 합니다. 첫째로 기술입니다. 더 나은 기술이 필요하다고 생각합니다. 언론인들이 착한 기술을 구축하도록 도움을 줘야 한다고 생각합니다. 아직까지 우리가 콘텐츠만 중요하다고 생각을 하는데요. 그것이 다가 아니라는 점을 기억해야 합니다.

두 번째는 저널리즘입니다. 저널리즘을 더욱더 육성해야 한다고 생각합니다. 그래서 공익 언론을 위한 펀드도 창설했던 이유가 민주 국가들이 자본을 모아서 독립적인 언론을 지원하도록 해야 하기 때문입니다. 공적개발원조ODA 0.3%만이 언론이 유입되고 있는데 이것을 1% 대로 올릴 수 있다면 분명 여러 국가들이 과도기에 들어갈 수 있다고 합니다.

세 번째는 공동체입니다. 여러 가지 이야기를 암시로만 하는 것이 아닙니다. 우리 공동체는 지금 이 과정에서 거짓 속에서 살게 되는데요. 우리가 도움을 줘야 합니다.

손지애 지금 말씀하신 것처럼 곳곳에서 불이 켜진 것 같은데요. 어떻게 해야 합니까?

마리아 레사 한번 생각해보십시오. 병원에 갔다고 가정해봅시다. 마리아에 대한 비밀을 내가 확보했는데 누가 이것을 고가에 살 것인가. 테크 기업은 이렇게 생각한다는 것입니다. 테크 기업은 그동안 그래왔고, 중장기적으로는 이런 불법 행위를 막기 위한 법적 지원이 필요하다고 생각합니다. 단기적으로는 시민사회의 역할이 큽니다. 먼저 무엇이 문제인지에 대해 파악하고, 나름의 행동을 취해야 합니다. 지금의 시대는 저널리즘의 황금기였던 저의 어린시절과 다릅니다. 지금 세대는 어려운 과제에 직면해 있습니다. 인생의 진정한 의미를 찾아야 하는데 나의 인생을 갉아먹고 있는 상황이죠.

만약에 그 문제가 해결된다고 하더라도 자유를 억압하는 지도자가 계속 선출된다면 어떻게 될까요? 히틀러라든지 필리핀의 두테르테 대통령이라든지 브라질 보우소나루 대통령과 같은 사람들 말입니다. 이들은 사실 민주적으로 선출된 대통령이었습니다. 그리고 기존의 제도권 내에서 독재자가 된 것입니다. 그리고 UN 내에서도 이렇게 독재가 점점 힘이 커지고 있습니다.

손지애 그렇기 때문에 민주주의에서는 중요한 변화가 일어나고 있는 것입니다.

마리아 레사 북한 같은 경우에도 북한의 통제권을 유지할 수 있는 이유가 커뮤니케이션이 원활하지 않기 때문 아니겠습니까?

손지애 그것이 핵심입니다. 즐거운 이야기를 해볼까요? 우리는 충분히 대항할 수 있습니다. 레사 님과 같은 생각을 품은 언론인, 그리고 현재 상황에 눈을 크게 뜨고 대응해 나가는 사람들이 있기 때문입니다. 우리가 눈을 떠야 한다고 말해주는 사람이 없을 때 문제가 더 심각한 것 같습니다.

마리아 레사 그래서 듣기 싫은 뉴스를 외면해서는 안 됩니다. 내가 좋아하는 것만 클릭하고, 그러지 않은 것을 외면하는 것은 안 됩니다. 지금 현재 우리가 하는 모든 일이 그래서 중요합니다.
앞으로 미국의 민주주의에 큰 후퇴가 일어나게 된다면 어떻게 될까요? 저는 《How To Stand Up To A Dictator》라는 제목으로 책을 쓰고 있습니다. 제가 이 책을 쓰는 이유 중 하나가 경각심을 불러일으키고, 사람들이 좀 더 눈을 크게 뜨길 바라기 때문입니다. 저는 언론인이기 때문에 이런 정보전이 어떻게 작동하는지 잘 보입니다. 하지만 결국 이것은 개인 차원에서 일어나는 싸움이기도 합니다. 우리 모두가 서로 연결해야 성공할 수 있습니다. 저널리스트가 사실에 기반한 근간이 있어야 하고, 시민사회가 경각심을 가지고 사실을 확인해야 합니다. 세 번째는 학계에 있을 것입니다. 네 번째는 지금 목소리를 내지 않고 있는 조용한 사람들, 바로 변호사입니다. 우리 모두가 힘을 합쳐야지 그렇지 않으면 민주주의를 잃게 될 수도 있습니다.

손지애 이제 청중 중에서 질문을 받도록 하겠습니다. 질문 있으십니까?

청중 저는 올바른 저널리즘이 무엇인가에 대해 항상 고민합니다. 그런데 어떠한 저널리즘이 진실을 말하는 것인지, 가짜를 말하는 것인지, 식별하기가 굉장히 어려운 것 같습니다. 그래서 진실과 가짜를 어떻게 우리가 식별할 수 있을지요? 독립적인 언론 매체를 우리가 어떻게 선정하고 선택할 수 있는지 팁이 있을까요?

마리아 레사 저는 독립적이고 증거와 사실 기반의 저널리즘을 지지하고 있습니다. 이런 저널리즘의 형태는 누가 권력을 가지고 있든지 간에 사실을 전달하는 것입니다.
문제는 증폭 능력을 갖춘 알고리즘입니다. 여러분께서 개인적으로 받고 있는 뉴스 피드는 개개인마다 다 다를 것입니다. 여기 손지애 님이나 청중 각각이 같은 진실, 같은 사실을 공유받지 못하는 상황입니다. 특히 분노의 감정을 불러일으키는 뉴스나 당파적인 뉴스를 선택하는 언론사들이 분명히 있습니다. 이런 변화가 일어나는 것 역시 증폭 기능이 있는 알고리즘 때문입니다.

두려움이 있거나 다른 사람들을 더 혐오할수록 플랫폼에 더 오래 머물게 되고, 우리는 이 과정에서 더욱더 분열되고 양극화됩니다. 어떤 뉴스를 우리가 신뢰할 수 있는지에 대한 뾰족한 정답은 없지만 과거보다 정보 생태계가 와해되고 붕괴되면서 뉴스 또한 많이 훼손됐다고 생각합니다.

실제 사실 기반 뉴스는 소셜미디어에서 빨리 퍼지지 않습니다. 그래서 여기에 뭔가 감성적인 부분을 가미하게 되죠. 클릭베이트라는 말을 들어보셨죠? 이런 플랫폼을 활용하게 되면 저널리즘이 더 많이 훼손당할 것입니다. 나쁜 저널리즘이 퍼질 뿐만 아니라, 탐사보도를 하는 매체의 기사는 아예 배급조차 되지 않아 접할 기회를 잃게 되는 것이죠.

가령 저희 편집장께서 한 기자에게 한 달 동안 진행되는 탐사취재를 부탁했습니다. 그런데 그 결과물의 트래픽을 보면 범죄 또는 엔터테인먼트와 관련된 뉴스 트래픽에 비해서 몇 분의 1밖에 되지 않습니다. 그렇기 때문에 대중들은 이런 탐사보도를 하는 언론매체를 지지할 필요가 있겠다고 말씀드립니다.

손지애 글로벌 연대가 필요할까요? 연대해야 한다고 말씀해주셨는데 현실적으로 과연 어느 정도 이것이 달성 가능한지 궁금합니다.

마리아 레사 저는 2~3년 동안 정말 많은 노력을 해왔습니다. 필리핀

정부가 저를 부정하게 수감했던 상황 때문에 저는 래플러의 편집장 역할을 내려놓기도 했습니다. 제가 2013년에 편집하지도, 작성하지도 않은 기사 때문에 명예훼손죄로 구속영장이 발부되고 수감될 뻔했죠.

정말 거꾸로 된 세상에 살고 있습니다. 그렇기 때문에 과연 우리가 우리의 공동의 몫을 어떻게 지켜나가야 할까요? 또 정부가 어떻게 제대로 된 통치를 할 수 있을까요? 시민들이 믿지 않는다면 정부가 어떻게 국가를 유지할 수 있을까요?

유네스코는 저에게 약 50만 건 이상의 공격이 있다고 조사했습니다. 그중 절반 정도는 저의 명예를 훼손하기 위해, 40% 정도는 저의 정신을 갉아먹기 위해 공격이 이뤄졌다고 봤죠. 즉 언론의 자유를 훼손하기 위해서였다는 이야기입니다.

하지만 저뿐만이 아닙니다. 여성은 남성보다 10배 정도 공격을 많이 당한다고 알려져 있습니다. 언론인이든 정치인이든 여성들은 남성보다 훨씬 더 자주 자주 공격의 표적이 되고 있습니다.

손지애 이 사실을 깨닫는 정부들이 어떤 기관과 주체들과 협력해야 할까요?

마리아 레사 UN의 재활성화가 필요하다고 생각합니다. 그래서 안토니오 사무총장께서 최근 리더십 패널을 정부 간 위원회와 관련해서 세웠습니다. '빈트소프'라는 테크 산업의 대표도 참여하고 있습니다. 저도 여기에 참여하고 있는데요. 지금은 창의적인 파괴의 시기라고 보시면 됩니다. 과거에 우리가 알고 있던 세상 모든 것이 달라지고 있습니다. 그리고 과거 세상의 잔해 위에 우리가 선 것입니다.

지금 내가 할 수 있는 행동을 하지 않으면 독재로의 회귀를 막을 수 없습니다. 우리는 우리의 프라이버시를 되찾기 위한 입법활동을 해야 합니다. 이를 위해 래플러도 IT기업과 파트너로 함께 협력하고 있습니다. 우리가 앞으로 어떤 행동을 취해서 미래로 나아가야 할지에 대해서는 우리가 얼마든지 방향 설정을 할 수 있습니다. 시간이 얼마 남지 않았습니다. 항상 대비를 해야 합니다.

손지애 굉장히 중요한 일을 추진하고 계신 것 같습니다. 따라서 정말 큰 성과가 있기를 기원하고 많은 기회의 문이 새롭게 열리기를 희망합니다.

글로벌 난제의 해법:
자유와 연대

존 테일러 특별강연:
경제적 자유와 번영을 향해

존 테일러 | 스탠퍼드대 교수
김인철 | 성균관대 명예교수

'테일러 준칙'으로 유명한 존 테일러 스탠퍼드대 교수는 "높은 인플레이션이 지속되는 상황에서 미국 연준이 빠른 통화정책으로 따라잡지 않으면 나중에 더 파괴적인 결과가 나타날 것"이라고 경고했다. 테일러 교수는 제23회 세계지식포럼 〔경제적 자유와 번영을 향해〕 특별강연에서 테일러 준칙에 의거한 금리 인상 정책의 중요성을 강조했다. 테일러 준칙은 그가 1993년 제안한 통화정책 준칙으로, 중앙은행이 금리를 결정할 때 경제성장률과 물가상승률을 균형 있게 고려하는 것이 경제 안정에 가장 중요하다는 이론이다. 미 연준을 비롯한 각국 중앙은행이 통화정책에서 명목 기준금리를 설정하는 지표로 활용하고 있다.

테일러 교수는 최근과 같은 높은 인플레이션 국면에서 준칙에 의

거해 미국의 기준금리를 5%까지 올려야 한다고 주장했다. 그는 "최근 들어 미국은 1980년대와 같은 높은 수준의 인플레이션을 보이고 있다"며 "연준 역시 테일러 원칙에 입각한 통화정책을 펼 필요성을 느끼고 조금씩 금리 인상 방향으로 나가고 있다"고 말했다. 이어 "현재 시장금리가 코로나19 팬데믹 이전 수준까지 올라가고 있지만 아직 충분하지 않다"며 "중앙은행들이 테일러 준칙이 말하는 금리에 더 가깝게 금리를 책정한다면 세계 경제 상황은 더 낮은 인플레이션과 더 빠른 성장으로 개선될 것"이라고 말했다.

일각에선 공격적인 금리 인상이 경기를 침체시키거나 시장에 충격을 가져올 것이란 우려도 나오지만, 인플레이션을 빠르게 잡는 것이 실물경제에 도움이 될 것이라는 설명이다. 테일러 교수는 효과적인 금리 정책으로 인플레이션이 낮아진다면 올해 말이나 내년에는 더 이상 높은 금리가 필요하지 않을 것이라고 봤다. 그는 "지금 중요한 것은 실물경제의 저성장 또는 마이너스 성장 기간이 길어지는 것을 막는 것"이라며 "지금 당장 정책 방향을 바꿔서 금리를 인상하지 않으면 나중에 더 큰 대가를 치르게 될 것"이라고 경고했다. 한국에 대해선 "소비자 물가 지수가 8월 연간 5.7% 상승했다는 것에 주목한다"며 "한국은행은 2021년 가장 먼저 긴축에 나선 중앙은행 중 하나로 물가상승률이 고공행진을 이어갈 수 있다는 점을 우려한 것으로 보인다"고 분석했다.

경제위기의 해법으로 시장 시스템의 중요성과 정부의 제한적인 역할에 대해서도 강조했다. 그는 "기본적으로 정부의 정책은 법치에 근거해서 예측 가능해야 한다"며 "시장 시스템은 분명히 어느 정도 정부의 역할을 제한하는 기능도 있는데 정부는 제한적인 역할을 하는 것이 맞다"고 주장했다. 이어 "통화정책에 있어선 재정 개혁이나 규제 개혁이 필요하다"고 덧붙였다. 특히 팬데믹 이후 각 정부의 재정부양책이 실질적인 경제성장으로 이어지지 않았다고 지적했다. 테일러 교수에 따르면 미국의 GDP 대비 부채 수준은 과거 30%대였지만 최근 100%를 웃돌고 있다. 그는 "확장적인 재정 정책으로 기조가 바뀌면서 미국과 비슷하게 부채비율이 올라간 국가들이 많다"며 "때로는 경제 성장을 위해 이 같은 부양책이 필요하지만, 경제 문제의 만능 해결책은 아니다"고 지적했다. 또 "이러한 재정 부양책이 실제로 경제 성장을 많이 도모하지는 않았으며, 높아진 부채 비율을 고려할 때 이제는 재정 부양책을 조금씩 거둬들여야 한다고 생각한다"고 밝혔다. 그는 재정 부양책으로 인해 인플레이션이 높아졌다며 연준의 금리 인상 속도를 더욱 높여야 한다고 강조했다. 또한, 한국의 경제 자유도가 높은 수준으로 성장하고 있다는 점에 주목했다. 테일러 교수는 "경제 자유도 수준이 하락하는 미국과 다르게 한국은 상승하고 있으며 규제나 정책 측면에서 자유를 개선하는 방향으로 올바르게 가고 있다"며 "윤석열 대통령이 밀턴 프리드먼의 원칙을 강조한 점도 굉장히 좋다고 생각하며 한국도 테일러 준칙에 입각한 통화정책을 펼치기 바란다"고 말했다.

우크라이나의 재건을 향해

율리아 스비리덴코 | 우크라이나 수석부총리
나경원 | 전 대한민국 국회의원

"우크라이나는 기술 강국으로 재건될 것이다. 그 중심에는 방위산업·철강·농공단지가 있을 것이다."

러시아와의 전쟁 이후 우크라이나를 다시 세우는 임무를 맡고 있는 율리아 스비리덴코 수석부총리 겸 경제부 장관의 말이다. 전쟁이 언제까지 지속될지 모르지만, 전 세계 국가와 기업들은 한국보다 6배 넓은 국토 면적을 갖고 있으면서 자원부국이자 농업대국인 우크라이나 재건 계획에 관심이 높다.

제23회 세계지식포럼〔우크라이나의 재건을 향해〕세션에서 스비리덴코 부총리는 경제재건의 1차 목표 기간을 10년으로 제시했다. 그는 "10년 안에 우크라이나 경제를 재건 국가에서 개발도상국으로 전환하기 위해 노력할 것"이라며 "우크라이나는 부유한 기술 강국으로 일어서 세계를 놀라게 할 것"이라고 자신했다. 그는 재건 프로젝트 규모가 4천2백50억 달러(약 590조 원)에 달하고, 프로젝트 수도 600개가 넘는다고 소개했다. 그는 "큰 방향성은 방산·철강·농공단지이지만, 이는 결국 다른 산업으로의 발전으로 이어질 것"이라며 "우크라이나의 경제적 잠재력을 실현하는 과정에서 재건 프로젝트에 합류한 기업들은 큰 이익을 실현하게 될 것"이라고 덧붙였다. 스비리덴코 부총리는 특히 "한국이 군 물자를 비롯해 재정적·인도적 지원을 해준 점에 대해 감사하다"며 "한국 정부와 기업을 우크라이나 재건 사업에 초대하고 싶다"고 말해 눈길을 끌었다. 코트라 등에 따르면 우크라이나는 2022년 4월 대통령 산하 자문기구 성격의 '국가재건회의'를 창설한 바 있다. 전후 복구·개발 계획 수립과 개혁 과제 발굴·수립·이행 준비, 그리고 과제 이행을 위한 규정 수립·채택·시행을 핵심 업무로 설정했다. 우크라이나 정부의 재건사업 추진 방향은 회복력 강화, 복구 추진, 현대화 지향으로 구분된다. 과제 추진 단계를 전시(2022년), 전후(2023-2025년), 신경제(2026-2032년)로 설정하고 15개 세부 과제를 지속적으로 이행할 예정이다.

15개 과제를 살펴보면 첫 번째는 '국방력 강화'다. 국방·안보 분야 현대화 작업과 방위산업 구축 등을 계획하고 있다. 두 번째는 EU 편입 가속화로 EU 가입 조건 충족을 위한 제도 개선 작업이 이뤄질 예정이다. 그밖에 청정·안전 환경 구축, EU와 에너지 통합, 비즈니스 환경 개선, 긴급자금 확보, 정부 재전건정성 강화, EU 물류망 통합,

에너지 절감형 주택 공급 등이 과제 리스트에 이름을 올렸다. 세부 과제를 보면 방산과 철강 외에도 '에너지'가 재건사업의 핵심 분야 중 하나가 될 것으로 보인다. 우크라이나는 러시아로부터의 에너지 독립을 위해 중장기적으로 원자력 발전소 신규 건설과 수소 인프라 구축을 병행할 것으로 예상된다. 또한 2021년 기준 우크라이나 물류에서 도로 운송이 차지하는 비중이 71.3%에 달한다. 이에 유럽과 연결된 우크라이나 국내 도로의 긴급 복구 수요가 폭발할 것으로 보인다. 2020년 기준 우크라이나 도로 총 길이는 16만 9천7백20km인데, 개전 후 2만 3천km에에 달하는 도로·교량 등이 파손된 상태로 알려졌다. 우크라이나 도로의 피해 규모는 약 9천억 그리브나(약 298억 달러)에 달하는 것으로 추산된다.

한편 세션에 좌장으로 참여한 나경원 전 국회의원은 "2022년 5월 스위스 다보스에서 열린 세계경제포럼(다보스포럼) 연차총회 스비리덴코 부총리를 만나 대화를 나눈 바 있다"며 "당시 그는 한국의 전기 자동차 지원을 요청했다"고 소개했다. 나 전 의원은 "당시 스비리덴코 부총리의 전후 복구에 대한 자신감과 미래에 대한 통찰력에 감명을 받았다"고 밝혔다. 그는 이어 "우크라이나의 승리는 자유 민주주의와 인권이란 가치를 수호할 수 있는 방법"이라며 "궁극적으로 동일한 가치를 공유한 국가 연합의 승리가 될 것"이라고 강조했다.

프랜시스 후쿠야마와의 대담: 자유의 복원

프랜시스 후쿠야마 | 스탠퍼드대 교수
윤영관 | 서울대 명예교수

저명한 정치·역사학자인 프랜시스 후쿠야마 미국 스탠퍼드대 교수가 갈수록 심해지는 한국의 정치·사회적 양극화 현상에 대해 우려를 표했다. 후쿠야마 교수는 또한 거대 플랫폼 기업이 소셜미디어SNS를 비롯한 인터넷 환경에서의 '표현의 자유' 통제권을 쥐는 것에 반대 입장을 분명히 했다. 러시아·우크라이나 전쟁이 장기화할 경우, 일부 EU 국가들이 대對러시아 공동제재로부터 이탈할 가능성이 높다는 진단도 내놨다.

제23회 세계지식포럼〔프랜시스 후쿠야마와의 대담: 자유의 복원〕세션에서 후쿠야마 교수는 '한국 민주주의와 관련해 해줄 조언이 있냐'는 윤영관 서울대 정치외교학부 명예교수의 질문에 "한국에서의 양극화는 미국과 동일한 양상으로 나타나고 있다"며 "미국에 인종주의가 있듯 한국엔 지역주의가 있다. 지역주의에 기대해 정책과 무관하게 특정 집단을 응원하는 게 한국 고유의 문제"라고 지적했다. 그는 선거 승자가 모든 걸 독식하는 대통령제를 양극화 정치를 부추기는 근본 원인으로 짚었다. 그러면서 그는 연립 내각을 구성한 독일 사례와 선호하는 후보에 대한 우선순위를 정하는 호주의 순위선택투표제 도입 등을 양극화 완화를 위한 대안으로 제시했다. 이와 관련해 그는 거짓 정보를 확산시킴으로써 양극화를 부추기고 사회분열을 가속화하는 주체로 거대 플랫폼 기업을 지목했다.

후쿠야마 교수는 "대형 플랫폼 기업들이 자기네가 선호하지 않는 의견은 침묵시키고, 특정 의견은 증폭시키는 방식으로 힘을 얻고 있다"며 "그러면서 민주주의에 긍정적일 것이라 생각했던 디지털 공간에서의 소통이 오히려 민주주의를 위협하는 상황에 이르렀다"고 지적했다. 그는 "지금까진 자유주의 사회에서의 '표현의 자유'를 지킬 권한을 기술 기업에 맡겼는데, 이는 장기적으로 좋은 해법이 아니다"라며 "이익을 추구하는 사기업이 자유로운 아이디어의 장을 수호함으로써 얻는 인센티브가 없기 때문"이라고 설명했다. 정치 집단화할 수 있는 특정 기관이 통제권을 갖는 것에도 신중해야 한다고 후쿠야마 교수는 밝혔다. 이 같은 자유 민주주의 위기가 향후 미국과 다른 주요 국가들이 치를 선거에서 더욱 부각될 것으로 후쿠야마 교수는 내다봤다. 그는 "트럼프 행정부 4년간 미국의 민주주의 규범은 침식됐고, 이것이 축적되면서 여러 걱정스러운 상황이 도래하고 있다"

며 "대표적인 사례가 트럼프가 속한 공화당원의 상당수가 민주당 후보였던 조 바이든 미 대통령이 선거 조작으로 당선됐다는 거짓을 믿고 있다는 사실"이라고 언급했다. 이어 "공화당은 11월 중간선거에 이러한 거짓 주장을 하는 후보를 내놓았다"며 "이처럼 미국 민주주의가 위협받는 상황은 2024년 대선 때도 되풀이될 것"이라고 전망했다. 후쿠야마 교수는 '트럼피즘(트럼프의 극단적 주장에 열광하는 현상)'이 남아메리카와 유럽 등 세계 곳곳에 트럼프 아류를 탄생시켰다고 했다. 그는 "자이르 보우소나루 대통령은 자국의 전자투표시스템에 허점이 있다는 주장을 하면서, 2주 뒤 있을 선거 결과에 승복하지 않으려는 모습을 벌써 보이고 있다"며 "보우소나루 대통령처럼 트럼프를 추종하는 아류들이 여럿 존재한다"고 말했다.

우크라이나 사태와 관련해서는 '자원 확보'라는 경제적 현실이 '민주주의 수호'라는 가치보다 우선하게 되는 상황을 걱정했다. 후쿠야마 교수는 "지금까지 북대서양조약기구(NATO·나토)는 러시아 제재와 관련해 인상적인 모습을 보여줬다"면서도 "하지만 독일을 비롯한 유럽 국가들의 산업은 러시아산 천연가스에 의존하고 있고, 대체재는 찾을 수 없는 상황"이라고 밝혔다. 그는 "우크라이나의 전쟁 승리 가능성이 높다면 유럽은 한 번의 궁핍한 겨울 정도는 견딜 수 있을 것"이라고 예상했다. 그러려면 우크라이나가 다시 한번 군사적 역량을 증명해야 한다는 게 후쿠야마 교수 생각이다. 하지만 그게 뜻대로 안 되고 전쟁이 장기화의 길로 들어설 경우, 후쿠야마 교수는 "일부 유럽 국가들이 우크라이나에 일부 영토 포기를 권하며 평화협정을 맺길 제안할 수 있다"고 말했다. 다만 이는 러시아가 재무장할 시간만 주는 임시방편일 뿐, 장기적으로 유럽 안보에 있어서는 심각한 비극이 될 것이라고 후쿠야마 교수는 확신했다. 그밖에 블라디미르 푸틴 러시아 대통령이 우크라이나 침공 결정을 내린 건, 2~3일의 군사적 압박만으로 우크라이나 정권이 항복을 선언할 것으로 본 오판이 있었다고 후쿠야마 교수는 밝혔다.

자유 민주주의를 훼손하는 또 다른 세력으로 중국을 꼽았다. 그는 "중국은 빅데이터, 머신러닝, AI 등의 기술을 이용해 14억명에 대한 포괄적인 감시체제를 구축했다"며 "이를 바탕으로 코로나19 양성 판정 시 집 밖에 못 나가게 하는 '제로 코로나' 정책을 펼치는데, 이러한 24시간 개인 감시는 과거 한 번도 보지 못한 정책"이라고 비판했다. 그는 "2013년 시진핑 중국 국가주석 집권 이후 독재체제 강화가 이뤄졌고, 아시아·아프리카 등에서 확장주의 세력으로 행동하면서 큰 위협으로 부상했다"고 말했다. 그 과정에서 중국은 서구권보다 빠르고 가격경쟁력 있는 인프라스트럭처 건설 능력을 보여주며, 원조 외교 측면에서 한국·일본·EU 등보다 앞선 모습을 보여준 것으로 평가된다. 대외적으로는 '일대일로一帶一路'로 대표되는 확장정책을 펼치면서, 내부적으로는 독재정치를 앞세워 단속에 나선 것이다.

이제 젊은 중국 지식인조차 미국을 배우려 하지 않고, 결국 이게 중국에서의 '자유의 복원'을 더 어렵게 만든다고 후쿠야마 교수는 분석했다. 양극화를 비롯해 대내적인 정치·경제·사회적 문제에 시달리는 미국이 더 이상 사회주의의 대안이 못 되는 모양새다. 후쿠야마 교수는 "15~20년 전만 해도 미국에 유학 온 중국 학생들이 '중국도 언젠가 미국 같은 민주주의 국가가 되길 원한다'고 말했다"며 "하지만 이젠 더 이상 중국 유학생이 보이질 않고, 설사 있다 하더라도 자기네 모델이 더 우수하다 생각한다"고 밝혔다.

PART 7

신뢰의 구축과
가치 있는 삶

Rebuilding Trust & Living Inspired

음식을 통한 일상의 치유·행복과
K-푸드의 경쟁력

마츠시게 유타카 배우

일본의 대표 배우로 영화, 드라마, 연극 등 분야를 가리지 않고 폭넓게 활약하고 있다. 2012년에 시작한 드라마 〈고독한 미식가〉에서 주인공 '이노가시라 고로' 역을 맡아 한국에서도 수많은 팬을 보유하고 있다. 〈고독한 미식가〉는 수입 잡화상을 운영하는 주인공이 여러 지역에 위치한 식당에서 '혼밥'을 한다는 내용으로, 시청자들에게 소소한 행복과 위로를 주며 큰 공감을 얻어 시즌 9까지 제작됐다.

김승우 배우

1990년 영화 〈장군의 아들〉을 통해 배우로 첫 발을 뗐다. 영화와 드라마에서 코믹에서 멜로, 선이 굵은 액션까지 장르를 넘나드는 연기력을 선보였다. 시사·예능 방송, 뮤지컬, 연극 등 다양한 활동과 함께 최근에는 영화감독 및 시나리오 집필, 드라마 연출·제작까지 다방면으로 자신의 세계를 확장해 나가고 있다.

김승우 안녕하세요? 배우 김승우입니다. 반갑습니다. 드라마 〈고독한 미식가〉의 주인공으로 한국에도 많은 팬을 보유하고 있는 마츠시게 유타카 배우 소개하겠습니다. 반갑습니다.

마츠시게 유타카 안녕하세요? 〈고독한 미식가〉 마츠시게 유타카입니다. 잘 부탁드리겠습니다.

김승우 이제 첫 번째 주제를 통해서 이야기를 나눠보겠는데요. 코로나19 이후에 한국에서는 '소확행'이라는 말이 유행하고 있습니다. '소소하지만 확실한 행복'이 일상의 화두가 되었는데요. 드라마 〈고독한 미식가〉는 매회 이런 내레이션으로 시작을 합니다.

제23회 세계지식포럼에서 대담하고 있는 배우 마츠시게 유타카(오른쪽)와 김승우

"시간과 사회에 얽매이지 않고 행복하게 공복을 채울 때 잠시 동안 그는 제멋대로가 되어 자유로워진다. 누구에게도 방해받지 않고 의식하지 않고 음식을 먹는다는 것은 고고한 행위, 이 행위야말로 현대인에게 평등하게 주어진 최고의 치유라고 할 것이다." 드라마가 전하고 싶은 주제 의식이 일상 속의 치유라고 알고 있습니다. 마츠시게 유타카 님, 일상 속에서 치유를 느끼고 있습니까?

마츠시게 유타카 전 세계적 코로나19 위기로 인해서 사람들이 식사 자리에서 서로 이야기를 하는 기회를 많이 빼앗기고 말았습니다. 이런 상황에서 〈고독한 미식가〉라는 방송 프로그램을 통해 혼자서 먹는 것도 외롭지 않고 풍요롭다는 것을 알릴 수 있었다고 생각합니다. 특히 팬데믹 상황에서 부각이 된 부분이 있는 것 같습니다. '아침에는 이걸 먹고 싶다', '점심에는 저걸 먹고 싶다' 이런 걸 생각하면서 식사를 통해 하루를 살아가는 느낌을 가질 수 있잖아요. 이 과정이 치유이고, 이것은 우리가 생활 안에서 빼앗길 수 없는 시간이라고 생각합니다.

김승우 한국에는 '식구'라는 표현이 있습니다. 밥을 함께 먹는 사람은 마치 가족과도 같다. 이런 의미로도 쓰이는데요. 그 정도로 함께하는 식사의 가치를 중요하게 여기고 있는 것 같습니다. 그래서 '혼자 먹는 밥은 왠지 고독하고 쓸쓸한 행위다'라는 인식이 많습니다. 물론 팬데믹 이후에 조금 상황이 달라졌죠. 이제는 혼자 먹는 밥, '혼밥'이 급속도로 늘어나고 빠르게 정착된 것 같습니다. 10여 년 동안 혼자 먹는 밥의 대표 주자로 살아오셨는데, 혼밥의 의미와 가치에 대해서는 어떻게 생각하십니까?

마츠시게 유타카 한국 현지 촬영을 하면서 제가 한국에 몇 번 왔는데요. 한국의 식문화는 반찬이 여러 개가 나와서 손님을 접대하는 느낌이 들잖아요. 그것을 같이 나눠 먹는 것이 굉장히 풍요로운 시간이라고 생각을 했습니다.

일본에서도 다같이 모여서 식사하는 문화가 있어서 혼자 먹는 것이 외롭다고 생각하는 사람들이 물론 있겠죠. 그런데 프로그램 속에서 저는 혼자 먹더라도 모놀로그를 통해 '식당의 분위기가 참 좋다', '저 주인이 만들어주는 반찬은 어떤 맛일까'라는 등 스토리를 스스로 만들어가면서 먹기 때문에 거기서 저는 그렇게 외로운 존재가 아닙니다. 이것이 실제로 나는 그렇게 외로운 존재가 아니라고 느끼게 해주고요. 나쁜 의미의 고독이라고 생각하지 않습니다. 혼자서 즐기고 있다는 것을 전달하는 10년이었다고 저는 생각을 합니다.

국경을 넘어서 이 드라마의 많은 팬분들이 계시고 재미있다고 해주시는 것이 지금 생각해도 묘한 느낌입니다. 혼자서 즐기는 식문화도 참 좋은 것이라고 생각을 해주시는 분들이 많으면 더 좋을 것 같습니다.

김승우 그럼 〈고독한 미식가〉와 관계없이 마츠시게 상도 원래 혼자서 즐겨 드시는 편입니까?

마츠시게 유타카 배우들은 지방 촬영도 많이 하잖아요. 일본뿐만 아니라 해외도 많이 가고. 스케줄이 없을때는 혼자만의 시간을 갖기도 합니다. 모르는 지역에 가거나 말이 통하지 않는 곳도 가는데, 그런 데서 '오늘 뭘 먹을까' 고민하는 거죠. 일이 없을 때 하루 종일 그런 시간이 주어지는 게 저는 너무 즐거워요. 제가 그 시간에는 마츠시게 유타카인지 아니면 이노가시라 고로인지 모를 정도로 혼밥을 즐깁니다.

김승우 〈고독한 미식가〉를 10년 동안 촬영하셨습니다. 촬영을 하면서 만난 외식 시장이 코로나19 팬데믹 이전하고는 어떻게 달라졌다고 느끼셨는지요?

마츠시게 유타카 코로나19 팬데믹 상황이 앞으로 어떻게 될지 모른다는 부분이 물론 있죠. 이제 음식점을 보면 정말 테이크아웃과 배달 서비스가 대세가 됐다는 것을 느낍니다. 일본도 마찬가지이고요. 〈고독한 미식가〉도 지난 2년 동안 자영업자들에게 응원을 보태기도 했어요. 마스크를 쓰고도 먹으러 가고 싶은 음식점이 있고 거기서 칸막이가 있어도 우리가 맛있는 것을 먹을 수 있다는 걸 보여주는 게 자영업자들에게 좋은 응원이 된다고 생각을 합니다. 아직 코로나19가 종식되지는 않아 앞으로 우리가 어떤 파고에 휩쓸릴지 모르겠지만 저는 음식점이 없어지진 않을 거라고 생각합니다. 먹는 문화라는 것이 어느 나라에서도 소중하게 생각해야 하는 문화이기도 하고요. 여러분도 함께 연대할 수 있는 아이디어를 실현해보았으면 좋겠습니다.

김승우 새로운 시즌에서 마스크를 끼고 등장하는 배우들의 모습을 보면서 팬데믹이라는 현실을 실감했다는 분들이 참 많이 있더라고요. 그만큼 현실을 리얼하게 반영한 드라마로서 일종의 다큐멘터리라고 보는 시각도 있는데요. 한국의 식당들은 팬데믹을 이겨내기 위해서 혼자 먹는 손님들을 위한 메뉴를 개발했고요. 또 배달 서비스가 크게 확대됐습니다. 일본은 어떤가요?

마츠시게 유타카 그렇습니다. 처음 〈고독한 미식가〉의 기획의도를 들었을 때부터 드라마보다 다큐멘터리 같다고 생각했습니다. 실제 존재하고 있는 식당에 가서 직접 만들어주는 음식을 먹는 거니까요. 음식 자체가 주인공이라고 생각했거든요. 그래서 저는 시청자들에게 내가 먹는 요리가 어떻게 전달될지에 따라 드라마의 성패가 갈리는 거라고 생각했어요. 정극 연기보다 다큐멘터리처럼 제가 느끼는 바를 그대로 보여드리는 게 맞다고 생각했습니다. 그래서 코로나19 팬데믹 상황이 찾아왔을 때 마스크를 쓰고 칸막이가 있는 식탁에서 서로 대화하는 게 조심스러운 때도 물론 있었지만 '먹는다'는 행위에 집중했고, 이를 나눌 수 있는 기쁨이 제겐 있었습니다. 식당의 주인이나 저와 같이 식사를 하러 온 주변 분들하고요. 2021년에 시즌 9를 했었고요. 올해는 이제 시즌 10인데 코로나19 상황은 아직도 이어지고 있습니다. 그래서 일상의 다큐멘터리처럼 음식점 사람들이 마스크를 끼고 얼마나 열심히 하고 있는지 그리고 사람들은 먹는 것에 대해서 얼마나 강하게 관심을 갖고 또 희망을 잃지 않고 있는지 이런 것을 알릴 수 있는 그런 촬영이었습니다.

김승우 아무래도 촬영하다 보면 처음 접하는 음식들이 많을 텐데 맛이 없었던 경우는 없나요?

마츠시게 유타카 촬영 전부터 저는 식사를 안 합니다. 촬영하는 날 아침에 다른 제작진들이 아침을 먹을 때도 저는 먹지 않죠. 점심 때 다른 사람들이 도시락을 들고 와서 먹으면 저는 구경을 하죠. '이 돈까스는 어떤 맛인가?', '저 생선은 이렇게 간이 잘 배 있는가?' 이런 궁금증에 대한 이야기를 풀어가면서 식욕을 계속 불러일으키게 돼요. 촬영에 들어가서 첫 술을 뜰 때가 오후 2시 정도인데, 이때까지 아무것도 안 먹는 겁니다. 촬영에 들어가기 전에 제 안에는 '공복'이 아주 양념이 잘돼 있는 상태로 남아 있습니다. 물론 제가 잘 먹지 못하는 것이 있겠지만 거의 대부분은 맛있게 느낄 수 있습니다. 결국 '공복이 최고의 양념이다'라는 생각이 듭니다. 제가 맛있게 느끼는 만큼 여러분들도 텔레비전에서 행복한 느낌으로 다가오겠지요.

김승우 한국말에도 '시장이 반찬이다'라는 표현이 있어요. 몸소 체험을 해주시고 계시네요. 마츠시게 상께서는 한 인터뷰에서 이런 인상적인 말을 남기신 적이 있습니다. "작은 행복이 하루에 3개 이상만 쌓여도 매우 풍성한 인생이 될 수 있다." 이런 말씀하셨는데 그게 무슨 뜻인가요? 마츠시게 상께서 스스로를 위해 만드는 하루의 작은 행복은 뭐가 있을까요?

마츠시게 유타카 코로나19 상황에서 2년 반 동안 먹는 것 그 자체에 대한 기쁨을 체험해 볼 수 있었습니다. '이게 이렇게 맛을 낼 수 있구나', '이렇게 맛있을 수가 있구나', '맛있어서 테이크아웃을 해 집에 가서 먹었더니 또 다른 맛이 있네' 등이죠. 먹는 것은 우리가 어떤 상황에 놓여있든 죽지 않기 위해서는 반드시 해야 되는 일이기도 한데, 이제는 거기에서 뭔가 행복을 찾아낸다는 거죠. 사람은 그래서 행복하게 살아갈 수 있지 않을까? 요즘은 그런 생각이 듭니다.

한 가지 덧붙이자면 제가 술을 안 마시다 보니 간식을 두 차례 먹거든요. 간식까지 하면 하루에 5개의 행복을 느낄 수 있습니다. 1개, 2개 빠지거나 제 마음에 들지 않는다 하더라도 3개의 행복은 느낄 수가 있잖아요. 매일 이런 식으로 지내다 보면 저에게는 '정말 나는 굉장히 행복하구나'라고 단언할 수 있을 정도로 일상이 펼쳐집니다. 여러분도 그렇게 한번 해보시면 이노가시라 고로와 같이 살아가실 수 있지 않을까 하는 생각이 듭니다.

김승우 식당은 어떤 과정을 통해서 섭외를 하시나요?

마츠시게 유타카 〈고독한 미식가〉에서 식당 선정에 제가 관여하고 있는 부분은 전혀 없습니다. 제가 한 번도 가본 적이 없는 그런 식당을 대상으로 제작진분들이 그야말로 혈안이 돼서 가게를 찾아다닙니다. 먼저 식당 주인에게 "여기에서 우리가 〈고독한 미식가〉를 촬영하고 싶은데 어떠시냐"고 제안을 드립니다. 물론 거절하는 경우도 있으시고요. 제작진들이 자기 발품을 팔고, 직접 맛을 경험해보는 과정을 거칩니다. 그들이 경험한 식당의 숫자만큼 맛있는 메뉴들이 나오게 되는데요. 그것은 프로그램 제작 초기부터 전혀 변함이 없는 방식입니다. 한국 편 같은 경우에는 서울, 부산, 전주를 다녀왔는데요. 제가 서울에서 하자고 했더니 제작진이 정말 식당을 찾아 나서겠다고 했어요. 제작 한두 달 정도 전부터 제작진들이 함께 하루에 여섯 끼, 일곱 끼를 먹어가며 프로그램에 나올 식당을 찾아다녔다고 합니다. 제가 정말 맛있는 식사를 할 수 있게 된 것도 이런 노력의 결과입니다.

김승우 K-푸드를 세계에 알리는 데도 한국 드라마들이 큰 역할을 했습니다. 한 통계에 따르면 외국인이 한국에 방문해서 가장 먹고 싶은 한식으로 치킨이 뽑혔는데요. 하지만 치킨을 과연 K-푸드라 불러도 되는가에 대해서는 의견이 분분합니다. 돈까스나 카레라이스 같은 경우도 일본의 전통 음식은 아니죠. 해외에서 일본으로 유입된 메뉴인데 그 일본의 스토리, 그리고 또 식재료 등이 더해져서 세계 어디를 가도 일본 음식으로 분류가 됩니다. 이런 것에 대해서는 어떻게 생각하는지 궁금합니다.

마츠시게 유타카 말씀대로 정말 다양한 음식 문화가 일본에 있습니다. 서쪽으로부터 계속 일본으로 흘러들어왔다고 해도 과언은 아닙니다. 대륙 쪽에서 한반도를 경유해 일본으로 들어온 다양한 식자재도 있습니다. 돈까스와 튀김, 만두 이런 것들은 서쪽에서 왔다고 생각을 합니다. 일본이 섬이기 정말 거기서 끝나는 거 아닙니까. 동쪽으로는 바다밖에 없으니 전달을 해줄 곳이 없습니다. 막다른 길에 봉착해 있는 것이나 마찬가지죠. 그래서 그 안에서 어떻게 해서든지 아이디어를 짜낼 수밖에 없습니다. 일본인들이 지금까지 서쪽에서 들여온 것들을 나름대로 해석을 해서 소중하게 육성을 해온 것이 아닌가 싶습니다. 결국 유입 경로 상으로 보면 한국이나 일본이나 같은 흐름을 타고 온 것이죠.

그렇기 때문에 일본인들은 한국 음식에 대해 동경하는 마음도 가지고 있습니다. 같은 식자재를 가지고 있는데도 '이게 한국식이다'라고 하는 요리가 있지 않습니까? 한국 음식에 대한 동경심도 이런 차원에서 이뤄졌다고 봅니다.

특히 지금은 젊은 사람들을 중심으로 이뤄지는 한국 음식에 대한 유행도 흥미롭습니다. '한국에서는 이런 디저트류가 유행이다', 한국은 이렇게 먹는다'라는 것이 관심을 받죠. 프라이드 치킨 같은 경우가 대표적입니다. 일본의 뉴스에서 다뤄진 적도 있고요. 젊은 사람들이 신경을 쓰면 어른들도 한 번쯤 먹어보고 싶어지지 않습니까? 일본에서는 그런 쪽으로 한국 음식이 화제가 되고 있습니다.

음식을 유입해온 동선을 생각해보면 한국과 일본은 굉장히 가까운 관계에 있습니다. 하지만 그 결과가 조금씩 달라진다는 것이 재미있게 볼 수 있는 지점입니다. 그렇기 때문에 더 좋은 관계가 되지 않나 싶습니다.

제가 하고 있는 프로그램에서 '한국에 가자, 한국에 맛있는 게 있을지도 몰라', '일본에서는 이런 식으로 간을 맞추는데 한국은 어떻게 다를까' 이런 식으로 생각하지 않습니까? 어제도 그런 일이 있었거든요. 오징어를 넣은 김치(진미채) 같은 게 있더라구요. 그런데 마른 오징어를 김치처럼 담그면 정말 맛있구나라고 느끼게 됐습니다. 의외의 발견을 한 것이죠. 그런 갈망이라고 해야 하나요? 그런 것이 일본인에게는 있는 것 같습니다. 한국식 식자재와 요리 방법은 앞으로도 일본에서 흥미가 계속 이어질 것 같습니다.

김승우 〈고독한 미식가〉에도 한국 음식에 대한 에피소드가 있었잖아요. 시청자들 반응은 어땠는지요.

마츠시게 유타카 전주비빔밥과 청국장이 큰 관심을 받았습니다. 청국장은 사실 굉장히 특이한 냄새가 나지 않습니까? 그런데 청국장을 넣어서 비빔밥을 만들었더니 이렇게 좋은 맛이 난다는 거를 이제 알았던 거죠. 저도 그 맛을 전달해드리고 싶었는데요. 프로그램을 통해 전달을 한다고 해도 비빔밥을 파는 가게가 도쿄에 많지 않거든요. 그런 것을 출발점으로 해서 확산시켜나가면 좋겠습니다.

일본에서 또 관심을 받은 음식은 냉면입니다. 불고깃집에서 마지막 코스로 나오는 거였거든요. 지금까지 냉면은 조금 거무튀튀한 면이라는 인식만 가지고 있었는데 냉면집을 여러 군데를 가봤더니 종류가 많더라고요. 평양냉면도 있고, 전분을 넣은 냉면도 있고. 다양한 냉면이 있었습니다. 식당마다 맛도 달랐고, 한 가지 음식에도 전혀 다른 음식 문화가 있다는 것을 알게 됐습니다.

이런 점은 일본인들도 알지 못하는 경우가 있었거든요. 정말 열심히 모르는 점을 알고 싶다는 생각이 들었고, 그런 교류가 좀 더 긴밀하게 이루어질 수 있다면 좋겠다는 생각이 들었습니다.

김승우 그렇다면 K-푸드가 일본 외식 시장의 변화를 가져올 수도 있을까요?

마츠시게 유타카 뉴스를 보면 K-푸드가 일본 젊은이들을 중심으로 굉장히 빠르게 확산되고 있습니다. 오늘 이 자리에도 젊은 분들이 굉장히 많이 오셔서 저도 흐뭇한데요. 한국과 일본의 음식 문화를 재평가하면서 서로 간에 화합과 교류의 무대를 이끌어낼 수 있는 것이 바로 젊은이라고 생각합니다.

어제도 어쩌다 우연히 젊은이들이 쭉 줄 서 있는 도넛 가게를 만났습니다. 꽈배기 도넛을 팔고 있는 가게였죠. 쭉 줄을 서서 도넛을 구입하길래 저도 사서 먹어봤는데요. 정말 오래된 정겨운 맛이 나더라고요. 이런 발견은 젊은이들이 해낼 수 있는 것입니다.

젊은이들의 정보 발산력은 대단하지 않습니까? 저는 SNS를 안 합니다만 젊은이들은 계속 정보를 공유해갈 수 있는 툴을 가지고 있습니다. 정보를 전파시켜갈 수 있는 힘을 가지고 있다는 얘기죠. '한국에는 이런 것들이 있구나. 나도 먹어보고 싶다' 이런 식으로 생각할 수 있는 잠재력을 가지고 있습니다. K-푸드와 재평가도 젊은이들 사이에서 이뤄지다보니 유행을 하게 된다는 생각을 연장자로서 하고 있습니다.

김승우 마츠시게 상이 알고 있는 K-푸드는 어떤 게 있을까요?

마츠시게 유타카 K-푸드라고 말씀드려도 좋을지 모르겠습니다만 설빙이라고 하는 가게예요. 콩가루가 뿌려져 있는 빙수입니다. 제가 2년 전에 부산에서 먹어봤는데요. 깜짝 놀랐습니다. 그 빙수 위에 콩가루를 끼었고, 떡도 들어가 있는데요. 저는 떡도, 빙수도, 콩가루 맛도 알고 있는데, 그렇게 만든 게 너무 맛있더라고요.

김승우 설빙, K-푸드 맞습니다.

마츠시게 유타카 역시 그렇군요. 다행입니다. 정말 맛있습니다. 일본에서도 여기저기서 가게를 열어줬으면 좋겠다는 생각이 듭니다.

김승우 마츠시게 상 고향이 후쿠오카라고 알고 있습니다. 2019년 연말 특집에 후쿠오카와 한국의 부산을 연이어 방문하는 에피소드가 있었는데 같은 바다를 사이에 두고 후쿠오카에서는 쥐치회 정식을, 부산에서는 매운 낙곱새 정식을 먹었습니다. 후쿠오카와 부산의 음식을 비교하는 재미가 있었다는 평이 많았는데 마츠시게 상이 생각하는 특징이 뭐가 있습니까? '맵다' 빼고.

마츠시게 유타카 저는 후쿠오카에서 계속 바닷가에 살았었거든요. 한국에서 띄워 보내온 병에 든 편지를 제가 본 적이 있어요. 열어봤더니 한글 편지가 들어있더라고요. 그때 초등학생이었기 때문에 한글을 읽지는 못했고 제가 내용도 알 수가 없었지만 우리가 가깝다는 것을 느낄 수 있었습니다. 거리적으로도 제 고향에서 부산에 가는 것이 도쿄에 가는 것보다 훨씬 가까웠습니다. '가깝지만 뭔가 다를 것이다.' 그게 부산 편과 후쿠오카 편을 같이 해보는 계기가 됐습니다.

실제 대한해협에서 잡히는 생선은 제가 많이 먹어보기도 했습니다. 갈치라든지 고등어라든지 다 그렇죠. '한국에서는 이런 양념을 이렇게 해서 드시는구나', '이렇게 조리해서 내가 먹어본 적이 없다'는 생각이 들기도 했죠.

후쿠오카에서 많이 먹는 명물이라고 할 수 있는 명란젓, 이것도 한국에서 온 음식이라고 제가 알고 있거든요. 명태는 일본에서 잡히는 것이기도 한데, 명란젓은 대륙에 대한 동경이 담겨져 있기도 합니다. 김치 같은 경우도 그렇습니다. 제가 부산에 가서 이런 것들을 먹었을 때 이런 재료를 가지고 이렇게 양념을 하고 이렇게 요리를 하면 이

렇게 세계관이 달라지는구나, 이런 개인적인 관심과 흥미를 가지고
부산 편을 즐겁게 촬영했던 것 같아요.

김승우 한국 출장 편에서 전주와 서울에서 청국장과 돼지갈비가 등장
을 하는데요. 반찬들이 깔리죠. 일본에서는 공짜로 주는 데가 많지
않을 겁니다. '반찬의 테마파크', '거센 기본 반찬 러쉬'라고 표현한
것이 아주 재미있었는데요. K-푸드가 세계에 알려지는 데 다양한 반
찬이 오히려 걸림돌이 된다는 의견도 있습니다. K-푸드 고유의 문화
이기 때문에 유지해야 한다는 의견도 있고요. 마츠시게 상께서 처음
반찬이 가득한 한식 상차림을 봤을 때 어떤 느낌이었는지요?

마츠시게 유타카 정말 이걸 공짜로 줘도 되는지 되묻고 싶은 생각이
있었습니다. 앉아서 주문도 안 했는데 일단 많은 반찬이 제공되는 것
을 보고 깜짝 놀랐습니다. 그 식당 주인들도 반찬과 김치에 대한 고
집이 있더라고요. "본 적이 없는 건데 뭐냐"고 물어보면 "이건 말이
죠……"라고 이야기를 풀어내시는 겁니다. 식당의 스토리와 상차림
에 대해서 이야기를 해주실 수 있는 것은 먹는 행위에 대한 프롤로그
가 된다고 생각합니다. 아무래도 코로나19 상황이기도 해서 모두 다
같이 하나의 반찬을 젓가락으로 집어먹는 것은 지금은 어려울 수도
있겠지만 그것을 작게 나누어서 한 사람용으로 내주는 게 좋겠습니
다. 이 작은 세계가 있고 그런 다음에 비빔밥이 나오는 거죠. 그러면

'한국 식사는 이렇게 작은 곳에서 출발해서 전 세계로 확대될 수 있는 그런 요리이지'라고 생각을 하게 될 겁니다.

김승우 2012년에 처음 시작된 드라마가 10년 동안 사랑을 받고 있습니다. 한국 속담에 "10년이면 강산도 변한다"는 말도 있는데요. 〈고독한 미식가〉가 10년 동안 한결같은 사랑을 받은 이유가 뭐라고 생각하십니까?

마츠시게 유타카 제가 주인공을 맡았다는 생각보다는 요리 자체가 주역이고 저는 그것을 돋보이게 하는 역할이라는 생각을 늘 가지고 있습니다. 제작진들도 그런 마음을 명심하고 있고요. 한 번도 우리가 경험해본 적이 없는 그런 식당을 찾자는 마음으로 일치단결해서 10년 동안 찾아왔습니다. 제작진들도 전혀 변동이 없고요. 이런 다큐멘터리성이 드라마의 재미를 끌어올리는 이유 중 하나라고 생각합니다.

김승우 저도 개인적으로 배우이기 때문에 이 질문을 꼭 드리고 싶은데요. 10년 동안 하나의 캐릭터를 이어간다는 것에 굉장한 부담이 있을 거라고 생각합니다. 대중들에게 한 가지 이미지로 굳어진다는 것에 대한 염려도 있을 텐데요. 10년 동안 고로를 연기하면서 반드시 지키는 원칙이 있을까요?

마츠시게 유타카 처음 시작했을 당시부터 앞으로도 계속 이어질 것이라는 생각을 하지 않았습니다. 그래서 그때 당시에 할 수 있는 것을 모두 다 그 자리에서 철저하게 해내자는 생각으로 해왔습니다. 시즌을 거듭하며 "돌아가신 할아버지하고 옛날에 같이 식사를 했을 때가 떠오른다"고 말씀을 해 주시는 분도 계셨고요. 단식을 하시던 스님께서 "보고만 있어도 먹는 것 같은 느낌이라서 그 프로그램을 봤다"는 말씀을 주시기도 했습니다. "정말 이 프로그램을 보고 나서 전혀 남김없이 음식을 먹게 됐다"는 분도 계셨고요. 여러 의견을 듣는 사이에 나 혼자의 생각으로 '이 프로그램을 한다, 안 한다' 이렇게 결정할 수 없는 상황이 됐다는 생각도 합니다.

저는 당연히 다른 프로그램에서 다른 역할도 맡고 있기 때문에 때에 따라서 야쿠자가 되기도 하고, 의사, 변호사가 되기도 합니다. 어떤 의미에서 본다면 〈고독한 미식가〉는 항상 한 차원 다른 곳에 있습니다. 항상 그 자리에 돌아갈 수 있지만 그렇지 않은 경우에는 그 자리까지 다가가지 않는 어느 정도의 거리감을 유지하면서 프로그램을 진행하고 있습니다.

다행스럽게도 저는 실제로 제 머리는 히끗해졌고 나이도 많이 들었습니다. 지금 현재 시즌10을 찍고 있는 상황인데요. 15년 전처럼 메이크업 담당자가 까맣게 머리를 칠해주면 갑자기 제가 이노가시라 고로로 바뀌었다는 생각을 갖게 되죠. 저 스스로도 변장을 한다는 의식이 있습니다. 그래서 특별히 이노가시라 고로를 연기하는 데 있어서 어려움은 없고 또 역할 때문에 특별히 고민스러운 부분은 없다는 생각이 듭니다.

김승우 〈고독한 미식가〉의 놀라운 점 중 하나가 10년 동안 스태프가 바뀌지 않았다는 건데요. 10년 동안 팀이 바뀌지 않은 이유, 그리고 그 장점 혹은 단점을 얘기해주실 수 있죠?

마츠시게 유타카 네, 알겠습니다. 처음에 최소한의 멤버로 시작했었거든요. 카메라 스탭 1명, 녹음 스탭 1명, 조명 스탭 1명, 그다음에 감독 1명과 저. 이렇게 적은 인원으로 시작했습니다. 그러다가 점점 예산이 늘어나서 한두 사람이 합류하는 형태가 됐고요. 지금은 크루가 되었습니다. 그런데 처음부터 함께 역사를 공유하고 있는가는 굉장히 중요한 것 같아요. 제작진들이 "그때 시즌4에서 먹은 거 맛있었잖아요. 그거하고 비슷하지 않아요?" 이런 얘기를 할 수 있다는 거죠. 지금은 이런 추억을 모든 제작진들과 공유할 수 있습니다.

저는 〈고독한 미식가〉라는 프로그램이 저희 가게라고 생각을 합니다. 상점으로 치자면 작은 가게이지요. 그러니 전원이 만든 것에 대해서 책임을 지고 여러분께 보여드리고, "그때 먹었던 그게 맛있었잖아요" 이런 걸 공유하고 싶습니다. 이런 식으로 제작진들과 얘기를 하며 프로그램을 만들다 보니 작은 가게에서 열심히 만드는 음식과 같은 형태가 됐습니다. 아주 수작업적인 형태죠. 이런 수작업의 힘,

이것이 아직도 우리 프로그램의 재산이고, 그것이 없어진다면 저희 프로그램이 유지되지 못할 것 같습니다.

김승우 사실 〈고독한 미식가〉 속의 고로 씨는 고독해 보이지 않습니다. 극중 고로 씨가 아닌 배우 마츠시게 유타카 씨는 고독감을 느끼시나요, 평소에?

마츠시게 유타카 네, 뭔가 외롭다, 쓸쓸하다 이렇게 느끼는 마음은 누구나 있겠죠. 저도 아내가 있기는 하지만 만약 제가 혼자 남았을 때를 상상하면 고독하다고 느낍니다. 누구든지 그런 건 다 안고 있는 상황이죠. '고독해지면 어떡할까'라고 생각을 하기도 하고요. 고독하게 된다고 해도, 혼자서 밥을 먹는다고 해도 '행복하다'라고 느낄 수 있잖아요. 드라마 속 이노가시라 고로가 사는 방법이 그런 것 같습니다. 혼자 밥을 먹는다고 해도 누군가와 대화를 하면서 밥을 먹는다고 느낄 수 있고, 또 식당의 주인에게 모놀로그(독백)이기는 하지만 대화를 걸어보고, 옆에 있는 사람이 '왜 저렇게 먹지?'라고 생각할 수도 있고요. 이런 것을 같이 하면 풍요로운 식사를 만들어갈 수 있는 것 같습니다.

한국에서도 조금씩 혼밥 문화가 정착하고 있다는 얘기를 해주셨는데 혼자서 혼밥을 하시는 분들에 대한 시선도 달라졌으면 좋겠습니다. '혼자서 밥을 왜 먹지? 무슨 일이 있었나'보다는 '저 사람은 혼자서 먹고 있는데 즐겁게 맛있게 먹고 있네'라는 따뜻한 시선이 필요할 것 같습니다.

김승우 이제 대담을 마무리해야 할 시간입니다. 지금 일본에서는 4차 한류 붐이 일고 있다고 합니다. 2003년, 겨울연가로 시작된 1차 한류. 그리고 2010년 카라, 소녀시대 등 K팝이 몰고 온 2차 한류. 2016년에는 패션과 음식으로 조용하게 일어났던 3차 한류. 2020년, 팬데믹으로 인한 넷플릭스 등 OTT의 인기를 드라마로 붙였던 4차 한류. 이 흐름이 계속 이어지기를 바라면서 마츠시게 씨와 대담을 이어봤습니다. 오늘 대담 어떠셨습니까?

마츠시게 유타카 이렇게 일본의 배우인 저의 이야기를 젊은 분들이 열심히 들어주셔서 정말 너무 감사합니다. 진정으로 젊은 분들, 특히 일본에서도 MZ세대라고 불리는 젊은 분들이 앞으로 어디를 향해 가는 것인가 하는 생각을 많이 합니다.

저도 재작년에 손주가 생겼어요. 손주는 22세기까지 살게 될 텐데, 22세기에 동아시아가 어떻게 될 것인가 하는 것은 우리 기성세대가 다 책임질 수 없는 것이죠. 여러분과 젊은이들의 어깨에 걸려 있습니다. 그런 의미에서 볼 때 정말 가까이에 있는 일본의 젊은 사람들과도 여러분이 같이 손을 잡아주시면 좋겠습니다. 또 저도 앞으로 일본과 한국의 식문화, 이런 것을 계속 다음 세대로 전달해가는 것을 소중하게 할 생각입니다. 또 새로운 것에 도전하면서 이런 것을 젊은 여러분께 바톤 터치를 해드리고 싶습니다. 오늘 불러주셔서 감사합니다.

김승우 오늘 좋은 이야기를 많이 들었지만 마지막에 말씀해주신 것 중에 고로 씨가 할아버지가 됐다는 얘기는 약간 충격이었습니다. 이것으로 제23회 세계지식포럼 〈고독한 미식가〉 마츠시게 유타카 씨와 저 김승우의 대담을 마치겠습니다. 함께해주신 여러분, 감사합니다.

병든 일상을 치유하는
문화·예술의 힘

베스트셀러 작가 이민진과의 대화: 《파친코》와 한국의 정서

이민진 | 소설 《파친코》 작가
네다 울라비 | NPR 문화예술담당 기자

"이 소설 주제가 많은 사람을 불편하게 할 수 있다고 생각했다. 하지만 어린 자녀들이 읽고 어려운 시기를 경험한 부모, 조부모와 대화를 나누게 된 이들이 있었다. 책이 매개가 됐고, 트라우마를 힐링할 수 있는 기회가 된 것이다. 애초에 생각하지 못 했던 놀라운 일이다."

세계지식포럼에 참석한 《파친코》의 작가 이민진은 '글쓰기의 힘'에 관한 놀라운 경험을 공유했다. 《파친코》는 일제강점기 부산 영도에서 시작해 1989년 일본까지, 한 세기에 걸친 재일 한국인들의 이야기를 담았다. 2017년에 미국에서 출간됐고 이듬해 한국어로 번역 출간됐다. 2022년에 애플TV에서 공개된 8부작 드라마의 성공으로 국내에서도 베스트셀러 1위에 오르는 등 신드롬을 일으켰다.

작가는 19세 때부터 한일관계에 관한 소설을 쓰겠다고 마음을 먹었다. 변호사를 그만두고 1996년부터 쓰기 시작해 2007년에야 《파친코》를 완성할 수 있었다. 2022년에 새 번역으로 재출간된 이 책에 대해 그는 "번역을 다시 하고 싶다는 희망이 있었다. 번역을 다시 하면서 새로운 어떤 영향력이 생길 것이라 기대했다. 《파친코》는 35개 언어로 번역됐는데 한국어 번역은 가장 많이 신경 썼다. 한국 독자들이 가장 중요하기 때문이고 정확하게 의미가 전달되길 원해서다"라고 말했다.

《파친코》를 쓰는 일에는 많은 역경이 있었다. 초안을 몽땅 버리기도 했다. 그는 "굉장히 엉망이었고 제 남편도 굉장히 지루하다고 이야기했다. 분노가 많이 담긴 이야기였다. 그런데 사람들은 강의나 설교를 원하지 않는다. 사람들이 소설을 읽고 싶어 하는 이유는 새로운 어떤 세계를 경험하고, 작가가 통제하고 있는 공간에서 안정감을 느끼기를 원하기 때문"이라고 말했다.

글쓰기에 힘이 있다는 걸 알게 된 사연에 대해서도 처음으로 털어놓았다. 그는 "나는 굉장히 부끄러움이 많은 아이였다. 중학생 때 아버지를 대신해 관청에 편지를 써서 집 앞의 쓰러지려는 나무를 제거한 적이 있다. 그때 글을 쓰면 뭔가를 변화시킬 수 있다는 큰 교훈을 얻었다. 나는 작가는 세상을 바꾸는 영향력을 행사할 수 있는 사람이라고 생각한다"고 말했다.

그의 차기작은 전 세계의 학원 문화를 다룬 《아메리칸 학원》이다. 그는 취재를 위해 한국은 물론이고 필리핀, 오스트레일리아, 미국의 캘리포니아 등에서 많은 학원 관계자와 학생, 학부모를 만났다. 한국에서 만연한 사교육을 향한 부정적인 시선을 그는 반박하기도 했다. 그는 "많은 사람을 인터뷰하고 나서 학원에 대한 생각이 완전히 바뀌었다. 지금은 학원이 나쁘다고 생각하지 않는다. 한국사회에서 일하는 여성에게는 육아의 필수요소다. 학원을 다니지 않으면 아이들도 또래 그룹에서 소외당한다. 심지어 교육과 경력을 활용할 수 있는 프리랜서로 고소득을 올릴 수 있는 기회가 그렇게 많지 않다"고 말했다. 그는 "한국의 부모들이 교육에 대해 걱정하는 건 '교전의 규칙'이 바뀌었기 때문에 어떻게 아이들을 길러야 할지 모르기 때문"이라고 진단했다.

한국의 문화와 힘이 전 세계로 확산 중이다. 한국 문학을 향한 관심도 분명 과거와는 달라졌다. 이런 현상에 대해 그는 "흥미로운 것은 한국의 문화, 한국의 파워가 전 세계로 지금 확산되고 있는 것을 볼 수 있다. 《파친코》가 한국의 20세기를 다루고 있기에 한류에 어느 정도는 기여했다고 생각한다"면서도 "영어라는 지배적 언어로 썼기에 가능했다. 한강을 비롯해 영어로 쓰지 않아 제대로 인정받지 못한 한국의 위대한 작가들도 많다"고 말했다.

작가를 꿈꾸는 독자들에게 응원의 말도 건넸다. 그는 "작가는 진입 장벽이 낮다. 종이와 펜, 도서관의 컴퓨터만 있으면 된다. 하지만 계속해서 사람들의 조롱을 견디며 앉아서 버티며 글 쓰는 건 어렵다. 나는 에머스트 대학에서 글쓰기를 가르친다. 학생들에게 작가가 되라고 말하지 않고 소통의 전문가가 되라고 말한다. 너 자신에게 솔직해지라고 조언한다. 다른 누군가가 되려고 하지 마라. 더 용감하고 과감해져라라고 조언한다"고 말했다. 그는 "나는 다음달에 54살이 된다. 그런데 너무 좋다. 나이가 들수록 더 좋다. 과거에는 모든 것이 두려웠다. 이제는 아줌마인 것도 좋고 50대인 것도 좋다. 나는 더 이상 사람들의 시선을 두려워하지 않는다"고 말했다.

데뷔작인 《백만장자를 위한 공짜 음식》도 OTT로 드라마화가 진행 중이다. 그는 "파일럿으로 내 첫 번째 소설을 각색했고 이 작품의 경매도 있었다. 처음에는 넷플릭스와 계약을 했으나 아마도 다른 플랫폼으로 가게 될 것 같다. 이 소설은 섹시한 책이라고 생각한다"고 털어놨다.

작가는 코로나19 팬데믹 중 아시아 증오범죄에 대해 비판하는 기고를 2022년 3월 뉴욕타임스에 실어 목소리를 내기도 했다. 그는 "항상 아시아인을 대상으로 한 범죄는 존재했다. 이런 문제에 대처하는 건 연대하는 것뿐이다. 사무실에 아시아인이 2명뿐이어도 2명은 함께 해야 한다. 미국 학원에 대한 여러 인터뷰를 진행할 때 한국 아이들은 친구를 만들고 싶지만 부모들이 '친구는 적'이라고 아이들을 갈라놓는 걸 봤다. 정말 해방을 원한다면 언제나 연대가 필요하다"고 설명했다.

늦깎이 작가로 세계적인 성공을 거둔 이민진은 자신이 가장 좋아하는 작가로 조지 엘리엇을 꼽았다. 그는 "집에 있는 걸 좋아한다는 것과 굉장히 뒤늦게 작가로 데뷔했다는 정도를 빼면 공통점은 별로 없는 작가다. 나보다 만 배는 똑똑한 작가다. 엘리엇의 《미들마치》는 정말 방대한 규모로 세상의 모든 계급과 모든 사람이 어떻게 살아가는지를 담아냈다. 누구나 다른 사람의 삶을 궁금해하는데 모두 경험할 순 없다. 이 모든 걸 담은 이 소설이 큰 영감을 줬다"라고 말했다.

K-콘텐츠의 힘

네다 울라비 | NPR 문화예술담당 기자
플뢰르 펠르랭 | 코렐리아 캐피털 대표
이지영 | 한국외국어대 세미오시스 연구센터 연구교수

"미시간의 10대 백인 소녀인 친구의 딸은 K팝, K드라마, K영화 등만 하루 종일 본다. 한국에서 오지 않은 건 어떤 것도 보지 않는다. 미국 최대의 대중음악잡지 '빌보드'의 커버스토리가 BTS의 군 입대 이슈일 정도다."

네다 울라비

"20년 전 프랑스에서는 박찬욱과 홍상수의 예술영화에만 소수가 관심을 가졌다. 지금의 인기는 놀라울 정도다. K콘텐츠의 성공은 사회적·철학적·예술적으로 분석해 볼 만한 흥미로운 주제다."

플뢰르 펠르랭

K콘텐츠가 세계를 강타하고 있다. K팝 신드롬에 이어 한국 드라마와 영화가 연이어 전 세계를 사로잡으면서 K콘텐츠는 세계인의 문화로 자리 잡았다. K콘텐츠의 세계적인 성공의 원인을 진단하기 위해 플뢰르 펠르랭 코렐리아 캐피털 대표와 네다 울라비 NPR 문화예술담당 기자가 〔K-콘텐츠의 힘〕을 주제로 대담을 나눴다.

펠르랭 대표는 "〈이상한 변호사 우영우〉가 프랑스에서 아주 인기가 많다. 〈오징어게임〉 같은 메가 히트작이 없었다면 이런 한국 사회를 잘 보여주는 이러한 드라마들이 과연 인기가 있을 수 있었을까라는 생각이 든다. 한국 콘텐츠가 다양한 메시지를 전달하게 된 것은 거대한 글로벌 시장 성공에서 비롯된 것"이라고 진단했다.

프랑스 중소기업 디지털경제부 장관에 이어, 통상관광 국무장관, 문화부 장관을 차례로 역임한 펠르랭은 정부와 민간의 협업의 중요성을 짚어내기도 했다. 펠르랭 대표는 "경제 기적을 이룩하면서 한국 국민들 사이에서 경제적 번영만큼 문화적인 그리고, 대외적인 위상이 맞지 않다고 생각했던 것 같다. 그래서 정부에서 한류를 정책적으로 이끌어낸 것 같다. 정계 사람으로서 이게 정말 대단하다 생각한다. 오래전부터 정책 의지를 가지고 민간의 관심을 이끌어낼 수 있었다. 소프트파워 전략이 전 세계적으로 성공한 건 한국밖에 없는 것 같다. 전 프랑스 문화부 장관을 지냈는데 국제적 언어를 쓰는 프랑스가 한국만큼 좋은 전략을 펼칠 수 있을지 의심이 들 정도다"고 말했다.

K콘텐츠의 경쟁력에 대해서도 다채로운 의견이 나왔다. 펠르랭은

"한국은 식민지 경험도, 전쟁도 겪었다. 이 내상이 오히려 창의성을 발휘시키는 것 같다. 그동안 겪어온 상처와 고통을 내부적으로 순화시키고 세계의 고통과 연관시켜 표현하는 것 같다"고 말했다.

울라비는 할리우드를 대체하는 수준까지 K콘텐츠가 성장했다고 진단했다. 울라비는 "할리우드는 장르를 발전시켜왔다. 그런데 K콘텐츠는 기존 장르의 틀을 넘어선다. 〈이상한 변호사 우영우〉는 따뜻한 드라마면서 자폐 스펙트럼 장애, 로맨스 등 다양한 소재를 다룬다. 〈기생충〉은 코미디이면서 호러물이다. 헐리우드는 수년간 사람들이 공감하는 희망과 낙관론을 전달하는 역할을 해왔다. 그런데 한국 K콘텐츠는 서는 저항과 사회비판, 불평등과 같은 사회적 이슈를 담고 있다. 이색성과 친밀성이 아주 완벽한 조화를 이룬 것"이라고 분석했다.

K콘텐츠의 성공은 비단 아니라 세계를 하나로 연결시킨 디지털화에 따른 것이기도 하다. 펠르랭 대표는 "넷플릭스가 프랑스에 왔을 때 굉장히 강력한 반발이 있었다. 전 세계가 획일화되지 않을까 걱정했다. 당시 논의한 게 문화다양성이었다. 그런데 기우였다. 한국 문화뿐 아니라 〈종이의 집〉 같은 스페인 드라마도, 스칸디나비아 드라마도 보고 있지 않나. 플랫포미제이션이 획일화를 의미하지 않는다. 다큐멘터리도 소수자물도 플랫폼에서 모든 걸 찾을 수 있다"고 말했다. 이어서 "제가 프랑스어로 된 넷플렉스를 보면 K콘텐츠라는 항목이 인기 콘텐츠로 뜬다. 10년 전에는 상상하지 못한 일이다. K콘텐츠의 풍부함도 놀랍다. 역설적으로 플랫폼화가 한류의 부상을 지원했다"

고 덧붙였다.

한류의 성공에는 유튜브도 핵심 역할을 맡았다. 울라비는 "사실 한류는 유튜브를 잘 활용했다. 어떤 국가보다 잘 사용했다. K팝 뮤직비디오는 유튜브에 딱 맞게 제작됐고 작은 스크린에서 봐도 정말 행복하다. 기술과 콘텐츠의 정말 잘된 결합이다. 또 하나는 팬문화다. 유례없이 글로벌화, 선진화되어 있다. 인터넷 초기 낙관주의자들에게는 유토피아적 시각이 만연했다. 그런데 현실은 정반대에 가깝다. 그 낙관론을 유일하게 찾을 수 있는 게 BTS 팬문화가 아닌가 싶다"고 설명했다.

K콘텐츠의 힘은 지속가능할까. 세계에서 주류 문화에 편입될 수 있을 것인가. 두 사람의 답은 매우 낙관적이었다. 펠르랭은 "K콘텐츠는 정말 성공적이다. 아시아인에 대한 시각을 완전 바꿔놓고 있다. 프랑스는 젊은 층이 한국어를 배우고 싶어 한다. 한국어 드라마와 BTS 가사를 이해하고 싶어서다. 최근에는 내가 좋아했던 TV 시리즈 〈나의 아저씨〉는 너무 한국적인 배경임에도 프랑스에서 인기가 많다. 놀라운 상황이다. 점진적으로 한국 사회에 대해서 프랑스인들이 이해를 하게 되면서 한국 콘텐츠에 대해서도 점점 더 이해하게 되는 선순환이다. K콘텐츠가 보편성을 더 갖게 되는 것 같다"고 분석했다.

K콘텐츠가 순항하기 위한 방법으로 두 사람에 내놓은 해법은 동일했다. 펠르랭은 "이 현상이 지속되기 위해서는 콘텐츠의 다양성을 계속 유지하는 게 필요하다. 주류화, 글로벌화된 〈오징어게임〉이나

BTS 같은 것도 필요하지만 동시에 다양한 콘텐츠들이 계속 나와 줘야 한다"고 조언했다.

울라비는 "K콘텐츠에 비해 할리우드는 오히려 쇠락하는 것 같다. 한국의 음악, 드라마, 영화가 할리우드를 대신하고 있는 것 같다. 할리우드에선 더 이상 성인들을 위한 진지한 영화가 나오지 않고 있다. 코미디나 슈퍼히어로물만 나온다. 성인물을 제대로 만들지 못하고 있다. 한국의 드라마 제작자, 작가, 배우 여러분께서는 슈퍼히어로물만 만들지 말라. 그렇게 하기 시작하면 더 이상 다른 점이 없어진다"고 말했다.

하이파 알 사우드 공주와의 대화:
여행과 관광, 문화의 미래

하이파 빈트 모하메드 알 사우드 | 사우디아라비아 공주·사우디아라비아 관광부 차관
이특 | SM엔터테인먼트 소속 아이돌 그룹 슈퍼주니어 멤버

"사우디아라비아의 젊은 세대는 굉장히 국제적이고 두려움이 없다. 우리는 다양한 교육을 통해 창의적 아이디어에 대한 지원을 하고 있다. 우리는 세계와 공유할 것이 너무나도 많고 세계의 파트너가 되기를 원한다. 투자든 우리 문화를 공유하든 한국과 많은 것을 함께하고 싶다."

사우디아라비아는 한국과 그리 먼 나라가 아니다. 특히 한국 대중문화의 인기가 이 나라에서 사막의 온도만큼이나 뜨겁다는 점에서 더 그렇다. 제23회 세계지식포럼에 참석차 방한한 하이파 빈트 모하메드 알 사우드 사우디아라비아 관광부 차관이 한국의 아이돌 그룹 슈퍼주니어의 멤버 이특과 〔여행과 관광, 문화의 미래〕를 주제로 대담을 나눴다.

알 사우드 차관은 사우디아라비아의 국왕 알 사우드 가문의 공주다. 미국 뉴헤이번대·영국 런던경영대학원에서 공부하고 돌아온 그는 사우디 관광청, 관광개발기금, 관광유적개발위원회 등을 두루 거친 후 2022년 7월부터 관광부 차관으로 일하고 있다. 사우디아라비아의 관광 전략을 책임지고 있는 그는 "사우디아라비아와 한국의 역사는 수 세기를 거슬러 간다. 2022년 같은 경우에는 양국 간 전략적 파트너십 60주년을 기념하는 해다"라고 인사말을 건넸다.

알 사우드 차관은 한국과의 개인적인 인연부터 들려줬다. 자신의 딸이 K팝의 열렬한 팬이라는 사연이다. 그는 "K팝 같은 경우에는 나의 11살짜리 딸로부터 처음 듣게 됐다. 딸은 2019년에 '슈퍼주니어'를 좋아했다. 사우디아라비아 제다에서 공연을 했을 때다. 내 딸이 너무나도 관심을 가지고 있었고 새로운 문화를 소개해주고 여러 밴드를 소개해줬다. 정말 많은 것을 알고 있어서 내가 사실 놀랐다"고 웃으며 말했다. 또 "사람들이 잘 모르는 것이 있다면 사우디아라비아 또한 K팝의 20대 시장 중 하나라는 것이다. K팝 팬들이 사우디아라비아에 정말 많이 있다. 아마도 이특 님께서 공항에 오셨을 때 경험하셨으리라 생각을 한다"고 덧붙였다. 이특도 "2019년 제다에서 처음 공연을 갖게 됐는데 한국말에 대해서 좀 어렵게 생각하지 않을까 걱정을 했었는데 사우디아라비아에 계신 많은 팬 여러분께서 한국어로 우리의 노래를 함께 불러주시고 좋아해주셔서 놀랐다. 그런 아름다운 친절 속에서 슈퍼주니어와 한국과 사우디아라비아가 좀 더 가까워지지 않았나 생각이 들게 됐다"라고 답했다.

알 사우드 차관은 "사우디아라비아에 대해서 이야기를 할 때 정말 중요한 것을 꼽으라면 두 가지를 보통 생각한다. 석유와 사막이다. 낙타까지 나오는 경우도 있다. 상당히 소수의 사람만 사우디아라비아에 대해서 잘 알고 있는데 국민이 사우디아라비아의 핵심"이라고 말했다. 그는 "우리의 친절함은 이미 유전의 일부라고 생각을 한다. 예를 들어 사우디아라비아의 카페에서 코코넛이 들어 있는 커피를 달라고 하면 코코넛 우유가 없어도 뛰어나가서 사와서라도 만들어줄 거다. 이것이 바로 우리의 환대다"라고 말을 이어갔다.

알 사우드 차관은 특히 젊은 세대가 이끄는 변화에 많은 기대감을 내비쳤다. 그는 "사우디아라비아는 연령대가 굉장히 낮다. 전체 인구의 70%가 30세 이하다"라면서 "현재 사우디아라비아에서도 대대적인 변화를 경험하고 있다. 젊은이를 위한, 또 젊은 세대에 의한 변화다. 나는 사우디아라비아의 은행권에서 처음으로 일을 시작한 여성 중 하나였다. 그리고 또한 민간 부문에서 공공 부문으로 커리어를 바꿨다. 우리의 젊은 세대를 위한 변화를 더 기대하고 있다"라고 말했다.

팬데믹으로 여행과 문화계 활동이 위축된 이후 새로운 시작이 필요한 시점이다. 여행과 관광에 있어 문화의 중요성 또한 확대되는 시점이다. 이특은 문화 교류가 여행 활성화에도 도움이 될 거라는 기대를 내비쳤다. 이특은 "미래에서는 그 아티스트 분들의 공연뿐만 아니라 그들이 먹었던 음식, 다녀갔던 장소들이 세계적 관광지가 되지 않을까 생각이 든다. 우리가 앞으로 사우디아라비아에 가서 공연을 하고 음식을 먹고 문화를 함께 배우면 전 세계의 K팝 팬들도 그곳을 찾지 않을까 기대하고 있다"고 말했다.

알 사우드 차관은 "이특 님처럼 많은 팬을 가진 이들이 다녀간 경로와 관련된 패키지를 만들려고 한다. 다음에 오실 때는 진정한 문화 명소로 모시고 싶다. 예를 들어서 골드 마켓이 있고, 또 아드레아는 사우디 왕족이 태어난 곳이고 또 유네스코의 사우디 내에 6개 유적지 중 하나다. 그곳의 홍보대사가 되실 수 있다. 또 한국의 대중문화를 통해서 소프트파워가 슈퍼파워가 될 수 있다는 것을 우리는 깨닫게 됐다"고 말했다. 이특은 "한국으로 여행을 오신다면 제가 직접 공주님의 가이드가 되어서 한국의 좋은 곳들을 함께 촬영도 하고 여행도 하면서 좋은 추억들을 함께 만들어드리고 싶다"고 답을 했다.

새로운 삶의 방식과 도전

백신 불평등과 변이 바이러스: 국제사회의 공동 대응

리처드 해칫 | 전염병대비혁신연합 대표
제롬 김 | 국제백신연구소 사무총장

"백신이 효과적으로 사용되게 하는 문제에 비하면 백신의 생산 확대는 비교적 쉬운 문제입니다. 효과란 무엇일까요? 백신만으로는 생명을 구하지 못합니다. 백신 접종이 생명을 구합니다. 백신 접종이 곧 효과입니다."

제23회 세계지식포럼 〔백신 불평등과 변이 바이러스:국제사회의 공동 대응〕 세션에서 제롬 김 국제백신연구소 사무총장은 이같이 지적했다. 그는 "일반적으로 한 해 백신 생산량은 약 5억 회분이다. 인플루엔자 백신을 만드는 20~24개 기업이 가장 흔한 유형의 백신을 연간 5억 회분만큼 생산하는 것"이라며 "그런데 코로나 백신은 120억 회분이나 생산됐다"고 밝혔다.

이어 "현재 저소득국가 국민의 79%는 여전히 백신의 혜택을 받지 못한다. 우리에게는 백신을 생산할 역량이 있지만 이를 실제 활용하는 데는 어려움이 있다"고 강조했다.

백신은 인류를 구할 수 있는 힘이 있지만, 이에 대한 접근성은 국가들마다 다르다는 것이다. 김 사무총장은 "한국은 인구 수 이상의 추가 백신 분량을 공급받았다. 최소 2차와 3차, 많게는 4차 접종까지 받았다"라며 "그런데 아프리카의 저소득국가에서는 국민의 80%가 백신 접종을 받지 못한다"고 설명했다. 이어 "말리 등 아프리카 국가에서는 전체 보건예산의 40%를 써야 백신을 접종하고 코로나19에 대비한 백신 프로그램을 실시할 수 있다"며 "이런 국가들은 백신 접종의 타당성을 보여줄 수 있는지 묻게 된다"고 덧붙였다.

코로나19 백신과 같이 전 세계 인구를 대상으로 하는 백신의 경우 아동용 백신에 비해 접근성으로 인한 차이가 더욱 극명하게 나타난다. 그는 "전 세계 아동의 백신 접종에는 크게 문제가 없다"며 "매년 신생아 1억 3천만 명 가운데 80%는 WHO가 권고하는 표준 백신 프로그램의 혜택을 받는다"고 설명했다. 이어 "1억 3천만 명에서 80억 명으로 대상을 확대하면 가까스로 백신을 배포했던 보건 체계는 진정한 문제에 봉착하게 된다"고 했다. 그는 다가올 팬데믹에 앞서 네 가지 간극을 좁혀야 한다고 강조했다. 각각 진단의 간극, 생산의 간극, 형평성의 간극, 리더십의 간극이다.

김 사무총장은 "진단의 간극으로 인해 아프리카에는 코로나19 사망자가 없다. 폐렴으로 죽어도 이것이 코로나19로 인한 폐렴이라는 것을 모르기 때문"이라며 "생산 간극을 줄이기 위해서는 지역별 생산을 늘려 대비해야 한다"고 설명했다.

이어 "형평성의 간극도 팬데믹의 장기화를 초래한다. 백신이 필요한 국가에 백신이 공급되지 못하면 생산된 백신이라도 효과를 낼 수 없다"며 "누가 다음 팬데믹의 대응을 책임질 것인가의 문제가 리더십 간극"이라고 전했다.

리처드 해칫 전염병대비혁신연합 대표는 한국의 코로나19 대응을 높이 평가하면서도 아직 팬데믹이 끝나지는 않았으며 경각심을 유지해야 할 때라고 강조했다. 해칫 대표는 "한국은 2015년 메르스 사태를 겪은 뒤 진화된 계획과 역량을 보였다. 어떻게 한 국가가 과거 경험을 교훈 삼아 위기 대응을 증진할 수 있는지 보여줬다"고 설명했다. 이어 "SK바이오사이언스가 자체적인 코로나19 백신을 개발하기도 했다. 아스트라제네카와 노바백스 생산 시설도 건립했다"며 "이러한 성과들을 각각 떼어놓고 보면 대단치 않을 수 있지만 두 가지를 한꺼번에 달성한 점은 고무적이다. 다른 나라도 배워야 한다"고 밝혔다.

그러나 그는 전 세계적인 백신 불평등으로 인해 팬데믹 종결이 늦어지고 있다고 지적했다. 해칫 대표는 "고질적인 불평등의 추한 현실도 드러났다. 백신을 어느 때보다 빠르게 개발하고 생산했지만 혜택은 일부에 편중됐다"며 "이러한 불평등으로 수억 명의 사람들이 치명적인 바이러스에 취약한 채로 남겨졌다"고 전했다.

이어 "그리고 전 세계가 변이 바이러스에 노출됐다. 이들은 백신에 대해 면역회피 현상이 생겼고, 돌파감염의 위험을 높이고 있다"고 밝혔다. 또 "새로운 유행이 올 때마다 바이러스의 전파력이 증가해 대다수의 인간 병원균이 결코 도달하지 못했던 전염성 수준에 이르렀다"고 설명했다. 해칫 대표는 "우리 모두는 팬데믹에 피로감을 느낀다. 정치인들은 극심한 글로벌 인플레이션이나 우크라이나 전쟁, 기후변화 등 여러 다른 위기에 사로잡혀 있다"면서도 "그러나 코로나19에 대해서는 결코 안주할 수 없다. 팬데믹 종결은 아직 요원하다"고 강조했다. 이어 "이같이 바이러스가 높은 전염성을 보이는 한 호랑이와 단둘이 한 배에 올라있는 것과 같다"고 덧붙였다.

새로운 형태의 백신 개발 필요성도 강조했다. 그는 "바이러스보다 한발 앞서 나가야 한다. 변이를 이겨낼 수 있고, 몇 달이 지나도 증상을 막을 수 있는 백신이 필요하다"며 "가장 이상적인 백신은 전염 자체를 막는 백신"이라고 설명했다.

'100일 미션'에 대해서도 소개했다. 프로토타입 백신으로 라이브러리를 구성하는 등 방법을 통해 어떤 바이러스가 유행하더라도 100일 이내에 백신을 만들 수 있게 하자는 프로젝트다. 해칫 대표는 "코로나19 백신이 100일 만에 나왔다면 전 세계 확진자가 230만 명에 불과했을 때 공급될 수 있었다. 수백 만명의 목숨을 구할 수 있었을 것"이라며 "100일 미션은 수많은 제약회사의 CEO와 국가 정상들로부터 지지받고 있다"고 전했다.

토니 페르난데스와의 대화: 팬데믹 이후의 여행

김종윤 | 야놀자 대표
토니 페르난데스 | 캐피털 A CEO
김대관 | 경희대 호텔관광대학 교수

　　토니 페르난데스는 아시아 최대 저가항공사LCC 에어아시아의 관계사인 캐피털A 최고경영자CEO다. 그는 1990년대 말레이시아 워너 뮤직의 임원으로 활동하던 중 어렸을 적부터 꿈꿔온 항공사를 설립하기 위해 스톡옵션을 모두 처분하고 2001년 회사를 그만뒀다. 당시 실적이 좋지 않았던 에어아시아를 말레이시아 정부가 페르난데스 CEO에게 인수할 것을 제안했고, 그는 낡은 비행기 2대와 약 1천백만 달러 부채가 있던 이 항공사를 단돈 25센트에 인수하게 됐다. 당시엔 미국에서 9·11 테러가 발생해 항공산업 전반이 위축된 상태여서 에어아시아가 살아날 기미가 보이지 않았다. 하지만 그의 리더십 하에 에어아시아는 1년 만에 승객 수가 급격히 늘어났고, 부채도 모두 상환하게 된다. 그는 다른 항공사들이 취항하지 않는 지역을 타겟팅해 항공편을 늘렸고, 기내 서비스를 없애는 대신 비행 요금을 저렴하게 해 고객을 확대할 수 있었다.

제23회 세계지식포럼 [토니 페르난데스와의 대화: 팬데믹 이후의 여행]에서 그는 청중들에게 "어떤 일이 있어도 꿈꾸는 것을 멈추지 말라"고 당부했다. 수많은 역경을 이겨낸 그였지만 코로나19 팬데믹은 그에게 일생일대의 큰 위기로 다가왔다. 항공 수요가 급격히 줄어들며 보유하고 있는 비행기의 90% 가까이를 운행하지 못하게 됐다. 이와 동시에 코로나19가 발생하기 전 이미 에어버스로부터 약 500대의 비행기를 신규 구매하기로 계약을 맺은 상태였기 때문에 회사의 재무 상황은 더 악화될 수밖에 없었다.

그는 "사스, 쓰나미, 테러, 지진 등 경험할 수 있는 모든 역경을 이겨 냈다고 생각했지만, 팬데믹은 항공 산업을 최대 위기로 이끌었다"고 회고했다. 그는 이 같은 위기를 혁신의 기회로 삼기로 했다. 한국의 여행 앱 '야놀자'처럼 동남아시아에서 여행 관련 '슈퍼 앱'을 만들었다. 다른 항공사들이 자체 운항편의 항공권만 웹사이트에서 판매하는 데 반해 에어아시아는 앱에서 다른 항공사의 항공권도 함께 판매하고 있다. 또 신규 사업인 페이(금융), 식품업, 음식 배달 등에도 진출했다.

한국의 대표 여행앱인 야놀자도 코로나19 기간에 오히려 비즈니스가 성공적으로 성장한 기업 중 하나다. 김종윤 야놀자 대표는 "코로나19 기간 비즈니스 규모는 오히려 네 배 커졌다"며 "야놀자가 성장할 수 있었던 배경엔 성공적인 디지털 전환이 있었다"고 설명했다.

야놀자도 에어아시아와 마찬가지로 슈퍼 앱 전략을 구사한 것이 큰 성공을 거두었다. 야놀자는 코로나19로 인해 여행 수요가 줄어든 것을 타개하기 위해 두 가지 전략을 사용했다. 우선 고객 한 명 한 명의 생애주기에 걸쳐 가치를 증대LTV 시키기 위해 노력했다. 전시, 레저, 뮤지컬, 콘서트, 식음료 등 다양한 카테고리를 앱에 추가해 한 명의 고객에게 서비스를 교차 판매했다. 또 다른 방안은 클라우드 솔루션을 협력업체에 제공해 코로나19로 매출에 타격을 입은 업체들과의 공생을 도모한 것이다. 호텔과 항공사 등에 야놀자의 클라우드 솔루션을 제공해 이들이 비용을 절감하도록 도왔다. 이에 따라 다양한 업체들이 야놀자와의 제휴를 유지할 수 있었고, 이는 야놀자 고객들이 다양한 선택의 폭을 제공해 경쟁력을 유지할 수 있도록 해주었다. 실제로 야놀자는 코로나19 기간 서비스를 제공하는 업체가 2배가량 증가했다.

팬데믹으로 여행업계의 대응에 큰 위기가 닥쳤는데 이들은 정부와의 협력이 가장 큰 어려움으로 작용했다고 밝혔다. 페르난데스 CEO는 "정부에 따라 코로나19에 대응하는 방식이 다르다"며 "국가마다 정책의 일관성이 없었고, 이에 따른 기업의 전략을 제각각 도출해야 하는 어려움이 있었다"고 말했다. 이외에도 지속적인 변이 바이러스 출현에 따른 불확실성을 또 다른 어려움으로 꼽았다. 그는 "'이젠 종식이 눈앞에 보인다'고 생각할 때 알파, 델타, 오미크론 등 변이가 계속 발생했다"며 "국가 지도자들이 사람을 중심에 두고 일관된 정책을 펼쳐줬으면 하는 바람이 있다"고 말했다.

　김 대표는 최근 각국에서 시도되는 디지털 산업에 대한 규제를 어려움으로 꼽았다. 그는 "야놀자가 성공할 수 있는 배경엔 성공적 디지털 전환이 있었는데, 데이터와 관련한 규제가 시행된다고 하면 이는 다시 검토돼야 한다고 생각한다"고 밝혔다. 그는 "글로벌 1위를 달성하기 위해서는 다양한 데이터와 샘플을 필요로 한다"며 "GDP의 10%가량을 차지하는 여행 산업이 성장하기 위해서는 데이터를 적극 활용할 수 있도록 지원해야 한다"고 강조했다.

　코로나19 이후 줌과 같은 비대면 화상 회의 시스템으로 인해 출장 수요가 줄어들지 여부와 관련한 논의도 이뤄졌다. 페르난데스 CEO는 "단기적으로 대륙 간 출장 수요는 줄어들 수 있지만 이 같은 현상은 오래가지 않을 것"이라고 말했다. 그는 "사람들은 직접 만나 상호작용 하기를 원한다"며 "유튜브에 올라온 100여 개의 블랙핑크 영상을 보는 것과 실제 공연장에서 블랙핑크 콘서트를 즐기는 것은 완전히 다른 경험이고, 이와 마찬가지로 출장 수요도 다시 회복될 것으로 예상한다"고 말했다. 김 대표는 줌과 같은 프로그램으로 어디서든 일을 할 수 있는 환경이 구현되며 여행 수요가 늘어날 수 있다는 전망도 내놓았다. 그는 "'워케이션'(일과 휴가의 합성어)이라는 말이 나왔듯이 직원들은 어디에 있든 업무 처리가 가능하다"며 "일을 하면서도 인생을 즐길 수 있는 시대가 도래했기 때문에 출장의 의미는 오히려 줄어들었다고 볼 수 있다"고 말했다.

쇼퍼테인먼트:
디지털 콘텐츠의 변화

샘 싱 | 틱톡 글로벌 비즈니스 솔루션 아태 지역 총괄

"아시아 지역의 디지털 환경과 사람들의 라이프스타일은 전 세계 적으로도 매우 높은 수준이란 점이 향후 아시아가 디지털 혁신의 중심이 될 이유입니다."

샘 싱 틱톡 글로벌 비즈니스 솔루션 아태 지역 총괄은 아시아야말로 이제 디지털 혁신의 진검승부가 펼쳐질 격전지가 될 것이라며 이렇게 강조했다.

아침에 눈을 뜨면 인터넷을 통해 뉴스나 정보를 검색한다. 오전 여유시간에 온라인 쇼핑을 통해 주말에 입을 옷을 산다. 점심은 배달앱을 켜서 검색한 끝에 한식메뉴를 주문해 먹고 오후에는 원격진료 서비스로 병원에 가지 않고 허리 통증에 대한 진단을 마친다. 모든 것이 연결되는 IoT(사물인터넷) 기술은 전 세계 사람들의 생활 패턴을

변화시켰다. 특히 이러한 변화를 주도하는 시장은 계속 발전하고 있다. 그중에서 전 세계가 주목하는 시장이 바로 아시아다. 아시아엔 전 세계 인구수 1·2위인 중국과 인도가 위치한다. 두 나라의 인구를 합쳐 30억 명에 달한다. 특히 주목해야 할 점은 중국과 인도의 디지털 보급률이 가파르게 상승하고 있다는 점이다. 이들 국가가 움직이기 시작하면 디지털 시장의 혁신도 너무나 당연하게 수반될 수밖에 없다.

싱 총괄은 〔쇼퍼테인먼트: 디지털 콘텐츠의 변화〕 세션 연사로 참여해 아시아 시장의 디지털 콘텐츠 미래에 대해 논했다. 특히 코로나19 바이러스의 글로벌 확산은 이러한 디지털혁신에 가속도를 붙였다. 일상뿐 아니라 업무로까지 빠르게 디지털 혁신 산불이 번져나가며 걷잡을 수 없는 수준으로 번졌기 때문이다.

이제 업무를 원격으로 하는 것은 기본이며 줌 등을 통한 원격회의 등 인터넷만 있다면 앉아있는 자리가 사무실이고 업무공간이 되는 시대가 됐다. 싱 총괄은 "디지털 혁신의 변화는 최근 5년간 두드러지게 발생했는데 그 핵심은 디지털 연결의 증가와 디지털 비즈니스의 부상이다"며 "이러한 요소들의 역할이 늘어나면서 일상과 산업, 경제 전반의 변화를 이끌어냈다고 볼 수 있다"고 분석했다.

아시아 시장의 인터넷 보급률은 매우 높은 편이다. 특히 대한민국과 일본 시장은 인터넷 보급률이 90%를 상회하고, 동남아시아 시장은 평균 70~75%의 인터넷 보급률을 보이고 있다.

특히 플랫폼 서비스로서 모든 일상의 서비스를 사용할 수 있는 '슈퍼앱'이 발달하는 데 아시아만큼 매력적인 시장을 찾아보기 힘들다. 오프라인보다 모바일 중심으로 인터넷 사용이 보급됐으며 이 덕에 이러한 슈퍼앱도 가파른 성장세를 보였다. 그는 "한국의 대표적 슈퍼앱인 네이버와 카카오는 채팅, 쇼핑, 정보뿐 아니라 금융, 경제 등 핀테크 분야의 혁신까지 흡수해 삶을 뿌리째 흔들고 있다"며 "이러한 혁신성의 발현은 향후 우리의 가치관과 삶의 행태 자체를 완전히 변혁시킬 수 있다"고 덧붙였다.

팬데믹의 대유행은 반복되는 일상에서도 재미를 추구하는 새로운 방법들을 선보였다. 일상을 탈피해 재미와 즐거움을 찾기 위한 수단으로 각광받은 플랫폼이 바로 틱톡이다. 아시아 지역 사람들은 소소한 재미와 즐거움을 찾기 위해 하루 평균 14번 정도 틱톡을 방문한다. 기존 TV와 영화에서 볼 수 없는 숏폼 형태의 영상에서 재미를 찾고 이를 향유하는 주인공이 된 것이다.

싱 총괄은 "트렌드와 사람들의 행동 변화가 정보 진화를 이끌었고 아시아 지역의 정보 공유 및 검색 방식도 변했다"며 "기존에 정보가 필요한 사람들이 콘텐츠를 찾아가는 구조였다면 이제는 콘텐츠가 이를 좋아하는 사용자에게 되레 찾아가는 구조로 진화했다"고 설명했다.

특히 개인화되고 맞춤형으로 제공되는 콘텐츠의 진화는 이제 누구나 크리에이터가 되고 누구나 셀럽이 될 수 있는 구조적 혁신을 가져왔다. 모바일과 인터넷의 변화가 이제는 오프라인의 변화로 이어지며 문화적 진화도 이끌어내고 있는 상황이다. 실제 틱톡의 추천 페이지를 구현하는 개인화 엔진은 코로나 백신과 함께 MIT에서 선정한 2021년 10대 혁신기술에 이름을 올리기도 했다. 싱 총괄은 "소통에 있어 정서적 연결이 더욱 중요해짐에 따라 공감하고 따라 하고 싶은 콘텐츠를 추천하는 알고리즘의 기술은 더욱더 진화할 것"이라며 "재미와 정보를 함께 가진 콘텐츠가 향후 콘텐츠 시장의 미래를 지배하게 될 것"이라고 분석했다.

그렇다면 정서적 연결은 어떻게 구성돼야 효과적일까. 이에 대해 싱 총괄은 "브랜드가 올바른 마인드로 소비자의 정서적 수요를 효과적으로 충족시키고 이를 소비로 연결시키는 선순환적 구조가 필요하다"며 "소비자들이 스스로를 행복한 구매자로 인지하고 받아들이게 하는 방법이 그 핵심이 될 것"이라고 강조했다. 특히 이커머스의 가치 시스템의 40%를 차지하는 '결정적 순간'이 바로 이러한 소비자의 욕구 충족에서 시작된다고 덧붙였다.

특히 소비자들의 '현실적 수요'와 '정서적 수요'를 결합하고 찰나의 순간을 새로운 구매 행동으로 전환해야 진정한 수익이 창출된다. 소비자가 무언가를 구매하는 경로는 발견, 구매 고려, 행동이 끊임없이 반복되는 무한 루프를 만들고, 그 이후에는 검토, 참여를 거쳐 다시 행동으로 끊임없이 반복하는 현상을 '쇼퍼테인먼트'라고 부른다. 이를 통해 콘텐츠, 문화, 커머스가 결합된 몰입도 높은 쇼핑 경험이 실현되는 것이다.

싱 총괄은 "틱톡은 엔터테인먼트를 중심으로 유저의 콘텐츠 경험을 설계한다"며 "브랜드가 이러한 트렌드에 함께 하기 위해서는 소비자와의 정서적 교류에 활력을 불어넣고 소비자의 정서적 수요를 충족하는 방법을 알아야 한다"고 강조했다.

사고 싶게 만드는 것들 –
고객의 오감을 만족시키는
미학 비즈니스의 힘

폴린 브라운 | 전 LVMH 북미 회장, 《사고 싶게 만드는 것들》 저자

"스티브 잡스는 빌 게이츠나 아인슈타인만큼 IQ가 뛰어나거나 EQ도 뛰어나지 않지만 미적 지능의 천재였다. 미학 비즈니스는 명품에만 필요한 게 아니다. 투자·전략 관점에서 전 산업의 모든 기업들에게도 시사하는 바가 크다. 미학 지능은 제2의 AI가 될 수 있다."

패션, 보석, 화장품, 와인과 주류 등 70여 개 브랜드를 마케팅했고 칼라일 그룹, 에스티로더를 거쳐 LVMH 북미 지역 회장을 역임한 마케팅 전문가 폴린 브라운은 21세기를 '미적 지능Aesthetic Intelligence의 시대'라고 강조했다. 《사고 싶게 만드는 것들》의 저자이기도 한 그가 제23회 세계지식포럼에서 〔사고 싶게 만드는 것들 – 고객의 오감을 만족시키는 미학 비즈니스의 힘〕을 주제로 강연했다.

브라운이 말하는 '미학Aesthetic'의 정의는 뭘까. 미학은 시각적 경험

이라는 통념을 그는 반박했다. 그는 "그냥 예쁜 것에서 끝나는 것이 아니다. 미학이라는 영어 단어, 에스테틱이라는 것은 뿌리가 그리스어에 있는데, 이것은 어떤 감각적인 경험을 의미하는 것이다. 오감을 통해서 경험하는 그 즐거움을 가져다주는 것이 바로 미학이 되겠다"라고 설명했다.

미학적인 경험이 레스토랑에 들어가면서도 일어날 수 있다. 일단 향, 음식의 맛 이런 것도 중요하다. 실내 장식이 가지고 있는 미학도 있다. 음악이 너무 시끄럽다면 미학적인 경험이 떨어진다. 그는 "저와 제 동료들이 연구를 많이 하고 있는데 한 가지 감각을 사용했을 때 받아들이는 것이 다른 감각을 통해서 받는 인지하고도 영향을 끼치게 된다는 것"이라고 강조했다. 예를 들어서 똑같은 디저트도 하얀 접시 위에 올라간 디저트가 더 달콤하게 느껴지고, 무거운 식기가 비싼 가격을 낼 만한 음식이라는 판단을 만들어 낸다는 연구결과가 있다는 설명이다.

미학은 현대 기업의 성공과 생존을 위한 중요한 요소가 됐다. 팬데믹 이후에 라이프 스타일이 급격하게 변했고 세상이 변화하는 속도도 빨라졌다. 인간은 본능적으로 스트레스를 줄이려고 노력하는데 지금은 균형이 깨진 상태다. 일상에서 도피하거나 돈을 버는 것만으로 해결되지 않는다.

브라운은 "이런 시대적 상황 속에서 미학이 해결책이 될 수 있다"라면서 "'아름다움이 세계를 구할 것이다'라고 말했던 도스토예프스

키의 명언으로 다시 돌아가야 한다. 문명 세계 안에서 미술을 감상한 유일한 종이 바로 인간이다"고 설명했다.

사람들은 더 이상 더 많은 물건을 사는 것에만 가치를 두지 않는다는 사실에 주목했다. 오히려 정말 기쁘게 하는 것, 즐거움을 주는 것, 계속해서 살아남을 수 있는 것을 소유하길 원한다. 그는 "사실 많은 사람들이 될 수 있으면 불필요한 물건들을 없애려고 노력을 한다. 숫자는 적더라도 평생 즐길 수 있는 그런 품질을 바란다. 미학적 경험을 통해 브랜드가 주는 디자인적 감정과 연계 등은 그 브랜드를 살아남게 만든다"고 덧붙였다.

미학은 명품이나 에스테틱 브랜드의 가치만 높여주지 않는다. 가전제품이나 자동차에도 가치를 더한다. 벤츠나 테슬라, 아이폰에 더 비싼 돈을 지불하는 이유다. 그는 "미적으로 수준이 높은 제품은 대체적으로 수명이 길다. 파란색은 거의 티파니가 소유하고 있는 것과 다름없다. 우리에겐 물건이 그렇게 많이 필요하지 않다. 정말 기쁘게 하는 것, 즐거움을 주는 것만이 필요하다"고 했다.

그는 "새로운 브랜드 아이덴티티를 구축하기 위해서 대행사를 고용해 미학적인, 디자인적인 것에서 끝나는 게 아니라 가치와 기업 문화도 반영할 수 있어야 한다"면서 "많은 CEO들이 미술부서와 크리에이티브부서가 있는 걸로 해결될 것이라 착각하지만 최고경영자의 취향이 바뀌는 게 무엇보다도 가장 중요하다"고 강조했다.

최고경영자로서 미학을 이해했던 대표적인 인물이 애플을 만든

스티브 잡스이고, 디즈니 제국을 만든 월트 디즈니다. 그는 "스티브 잡스는 기술 산업에서 성공하기 위해서 성능만 따지면 안 된다는 것을 알고 있었다. 미적 가치가 하나의 큰 차별의 요소가 된다는 것을 잘 알고 있었다. 소속감, 감정, 미적 요인, 이런 것들이 테크기업의 주요한 요소가 되어 버린 것이다. 그래서 스티브 잡스는 흥미로운 건축가가 아니었나 생각한다. 정말 새로운 패러다임을 테크 산업에 구축한 사람이기도 하다"고 설명했다. 또 그는 "월트 디즈니는 회사를 창립하고 세상을 떠난 지 수십 년이 됐음에도 불구하고 아직도 디즈니만이 가지고 있는 고유의 미적 감각이 그대로 전달되고 있다. 그리고 그 산업 자체를 발전시키는 데 크게 기여했다"고 진단했다.

그는 "미학은 가격에 있어서 경쟁 우위를 가져다주고 특별한 고객과의 관계를 유지하게 해준다"고 설명했다. 그는 "심지어 관심을 끌기 위해 노력할 필요가 없고 마케팅 비용을 많이 줄일 수 있다. 오히려 소비자들이, 고객들이 마케팅을 해준다"고 강조했다.

대부분의 기술처럼 미적 지능도 습득이 가능하다. 미적 지능에 대한 조금 더 친절한 정의는 '취향'이다. 그는 "여러 유형의 취향은 있지만 나쁜 취향은 분명히 있다. 시대에 따라 문화적인 배경과 상황에 따라서 다 달라지기도 하고 마치 근육을 키우는 것처럼 미적 지능도 제대로 노력하면 발전할 수 있다. 이를 위해서는 조율, 감각의 해석, 큐레이션, 전달의 4가지 단계가 필요하다"고 말했다.

그는 마지막으로 "브랜드 가치가 필요한 사업에서 활동한다면 미적 지능은 정말 중요한 역할을 담당한다. 아직도 미적 지능을 간과하고 있는 기업들의 숫자는 아직도 너무나 많다"라고 꼬집었다.

미네르바 :
미래 세계를 준비하는 오늘의 교육

벤 넬슨 | 미네르바 프로젝트 설립자
허운나 | 채드윅송도국제학교 대외협력교장

미네르바의 접근은 전통적인 대학과는 어떻게 다를까. 벤 넬슨 미네르바 프로젝트 설립자는 제23회 세계지식포럼 [미네르바: 미래 세계를 준비하는 오늘의 교육] 세션에서 이 질문에 "교육은 선형적 과정이 아니다"라는 '원칙'을 들어 답했다. 넬슨 설립자는 "교육은 어떤 걸 외우고 기억하느냐의 문제가 아니라 정보를 어떻게 활용하느냐의 문제라고 생각한다"며 "이는 교육이 매우 다차원적이라는 의미"라고 강조했다.

대부분의 고등교육기관은 '89점', '92점', 'A-', 'B+'와 같은 형태로 학생들을 평가한다. 미네르바는 이것이 선형적 접근이라고 본다. 넬슨 설립자는 "92점이라는 점수, A-라는 학점이 지식 측면에서 무엇을 의미하는지 질문해볼 필요가 있다"며 "학생들이 시험공부를 한 학기 내내 하지 않고 시험 직전에 한다는 것을 따져봐야 한다"고 말했다. 이어 "시험을 치른 후 배운 걸 모두 잊어버리기 때문에 대학이 학생의 점수나 학점을 인증해주는 것 자체가 의심스럽다"고 덧붙였다.

미네르바 접근은 학생들이 기본적으로 지식을 습득해야 한다는 점은 인정한다. 다만 그것이 배움의 과정에 있어 끝이 아닌 출발점이 돼야 한다고 본다. 학교에서 배운 이론을 현실에서 적용할 때는 다양한 변수가 존재하기 때문이다. 넬슨 설립자는 "학생들이 배운 내용을 맥락을 바꿔서도 효과적으로 적용할 수 있어야 한다"며 "예를 들어 통계학적 지식을 경제, 경영, 의학, 심지어 대인관계의 영역까지 다양하게 접목할 수 있어야 한다"고 역설했다.

미네르바 교육 시스템은 지식 습득부터 적용까지 하나의 인프라로 제공된다. 여러 교수들이 진행하는 다양한 강의들 간에 맥락적 연결을 위해 교수진들을 지원하고 있다는 설명이다. 넬슨 설립자는 "연결성 있는 교육 프로그램을 제공하려면 참여형 교수법이 필수"라며 "학생들이 제대로 답을 맞혔는지에 대한 피드백이 아니라 자신들이 배운 것을 어떻게 적용했는가에 대한 피드백을 받을 수 있어야 한다"고 말했다.

한국에서도 미네르바 교육 모델이 속속 적용되고 있다. 넬슨 설립자는 "LG나 SK 같은 대기업과 협력해 미네르바 교육을 임직원에 제공하고 있다"며 "GIAGrace International Academy와 협력해 혁신적인 고등학교 교육과정 마련을 위해 투자를 받기도 했다"고 전했다. 한국아세안

친선협회와 손잡고 새로운 대학 설립도 추진하고 있다. 넬슨 설립자는 이에 대해 "동아시아와 동남아시아 학생들이 지역 현안을 교육받고 그 해결법에 대해 학습할 것"이라고 설명했다.

미네르바 대학은 수업 첫해부터 각 학생들이 방학에 무엇을 했는지 추적하고, 만약 기업에서 일을 한 경우 공부했던 내용을 업무에 어떻게 적용했는지 모니터링하고 있다. 넬슨 설립자는 미네르바 졸업생들이 아마존, 애플, 구글, 소프트뱅크와 같은 빅테크 기업에서도 책임성을 요구하는 자리에서 활약하고 있다고 소개했다.

그는 "미네르바 학생을 채용하기 위해 규정을 바꾸는 기업들도 생겨났다"며 "학·석사와 학년을 막론하고 학생들이 프로젝트를 처음부터 끝까지 관리하는 능력을 보여주는 등 뛰어난 성과를 보여줬기 때문"이라고 전했다.

넬슨 설립자에 따르면 미네르바 졸업생들의 12%가 졸업 후 1~2년 안에 투자를 받아 창업한 것으로 나타났다. 특히 멕시코 소재 바이오테크 스타트업, 브라질 소재 전자상거래 기업, 해상 탄소포획 기술기업을 비롯한 일부 스타트업은 와이컴비네이터로부터 투자를 받았다는 설명이다. 와이컴비네이터는 2005년 설립된 미국 실리콘밸리 기반 스타트업 액셀러레이터로 드롭박스, 에어비앤비, 레딧과 같은 다양한 유니콘 기업에 투자해 성공적인 결과를 이끌었다. 전세계 스타트업이 가장 투자받고 싶은 인큐베이터로 꼽힌다. 넬슨 설립자는 "탄소 리사이클 기업의 경우 스웨덴과 중국 학생이 함께 창업했다"며 "졸업생들의 창업은 범주가 다양하고 국경을 막론한다"고 말했다.

넬슨 설립자는 교육 펠로우십 기관 '트랜센드 네트워크' 설립 사례도 들었다. 그는 "트랜센드 네트워크는 다른 스타트업의 성공을 돕는 인큐베이터 역할을 한다"며 "교육기술 투자자 주최로 2022년 4월 개최된 스타트업 경진대회 'GSV컵'의 상위 5개 수상자 중 2곳이 모두 이곳 출신이었다"고 설명했다.

넬슨 설립자는 미네르바 대학이 교직원들과 학생들, 그리고 제3자의 피드백을 기반으로 매년 새로운 조치를 취하고 역량을 키워나가고 있다고 역설했다. 그는 "앞으로도 내부 측정을 통해 학생들이 뭘 배우고 적용할지 평가하고 파악할 계획"이라고 말했다.

세계 지식 트렌드 2023

초판 1쇄　2022년 12월 14일

지은이　매일경제 세계지식포럼 사무국
펴낸이　최경선
펴낸곳　매경출판(주)
책임편집　송혜경
마케팅　김성현 한동우 장하라
디자인　김보현 이은설

매경출판(주)
등록　2003년 4월 24일(No. 2-3759)
주소　(04557) 서울시 중구 충무로 2(필동1가) 매일경제 별관 2층 매경출판(주)
홈페이지　www.mkbook.co.kr
전화　02)2000-2633(기획편집) 02)2000-2636(마케팅) 02)2000-2606(구입 문의)
팩스　02)2000-2609　**이메일**　publish@mk.co.kr
인쇄 · 제본　㈜M-print 031)8071-0961
ISBN　979-11-6484-505-7(03320)

세계지식포럼 히스토리
WORLD KNOWLEDGE FORUM History

제1회 **지식으로 새 천년 새 틀을 짠다**

2000년 | 주요 연사 | 레스터 서로MIT 교수, 폴 로머스탠퍼드대학 교수, 도널드 존스턴OECD 사무총장, 하인리히 로러노벨물리학상 수상자

제2회 **지식기반 경제시대 인류공영을 위한 비전의 모색**

2001년 | 주요 연사 | 빌 게이츠마이크로소프트 창업자, 수파차이 파닛차팍WTO사무총장, 폴 크루그먼프린스턴대학 교수, 노벨경제학상 수상자, 이브 도즈인시아드 경영대학원 교수

제3회 **위기를 넘어, 새로운 번영을 위해**

2002년 | 주요 연사 | 래리 앨리슨오라클 창업자, 마이클 델델 컴퓨터 회장 겸 CEO, 조지프 스티글리츠노벨경제학상 수상자, 필립 코틀러노스웨스턴대학 석좌교수

제4회 **인류번영을 위한 새로운 세계질서와 경제의 창조**

2003년 | 주요 연사 | 마틴 펠드스타인전 미국 경제자문위원회 의장, 짐 콜린스(위대한 기업)의 저자, 프랜시스 후쿠야마존스홉킨스대학 교수, 로빈 뷰캐넌런던비즈니스스쿨 학장

제5회 **파트너십을 통한 세계 경제의 재도약**

2004년 | 주요 연사 | 김대중전 대한민국 대통령, 모리 요시로전 일본 총리, 폴 케네디예일대학 교수, 로버트 먼델노벨경제학상 수상자

제6회 **창조와 협력 : 새로운 시대를 위한 토대**

2005년 | 주요 연사 | 잭 웰치전 GE 회장, 에드워드 프레스콧노벨경제학상 수상자, 로버트 케이건카네기 국제평화재단 교수, 폴 제이콥스퀄컴 사장

제7회 **창조경제**

2006년 | 주요 연사 | 조지 소로스소로스 펀드매니지먼트 창립자, 토머스 셸링노벨경제학상 수상자, 셸리 라자러스오길비&마더 월드와이드 CEO, 자크 아탈리플래닛파이낸스 회장

제8회 **부의 창조 그리고 아시아 시대**

2007년 | 주요 연사 | 콜린 파월전 미국 국무부 장관, 앨런 그린스펀전 미국 연방준비제도이사회 의장, 에드먼드 펠프스노벨경제학상 수상자, 톰 피터스톰피터스컴퍼니 회장

제9회 **협력의 마법 & 아시아 시대**

2008년 | 주요 연사 | 마이클 포터하버드대학 교수, 리처드 브랜슨버진그룹 회장, 에릭 매스킨노벨경제학상 수상자, 존 하워드전 호주 총리

제10회 **하나의 아시아, 신경제질서, 그리고 경기회복**

2009년 | 주요 연사 | 조지 W. 부시전 미국 대통령, 게리 해멀런던 국제경영대학 교수, 피터 브라벡네슬레 회장, 폴 크루그먼프린스턴대학 교수, 노벨경제학상 수상자

제11회 **원 아시아 모멘텀, G20 리더십 & 창조적 혁신**

2010년 | 주요 연사 | 토니 블레어전 영국 총리, 하토야마 유키오전 일본 총리, 리처드 브랜슨버진그룹 회장, 누리엘 루비니뉴욕대학 스턴경영스쿨 교수

제12회 신 경제 위기(글로벌 리더십의 변혁과 아시아의 도전)

2011년 | **주요 연사** | 고든 브라운전 영국 총리, 래리 서머스하버드대학 교수, 세라 페일린전 알래스카 주지사,
마이클 샌델하버드대학 교수, 《정의란 무엇인가》 저자

제13회 위대한 도약(글로벌 위기에 대한 새로운 해법: 리더십, 윤리성, 창의력 그리고 행복)

2012년 | **주요 연사** | 김용세계은행 총재, 폴 크루그먼프린스턴대학 교수, 노벨경제학상 수상자,
맬컴 글래드웰《더뉴요커》 저널리스트, 마틴 울프《파이낸셜타임스》 수석경제논설위원

제14회 원아시아 대변혁

2013년 | **주요 연사** | 래리 서머스하버드대학 교수, 그레고리 맨큐하버드대학 교수, 피터 보저로얄더치셸 CEO,
메이어 다간전 모사드 국장

제15회 세계 경제 새로운 태동

2014년 | **주요 연사** | 니콜라 사르코지전 프랑스 대통령, 토마 피케티파리경제대학 교수, 《21세기 자본》 저자,
장클로드 트리셰전 유럽 중앙은행 총재, 칼 빌트전 스웨덴 총리

제16회 새로운 시대정신을 찾아서

2015년 | **주요 연사** | 토니 블레어전 영국 총리, 티머시 가이트너전 미국 재무부 장관,
리언 패네타전 미국 국방부 장관, 네이선 블레차르지크에어비앤비 공동 창업자

제17회 대혁신의 길

2016년 | **주요 연사** | 게르하르트 슈뢰더전 독일 총리, 딕 체니전 미국 부통령,
에드윈 퓰너헤리티지재단 아시아연구센터 회장, 웬디 셔먼전 미국 정무차관

제18회 변곡점을 넘어, 새로운 번영을 향해

2017년 | **주요 연사** | 힐러리 클린턴전 미국 국무장관, 프랑수아 올랑드전 프랑스 대통령,
올리버 하트2016 노벨경제학상 수상자, 장 야친바이두 총재

제19회 집단지성 : 글로벌 대혼란 극복의 열쇠

2018년 | **주요 연사** | 재닛 옐런제15대 미국 연방준비제도 이사회 의장, 케르스티 칼률라이드에스토니아 대통령,
라지브 수리노키아 회장, 에릭 앨리슨우버 항공사업 대표

제20회 지식혁명 5.0 : 인류 번영을 위한 통찰력

2019년 | **주요 연사** | 프랑수아 올랑드제24대 프랑스 대통령, 제리 양야후 공동 창업자,
밥 우드워드《워싱턴포스트》 부편집인, 스티브 첸유튜브 공동창업자

제21회 팬데노믹스 : 세계 공존의 새 패러다임

2020년 | **주요 연사** | 테리사 메이제76대 영국 총리, 존 헤네시알파벳 회장,
스티븐 슈워츠먼블랙스톤 회장, 마윈알리바바 창업자

제22회 테라 인코그니타: 공존을 위한 새로운 시대정신을 찾아

2021년 | **주요 연사** | 마이크 폼페이오제70대 미국 국무장관, 마이클 샌델하버드대 교수, 토마스 바흐 IOC 위원장,
마르쿠스 발렌베리SEB 회장, 마르크 슈나이더네슬레 CEO

제23회 초과회복: 글로벌 번영과 자유의 재건

2022년 | **주요 연사** | 데이비드 캐머런 제75대 영국 총리, 레이 달리오브리지워터어소시에이츠 설립자,
밥 스턴펠스 맥킨지&컴퍼니 글로벌 회장, 프랜시스 후쿠야마스탠퍼드대 교수, 필립 코틀러켈로그경영대 교수